JACK
NICHOLSON

Seine Filme – sein Leben

von MEINOLF ZURHORST/LOTHAR JUST

Originalausgabe

WILHELM HEYNE VERLAG
MÜNCHEN

HEYNE FILMBIBLIOTHEK
Nr. 32/52

Herausgegeben von Bernhard Matt

2. Auflage
Copyright © 1983 by Wilhelm Heyne Verlag GmbH & Co. KG, München
Umschlag- und Rückseitenfoto: Stiftung Deutsche Kinemathek, Berlin
Innenfotos: CIC, UA, Centfox, Scotia, Warner-Columbia, Archiv der Autoren
Umschlaggestaltung: Atelier Heinrichs & Schütz, München
Printed in Germany 1986
Satz: Fotosatz Völkl, Germering
Druck und Verarbeitung: Ebner Ulm

ISBN 3-453-86052-7

Inhalt

7 Jack Nicholson – Der Schauspieler
    I. »Ich bin ein Mega-Star« 7
   II. Das Gesicht mit dem »Killer Smile« 11
  III. Kompromißlos und professionell:
      Jack Nicholson bei der Arbeit 13

23 Kindheit und Jugend
    I. »Managua Nicaragua« 23

29 Jack Nicholson – Die Karriere
     I. Billard, Mädchen und Kerouac 29
    II. Jimmy, Buddy und Johnny: Der jugendliche
       Delinquent 34
   III. Roger und Monte: Aus dem Schauspieler wird
       ein Autor 45
   IV. Bikes and Trips: Die Motorrad- und
       Drogenfilme 66
    V. »Curly« und die neuen Helden von
       Hollywood 82
   VI. »Bad Ass« und Anjelica in Chinatown 109
  VII. Einer flog über Hollywood 128
 VIII. Der Cowboy im Overlook-Hotel 136
   IX. Der Tramp, der Dichter und der Grenzer:
       die Wende? 152
    X. Versoffener Astronaut und
       verliebter Killer 164

175 Ich hab' den besten Job der Welt
193 Was andere über Jack Nicholson sagen
198 Filmographie
    Quellenhinweise 268
    Register 269

Für R.

Jack Nicholson – Der Schauspieler

I. »Ich bin ein Mega-Star«

1937 war ein Jahr, in dem das Hollywood-Kino noch florierte; der Film lebte von seinen Stars, wie sie es niemals wieder gegeben hat. Siebzig Prozent aller Filme auf dem Weltmarkt stammten 1937 aus der kalifornischen Filmmetropole, 588 Filme wurden dort gedreht, Millionen von Dollar ausgegeben und auch wieder verdient. Die amerikanische Nation, die noch unter den Nachwehen der Großen Depression litt, wollte Zerstreuung und Unterhaltung. Die Menschen verlangten nach Idolen, von denen sie träumen, mit denen sie sich identifizieren konnten. Man wollte der Trostlosigkeit des Provinzlebens entgehen, wo nur Radio oder Kino eine Abwechslung boten. In einer der Tausenden amerikanischer Provinzstädte, in Neptune City, New Jersey, bekam in jenem Jahr die Familie Nicholson Nachwuchs. Sohn Jack war auf die Welt gekommen, während in New York der Film *A Star Is Born* (Ein Stern geht auf; Regie: William A. Wellman) in den Kinos Premiere hatte. Ein großer Star von Hollywood indes starb in diesem Jahr: Jean Harlow, eine Frau, die mit ihrer rüden und manchmal vulgären Aufsässigkeit sicherlich den Respekt des kommenden Super-Stars Jack Nicholson gefunden hätte.

1937 war ein glanzvolles Jahr für das Kino. Stars wie Clark Gable, Spencer Tracy, der seinen ersten »Oscar« erhielt, oder Fred Astaire, um nur ganz wenige zu nennen, waren auf dem Höhepunkt ihrer Karrieren, während andere erst begannen. Humphrey Bogart etwa, damals noch im zweiten Glied, spielte sich in dem Gangsterfilm *Dead End* (Regie: William A. Wellman) langsam in den Vordergrund. Ein Blondschopf namens Lana Turner spielte ihre erste Rolle in dem Film *They Won't Forget* (Regie: Mervin LeRoy). Knapp zehn Jahre später dann übernahm sie eine Rolle in der aufsehenerregenden Verfilmung des James-M. Cain-Thrillers *The Postman Always Rings Twice* (Regie: Tay Garnett), ein Streifen, der Filmgeschichte schrieb und seine Hauptdarstellerin zu einem Star machte. Ein Film überdies, zu dem Jack Nicholson Jahrzehnte später ein besonderes Verhältnis entwickeln würde – er wurde der Star des Remakes.

1937 ließ sich noch nicht ahnen, daß aus dem Sohn der Familie Nicholson ebenfalls ein Filmstar werden würde, einer, der zu den ganz großen des heutigen Kinos zählt, wie er selbst am besten weiß: »Weltstars gibt es viele. Aber nur einen Megastar. Und der bin ich«[1]. Wer dies von sich behauptet, scheint nicht gerade unter einem Mangel an Selbstbewußtsein zu leiden. Im Gegenteil, dieses Selbstbewußtsein wirkt so stark, daß es leicht als Arroganz und Selbstüberschätzung ausgelegt werden könnte. Aber es hat einen wahren Kern. Jack Nicholson ist tatsächlich ein Superstar, und dies aus vielen Gründen, die ihn als einzigartig unter seinen »Rivalen« erscheinen lassen. Er verkörpert einen neuen Typ des Stars – ohne Glamour, ohne Falschheit, ohne das Flair des »Überirdischen«.

Die Stars des Jahres 1937 waren tatsächlich Sterne, unerreichbar und abgekapselt in ihrer Traumwelt. Meist lebten sie nicht ihr eigenes Leben, sondern das, was ihnen die Offiziellen ihres Studios, dessen Angestellte sie waren, vorschrieben. Ihre Karriere wurde von den Werbeabteilungen mitgesteuert, von cleveren Studiomanagern, die ihre Klienten »bankable« machen mußten, auch wenn das hieß, eine neue Identität anzunehmen. Nur ganz wenige, Bette Davis zum Beispiel, hatten einen größeren Einfluß auf die eigene Karriere. Unbestritten aber bleibt die spezielle Aura der großen Filmstars, ihre einzigartige Erscheinung, ihr Auftreten, ihre Dominanz auf der Leinwand. Ohne dies alles wäre aus Clark Gable nicht *der* Clark Gable geworden.

Der klassische Hollywoodstar der dreißiger Jahre verkörperte immer nur sich selbst. Ganz gleich welche Rolle er spielte, wie schlecht die Filme oder wie unfähig die Regisseure auch waren, mit ihrem Auftritt wurde das Interesse der Zuschauer an einem Film überhaupt erst geweckt. Die Stars aus Hollywoods Glanzzeit waren dabei meist nur bestimmte, letztlich unveränderbare Typen, ihre Darstellungen immer nur Variationen eines Themas. Das strenge Studiosystem mit seiner klaren Hierarchie machte die Existenz des Stars überhaupt erst möglich. Erdacht als Identifikationsfigur des Zuschauers, der – mit einem be-

1 Edith Geus. Echte Liebe vor der Kamera. In: Quick, 7.5.1981

Jack Nicholson

stimmten Gesicht und Namen vertraut geworden – dazu verleitet wird, seines Stars wegen ins Kino zu gehen, mußte das herkömmliche Star-System mit seinen überirdischen Wesen in dem Moment sein Ende finden, wo seine Mutter, das Studio-System, niederging. Und das war spätestens in den sechziger Jahren der Fall, als das Kino mit dem Fernsehen eine übermächtige Konkurrenz bekam. Folgerichtig bedurfte es neuer Zugnummern, um die Menschen ins Kino zu locken: Technische Neuerungen und Effekte traten an die Stelle der Stars. Doch der Star als Identifikationsfigur und Anreiz für den Zuschauer konnte seine Bedeutung behaupten. Die Zeit aber hat sich geändert, und mit ihr die Vorstellungen von einem Star.

Ein Weltkrieg und die in Korea und Vietnam gemachten Erfahrungen haben die Menschen skeptischer, kritischer gemacht. Der Film hat nicht mehr eine ausschließlich unterhaltende, ablenkende Funktion (die hat das Fernsehen übernommen), er besitzt auch nicht mehr die Exklusivität, die er noch in den dreißiger Jahren hatte; das Kino insgesamt ist realistischer geworden und erwachsener. So auch seine Stars. Zwar gibt es Ausnahmen, doch der Star der siebziger Jahre – und zu ihnen zählt Jack Nicholson – ist wie seine Filme irdischer, natürlicher geworden. Der Star von heute, auch Abziehbilder wie John Travolta oder Burt Reynolds, weist längst nicht mehr die Traumqualität eines Clark Gable auf. Das interessiert ihn auch gar nicht mehr. Für die meisten Stars der siebziger Jahre gilt, ob er nun Robert Redford, Paul Newman, Warren Beatty, Dustin Hoffman oder Jack Nicholson heißt, nicht mehr das strenge *typecasting* ihrer Vorgänger. Mit sehr viel Engagement werden von ihnen Projekte ausgesucht und nicht mehr nur akzeptiert; die entsprechenden Rollen werden dabei auf eine Weise erarbeitet, die dem Glamourstar früherer Zeiten abhold war, etwa der Aufenthalt von Jack Nicholson in einer Nervenheilanstalt, bevor er *One Flew Over the Cuckoo's Nest* drehte. Dieses enorme Engagement der neuen Schauspieler-Generation führte auch zu einer intensiveren Auseinandersetzung mit Fragen filmischer Gestaltung. Nicht selten produzieren diese Stars ihre eigenen Filme, schreiben die Drehbücher oder führen gar selbst Regie. Jack Nicholson hat all dies gemacht, und das unterscheidet ihn von vielen anderen. Doch was ist es, das Nicholson darüber hinaus zu einem »Megastar« werden ließ?

II. Das Gesicht mit dem »Killer Smile«

»Nur wenn er lächelt, verwandelt er sich in einen Superstar. Zwei Reihen perfekter Zähne blitzen bei seinem Lächeln wie Hunderte brillanter Sonnen«, schrieb der Kritiker Leo Janos[1] über Nicholsons äußeres Attribut, sein Markenzeichen gewissermaßen. Auf den ersten Blick wirkt es kaum glaubhaft, daß Jack Nicholson ein Filmstar sein soll, widerspricht er doch allzusehr der landläufigen Meinung eines »Supermannes«, als die man sich beispielsweise seine Kollegen Robert Redford oder auf andere Weise Charles Bronson gerne vorstellt. Nicholson hat, und dies ist überhaupt nicht abwertend, ein Durchschnittsgesicht – er ist einfach eine Allerweltstype. Weder ist er sonderlich attraktiv noch erotisch, noch macht er einen starken, entschlossenen Eindruck. Und doch ahnt man, daß hinter diesem Gesicht mehr steckt, fühlt man, wenn man ihn auf der Leinwand beobachtet, daß sich unter einer Schicht scheinbarer Gleichgültigkeit etwas Unheimliches, Bedrohliches verbirgt. Nicholsons dämonische Faszination entwickelt sich in dem Augenblick, wo sein Gesicht von einem breiten Lächeln überzogen wird, jenem Lächeln, von dem seine Kritiker und das Publikum meinen, daß es ihn zum Star macht. Denn was bei anderen Menschen als freundliche Geste oder als Ausdruck eines Glücksgefühls erscheint, gerinnt bei Nicholson zu jenem berühmten »Killer Smile«, »das lässiges Selbstbewußtsein ebenso auszudrücken versteht wie melancholische Selbstironie«[2]. Der Ausdruck »Killer Smile« wurde 1974 , nach den ersten großen Erfolgen von Nicholson, nach Filmen wie *Carnal Knowledge* oder *Chinatown*, von dem amerikanischen Nachrichtenmagazin *Time* zum ersten Mal in Umlauf gebracht; er stammt von einer langjährigen Freundin Nicholsons, der ehemaligen *Vogue*-Moderedakteurin Diana Vreeland, die sein Lächeln – wohl auch sein privates – folgendermaßen charakterisierte: »That smile of his is simply a killer.« (Dieses Lächeln von ihm ist einfach mörderisch.)

Nicholsons »Killer Smile« ist auch Versprechen sexueller

---

1 Leo Janos. Jack Nicholson: Bankable and Brilliant. In: Cosmopolitan, 12/1976
2 Hans C. Blumenberg. Überleben in Hollywood. In: Die Zeit, 27.2.1976

Lustbarkeit und Zeichen eines rebellischen Geistes, symbolisiert sein Werben um Verständnis und Komplizenschaft. Es ist das wissende Lächeln eines Mannes, der schon viel durchgemacht hat im Leben, viel hat einstecken müssen und doch nie seinen Charakter darüber verleugnet hat; es ist ein Lächeln, das nicht selten von einer gewissen Gleichgültigkeit gegenüber Schicksalsschlägen geprägt erscheint.

Doch es kann auch mehr sein: wenn Nicholson zusätzlich seine dichten Augenbrauen leicht anzieht, bis sie nahezu einen rechten Winkel bilden, dann bekommt dieses Lächeln wirklich

›Shining‹

einen mörderischen Charakter. Dann symbolisiert es den blanken Terror, die Ausgeburt eines tödlichen, unverhüllten Wahnsinns, dann ist es ein Lächeln, daß die Zuschauer frösteln und erschrecken läßt. Dieses Lächeln, maliziös und erotisch zugleich, macht den Schauspieler Nicholson in erster Linie so unverkennbar und einzigartig. Doch ist es nicht dies allein, denn das wäre zu wenig, um aus einem überaus talentierten Darsteller einen Superstar zu machen und – was viel schwieriger ist – ihn als solchen auch zu konservieren. Einen wirklichen Star zeichnet noch mehr aus.

III. Kompromißlos und professionell: Jack Nicholson bei der Arbeit

Zum einen ist da sein schauspielerisches Vermögen, das mit seinem professionellen und intensiven Rollenengagement korrespondiert. Zum anderen ist Jack Nicholson einer der wenigen Hollywoodstars, der sich mit allen Fragen des Filmemachens auch in der Praxis auseinandergesetzt hat. »Ich glaube, er ist genauso sehr Filmemacher wie Schauspieler und in einigen Bereichen wohl mehr. Und ich glaube, daß er sein eigenes Werk an Filmliteratur schaffen wird«, urteilt sein langjähriger Freund Henry Jaglom über ihn.[1] Jack Nicholson war Autor, Produzent und Regisseur, was ihn in den Auseinandersetzungen mit anderen Regisseuren und Produzenten zur nötigen Härte erzog und ihm großen Respekt einbrachte. Ein Star, der weiß, was er will, auch wenn es kommerziell nicht vielversprechend erscheint. »Er wählt seine Filme sehr sorgfältig aus, schlägt die Angebote aus, die sein Bestreben, sein eigener Herr zu sein, hindern würden. Und oft macht seine Anwesenheit den Unterschied aus zwischen Erfolg und Reinfall eines Projektes. (...) Nicholson besitzt die außerordentliche Gabe, bei solchen Filmen dabei zu sein, die vielleicht oder vielleicht auch nicht finanzielle Erfolge werden, aber nur selten darin fehlgehen, die gewöhnlichen Erwartungen des Kinogängers herauszufordern. (...) Er will zum Beispiel nicht, wie Francis Ford Coppola es getan hat, einen

---

1 Robert David Crane/Christopher Fryer. Jack Nicholson. Face to Face, New York 1975, S. 101

Film machen, der viel Geld verdient, aber einen nicht ausfüllt, und dann mit dem Gewinn einen persönlichen Film machen. Ihm würde ein solcher Kompromiß fatal erscheinen.«[2]

Seine Arbeitsauffassung ist die eines Professionals im Hawksschen Sinne: nur das Resultat zählt und die möglichst perfekte Durchführung. Nicholson ist ein Filmbesessener, der keine Strapaze scheut. »Wenn man eine Einstellung macht, die sehr genau von der Entscheidung abhängt, worauf man die Kamera in einem bestimmten Moment richtet, gibt es überhaupt keinen Grund, sie vorzeitig aufzugeben, bevor man sie nicht richtig ausgerichtet hat. Ich glaube, ich kann so lange Takes machen, wie die Kamera sie schießen kann. Das ist eine der Qualifikationen eines professionellen Filmschauspielers«[3], beschreibt Nicholson seine professionelle Anschauung. Ob er dabei auf der Leinwand gut aussieht, interessiert ihn dabei am allerwenigsten. Jack Nicholson ist wohl der einzige Schauspieler dieser Größenordnung, der es akzeptiert, einen halben Film lang *(Chinatown)* mit verbundener Nase herumzulaufen, weil die Glaubwürdigkeit der Geschichte und seiner Rolle es erfordern. Allein darin liegt für ihn die Bedeutung. Naturgemäß setzt dies eine optimale Vorbereitung voraus. Wochenlang brütet er dabei über einem Drehbuch, mit solcher Ausdauer und Energie, die andere Schauspieler als übertrieben oder irrsinnig abtun würden. »Seine Einstellung zu jedem Engagement grenzt an Fanatismus. Er seziert die Rolle, hält sie gegen das Licht, mißt ihre Ansprüche, sondiert die psychische Stimmung.«[4] Seine Arbeitsweise ist derart exakt, daß er nicht nur – fast selbstverständliche – Änderungsvorschläge macht oder Szenen eigenhändig neu schreibt, sondern auch jedes Drehbuch genau gliedert, dabei Schlüsselsätze unterstreicht und jedes Wort mit einer Nummer versieht, die Einsatz, Sprechtakt und Pausen markieren. Um so erstaunlicher bei derartigem Aufwand wirkt seine Arbeitsproduktivität, die ihn allein in den Jahren 1973 bis 1975 sieben wichtige Filme drehen ließ, die seiner Karriere den endgültigen Schub nach

2 Derek Malcolm. Top rating. Jack Nicholson – »the minority's favorite film star«. In: The Guardian (London), 27.5.1974
3 John Russell Taylor. Profession: Actor. An Interview with Jack Nicholson. In: Sight and Sound, Summer 1974, Vol.43, No. 3, S. 151
4 Bob Lardine. Jack Nicholson: at last an Oscar? In: The New York Sunday News, 6.4.1975

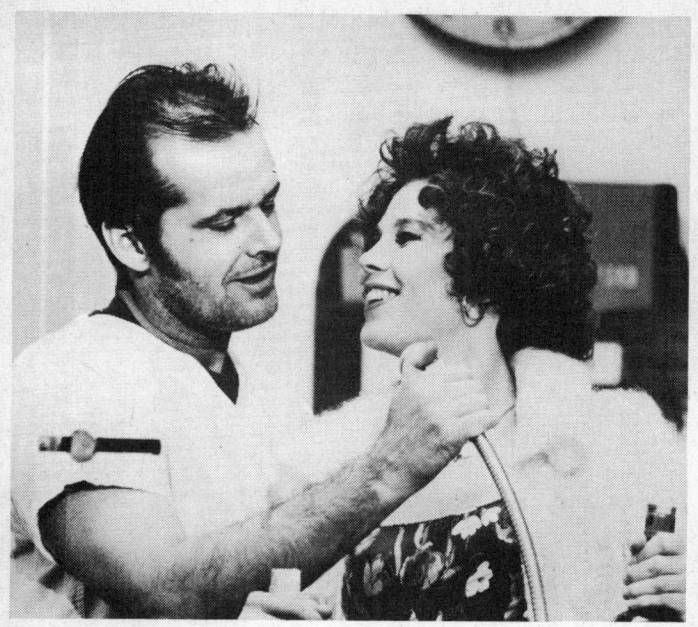

›Einer flog über das Kuckucksnest‹ (›One Flew Over the Cuckoo's Nest‹)

oben gaben, darunter *The Last Detail*, *Chinatown* und *One Flew Over the Cuckoo's Nest*, für den er – bisheriger Höhepunkt seiner Laufbahn – 1976 den *Academy Award* (»Oscar«) als bester männlicher Hauptdarsteller gewann: die endgültige Anerkennung durch das Film-Etablishment und sein definitiver Durchbruch beim Publikum in aller Welt.

»Aber Nicholson ist kein ›Superstar‹ der üblichen Art, kein cleverer Selbstdarsteller, der ein begrenztes Repertoire an populären Manierismen bis zum Überdruß vermarktet. Wie kein anderer amerikanischer Schauspieler seiner Generation entzieht er sich übersichtlichen Kategorisierungen. Er ist der einzige Hollywood-Star, der mühelos die Vokabel ›kafkaesk‹ in eine Unterhaltung einbringt und der seinen nächsten Film mit ausgedehnter Nietzsche-Lektüre vorbereitet, aber ist zugleich ein Mann, der sich nicht scheut, im Vorhof von *Grauman's Chinese*

›Chinatown‹

Theatre am Hollywood-Boulevard seine Hand- und Fußabdrük-
ke in Zement gießen zu lassen: eine Übung, die seit Zeiten von
Clark Gable und Errol Flynn als Inbegriff eines opulenten Gla-
mour-Stils gilt und letzthin aus der Mode kam.«[5] Jack Nicholson
ist ein Star der Widersprüche, der sich mit solcher Geste vor der
Tradition Hollywoods verbeugt, aber die Attitüden seiner »wilden« Anfangsjahre beibehält und sich strikt weigert, der Publicity zu weit nachzugeben. Bis heute lehnt er etwa Auftritte in
Talk-Shows des amerikanischen Fernsehens grundsätzlich ab;
nicht selten verweigert er auch ausländischen Fernsehteams Interviews. In seiner fanatischen Liebe zum Kino trotzt er den
neuen Medien der achtziger Jahre (Video, Kabelfernsehen), in

5 Blumenberg, a.a.O.

dem Wissen, der anstürmenden Bilderflut und Mittelmäßigkeit nur schwer standhalten zu können.

Nicholsons Auftreten zwischen Glamour und Rebellion korrespondiert dabei mit jener Widersprüchlichkeit, die er in seinen verschieden Rollen darstellt, was ihm anhaltendes Interesse von Kritik und Publikum sichert. Seine Karriere führt dabei nicht stetig nach oben, sondern verzeichnet durchaus tiefe Täler, die jeweils das Ende seiner Laufbahn hätten bedeuten können, denkt man an die alte Hollywood-Regel, wonach jeder Star nur so gut ist wie die Einspielergebnisse seiner letzten Filme. Und da hat Jack Nicholson nicht unbedingt herausragende Erfolge in den vergangenen Jahren aufweisen können. Und doch

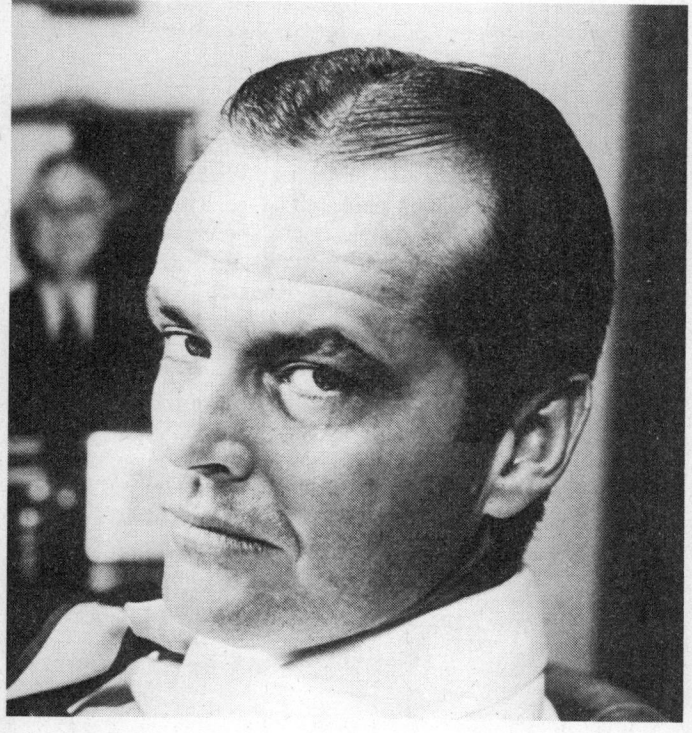

›Chinatown‹

bleibt er weiter im Geschäft, reißen sich die Manager und Produzenten nach wie vor um ihn, wird bei vielen geplanten Filmprojekten auch immer wieder sein Name genannt. Nicholson sebst weiß dies sehr genau, trotzdem kommt bei ihm keine Überheblichkeit auf. Er weiß, wie hart es ist, nach oben zu kommen, und wie schwer, dort auch zu bleiben. Um Ruhm geht es ihm dabei nicht, nur um lohnende Arbeit und befriedigende Ergebnisse. »Ich wollte als Starschauspieler anfangen, aber wenn ich es gekonnt hätte, wäre ich jetzt tot, weil ich schon mit 20 begonnen habe. Ich wäre eine absolute Plage heute. Was würde ich machen? Mit etwas Glück wäre ich beim Fernsehen. Zu dieser Zeit lehnte ich aus irgendeinem verrückten Gefühl heraus Fernsehserien ab. Und nun habe ich im Film Arbeit bis ich 40 bin«, rekapitulierte er 1972, »besser jedenfalls als einer, der mal 30 war, was einem das Leben sehr vermiesen kann, wie sich bei den meisten jung Erfolgreichen zeigt.«[6]

Die Charaktere, die er in seinen Filmen verkörpert hat und die fast alle bleibende Figuren des modernen Kinos geworden sind, sind nicht immer so realistisch wie ihr Darsteller, obgleich sie wahr und ehrlich sind. »Nicholson wurde denn auch zum Superstar, weil er ein Held unserer Zeit ist: realistisch-aktuell und doch irgendwie zeitlos-mystisch; noch jung und fast infantil im Benehmen, aber schon an der Schwelle zum Alter; in allen Filmen unbestimmbar durch Herkunft, Religion, Einkommen und Familienstand. Eine Figur also, die alle Strömungen der Zeit reflektiert, auf die alle Wünsche projiziert werden können. Eine Figur auch, die die kollektiven Mythen der Zeit transportiert: die Summe der Erfahrungen aus Politik (Vietnam und Watergate), Kultur (Underground, Protest) und Mode (Drogen, Sex und Jeans). (...) Diese Rolle gefällt ihm – und allen gefällt sie an ihm, denn er ist der neue Mensch der Idee-, Reiz- und Wunschwelt, Marcuses Überflußgesellschaft, ohne Zwang zu Leistung und Geldverdienen, erotisch ästhetisch, intellektuell ungebunden, keinem Programm dienstverpflichtet – nur sich selbst.«[7]

6 Patrick Snyder-Scumpy. In: Crawdaddy, Febr. 1973; zit. n. Norman Dickens. Jack Nicholson. The Search For A Superstar. New York 1975, S. 59/60
7 Wolfram Knorr. Animalischer Glücksritter. In: Die Weltwoche, 7.7.1976

J. N. (links) in ›Five Easy Pieces‹

In allen seinen Rollen spürt man das persönliche Engagement Nicholsons, seine Identifizierung mit den darzustellenden Charakteren, sei es als Robert Eroica Dupea in *Five Easy Pieces*, als Jonathan in *Carnal Knowledge*, als Billy »Bad Ass« Buddusky in *The Last Detail*, als J.J. Gittes in *Chinatown* oder als Randall P. McMurphy in *One Flew Over the Cuckoo's Nest*. Sein Regisseur bei *Carnal Knowledge* und *The Fortune*, Mike Nichols (*Catch 22*, 1969), sagte über ihn: »Jack Nicholson sagt immer die Wahrheit – in seinen Rollen und in seinen Filmen.«[8] Und der Regisseur und enge Freund Henry Jaglom beschreibt präzise den Grund des engen Zusammenhangs von Person und Rolle, worin

8 Mike Nichols in: Newsweek, 7. 11. 1970; zit. n. Dickens, a.a.O., S. 141

die Glaubwürdigkeit des Schauspielers Nicholson begründet liegt: »Innerlich ist er einsam, entfremdet und (dabei, d.A.) absolut brillant. Die Beschaffenheit dieser Brillanz bestätigt seine Isolation, weil sie von einer Art ist, die nur schwer zu teilen ist. Er zwingt sich dazu, vor sich selbst zu fliehen. Er kann in jede Maske flüchten und sie zu seinem eigenen Charakter machen. Er ist einer der doppeldeutigsten Menschen, die ich kenne.«[9]

Dieser Zwiespalt ermöglicht es ihm, seine Widersprüchlichkeit zu bewältigen. Vielleicht macht er sich manchmal darüber selbst Illusionen, wenn er, der hoch-intelligent ist, sich als Durchschnittsbürger präsentiert, als ein Mensch, der sich zum Leben auf der Straße eher hingezogen fühlt als zur *movie colony* in Hollywood. Und doch liebt er auch deren Glamour, genießt seinen Ruhm, ohne ihn zu suchen, und seinen Reichtum, ohne damit zu protzen. Der Hang zur Straße – ein frühes Idol war der Schriftsteller Jack Kerouac (»On the road«) –, das Rumhängen in schäbigen Bars ist Nicholsons private Nostalgie, ist sein Bezug zum ungebundenen Leben der Anfangsjahre. Seinem Status als Superstar schadet es nicht. Daß Jack Nicholson nicht nur ein Star, sondern vor allem einer der bedeutendsten amerikanischen Filmschauspieler der Gegenwart ist, hat insbesondere einen Grund, den der frühere Nicholson-Mentor, der Regisseur und Produzent Roger Corman so beschreibt: »Er ist einer der wenigen Hauptdarsteller, der sich mit extrem ungewöhnlichem Material beschäftigt, weshalb er für den Rest seines Lebens wahrscheinlich ein großer Schauspieler sein wird, oder zumindest solange, wie er arbeiten will. Er wird nicht in die Gefahr kommen, auf einen Typ festgelegt und beiseite geworfen zu werden, wenn dieser bestimmte Typ an Beliebtheit verliert. Seine Bereitschaft, wenn nicht Begierde, sich mit ungewöhnlichen Stoffen zu beschäftigen, wird ihm gut zustatten kommen.«[10]

Nicholson ist nicht nur ein Schauspieler des Verstandes, sondern auch, und vielleicht vor allem, der Irrationalität, was sein Spiel so faszinierend macht. Er pflegt einen Stil, der sich nach seinen Gefühlen richtet und abhängt von seiner Intensität in Selbstbeobachtung und -kontrolle. Er arbeitet als Schauspieler mit Kalkül, ohne dies immer durchsetzen zu können. Seine

9 Dickens. a.a.O., S. 158
10 Roger Corman, zit. n. Crane/Fryer, a.a.O., S. 26/27

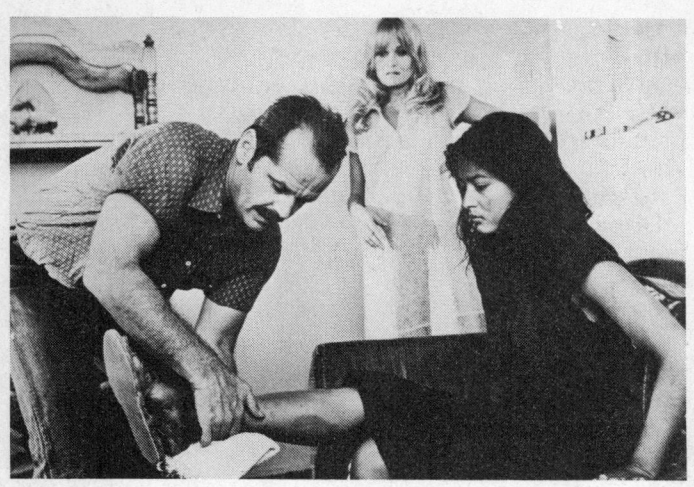

›Grenzpatrouille‹ (›The Border‹)

Wutausbrüche etwa gewinnen auf diese Weise, über den Verlust der Kontrolle, eine erschreckend realistische Dimension, wie sie nur wenige Schauspieler erreichen. Nicht selten allerdings läßt er sich dabei zu sehr gehen, erliegt der Gefahr, sich zu wiederholen. »In jedem weiteren Film (nach *Easy Rider*) kultiviert er jenen überspannten, überschwenglichen, impulsiven, destruktiven und querköpfigen Typ, der ungehemmt ein menschliches Prinzip feiert – ohne genau zu wissen welches. Eine Fixierung seines Geistes, der überall herumquirlt, ist kaum möglich. Er ist ein Willkürmensch, der auf die rationalen Menschen lustvoll wirkt.«[11] Doch nicht immer gereicht ihm diese Ausgelassenheit zum Vorteil, auch wenn sie Teil seiner Publikumsattraktivität ist. 1981 besann er sich eines besseren: seine Rollen als Eugene O'Neill in *Reds* und als Grenzpolizist Charlie Smith in *The Border* zeugen in ihrer Zurückhaltung von einem gewandelten Nicholson, einem Schauspieler, der diszipliniert geworden zu sein scheint.

In den siebziger Jahren war dies nicht immer so, sein darstellerisches Prinzip folgte anderen Kriterien. »In seiner Schauspie-

11 Wolfram Knorr. a.a.O.

›Grenzpatrouille‹ (›The Border‹)

lerei spiegelt sich dieser aufgeputschte Vitalismus, wenn ihm
nicht jemand wie Antonioni zügelt, ungebrochen wider. Nicholson ist so eine Art Bogart der Drogen-Generation, er spielt nervös, ausfallend, grimassierend und ordinär. Nichts verbergen,
die Zügel schießen lassen, auf die Pauke hauen, das ist sein Typ
und sein Stil. Er genießt es, in Fahrt zu kommen, frech zu grinsen und loszubrüllen. Er mimt, wie in *Kuckucksnest*, mit Leib
und Seele den Verrückten, den Clown, den Rebellen, den Kind
gebliebenen Mann, den demonstrativen Antihelden, und
scheint genau damit die geheimen Sehnsüchte vieler amerikanischer Kinogänger zu befriedigen.«[12] Oft als ein Star der Minder-
heiten bezeichnet, hatte Nicholson bis 1976, als er seinen ersten,
längst verdienten »Oscar« erhielt, einen langen Weg hinter sich
gebracht, dessen Beginn ihn nicht gerade prädestiniert erschienen ließ, Hollywoods höchste Auszeichnung in Empfang nehmen zu dürfen. Wie also fing alles an?

12 Siegfried Schober. Der Star aus dem Kuckucksnest. In: Der Spiegel
   Nr. 10/1.3.1976

Kindheit und Jugend

I. »Managua Nicaragua«

Die Vorfahren der Familie Nicholson waren Iren und stammten aus Country Cork. Geboren jedoch wurde Jack Nicholson in Neptune City in New Jersey, südlich von New York, nahe Ashbury Park gelegen. Man schreibt den 22. April 1937. Ethel May Nicholson ist Mutter eines strammen Sohnes geworden. Vater John Nicholson, von seinem Sohn später meist »Jack« genannt, erlebt nicht die Geburt des einzigen männlichen Nachkommen der Familie. Ethel May und John haben sich kurz vor der Geburt getrennt. Man ist friedlich auseinandergegangen, wie es dem Naturell von John entsprach. Der Grund: Alkohol. John, von Beruf Schildermaler und gelegentlicher Schaufensterdekorateur, konnte einfach keiner Bar widerstehen, fast magisch zogen sie ihn an. Sein ganzes Geld ließ er in den Spelunken, wo man ihm bereitwillig den billigen Fusel kredenzte. Jack und seine beiden Schwestern Jane und Lorraine, ganze 17 und 14 Jahre älter, hatten nicht viel von ihrem Vater. Meist kam er nur einmal im Jahr – zu Weihnachten, wenn er sich in den leeren Kneipen einsam fühlte. Obwohl nicht gerade glücklich über ihn, war die Familie doch jedesmal froh, wenn John wieder auftauchte. »Ich hatte niemals eine wirklich irgendwie längere Beziehung zu meinem Vater. Er war nur selten da. Er war verstrickt in seine persönliche Tragödie von Alkoholismus, was niemand vor mir geheimhielt. Ich akzeptierte ihn so, wie er war. Er war ein unglaublicher Säufer. (...) Aber niemals hörte ich ihn seine Stimme erheben; niemals sah ich jemanden böse auf ihn sein, nicht einmal meine Mutter. Er war einfach eine ruhige, tragische Figur – ein sehr sanfter Mann. Er starb in dem Jahr, in dem ich nach Kalifornien kam.«[1] Das war 1954. Obwohl Jack Nicholson kaum eine feste Beziehung zu seinem Vater besaß, behielt er ihn doch positiv in Erinnerung, konnte sich auch später noch nicht von ihm lösen. So entspricht die dünnrandige Brille, die er als versoffener Rechtsanwalt in *Easy Rider* so unnachahmlich auf

1 Playboy-Interview: Jack Nicholson. In: Playboy, 1972

die Nase schiebt, der seines Vaters. Lange mußte er suchen, bis er ein identisches Paar aufgetrieben hatte.

1941, Jack war gerade vier Jahre alt, verließ seine Schwester June, nun 21 Jahre, die Familie und ging nach Miami, um in der Show von Earl Carroll als Tanzgirl aufzutreten. Trotz wechselnder Engagements und Auftritten, zum Teil in besseren Shows und Etablissements, schaffte June nie den Durchbruch. Während andere, die als Girl in einer mehr oder minder obskuren Show ihre Karriere begonnen hatten, vielleicht doch noch beim Film landeten, blieb Nicholsons Schwester June immer nur ein kleines Showgirl. Zwar zog sie später nach Hollywood, doch »entdeckt« wurde sie auch dort nicht. Wenn es mit der eigenen Karriere auch nicht so lief, wie sie es vielleicht wollte, wäre ohne ihren Umzug nach Hollywood aus dem kleinen Bruder Jack wohl nie der Superstar geworden, der er heute ist. 1954 hatte sie, als Nicholson nach Los Angeles kam, ihn in ihr Haus aufgenommen, bot dem damals Siebzehnjährigen ein kostenloses Heim – für den unternehmungslustigen, aber immer bargeldlosen Jungen von großer Bedeutung. Als June schließlich 1963 im Alter von nur 44 Jahren an Krebs im Lebanon-Hospital starb, war Nicholson tief betroffen und in tagelanger Trauer. Häufig am Krankenbett seiner älteren Schwester, hatte er ihren physischen Verfall mit ansehen müssen, die zunehmende Abmagerung und auch die einsetzende Resignation der Todkranken.

Zu seiner jüngeren Schwester Lorraine besaß er keine so tiefgehende Beziehung. Lorraine lebt heute immer noch in Neptune City und ist verheiratet mit dem Eisenbahner George Smith, den Jack zeitweise als väterlichen Freund akzeptierte, wenn nicht gar als Ersatz-Vaterfigur. Nicholson, der Lorraine in seiner Vorliebe für Spitznamen meist »Rain« und seine Mutter »Mud« nannte, wunderte sich manchmal selbst darüber, als einziger Junge in der Familie nicht homosexuell geworden zu sein.

»Mud« war der Mittelpunkt der Familie; sie hielt sie zusammen und verdiente ihren Lebensunterhalt. Ethel May war von Beruf Kosmetikerin, und auch in den Jahren nach der Großen Depression und später während des 2. Weltkrieges hatten die Frauen in Neptune City genügend Geld, um es für ihre Schönheit ausgeben zu können. Nicholsons Mutter war eine agile und fleißige Geschäftsfrau. Sie betrieb ihren eigenen Schönheitssalon. Angefangen hatte sie im Wohnzimmer, doch schon bald wurde der Andrang so stark, lief das Geschäft so gut, daß die Familie in ein größeres Haus umziehen mußte, wo Ethel May eigene Räume für ihren Betrieb einrichten konnte. Die Nicholsons waren währenddessen in den Mittelstand aufgestiegen und hatten ein gesichertes Einkommen. Doch es war nicht leicht für Ethel May, vor allem da Sohn Jack nicht gerade ein Unschuldslamm war und als einziger »Mann« im Haus auch noch Hahn im Korb spielte. Strafte ihn die Mutter mal für irgendein Vergehen, kam es häufiger vor, daß Jack so wütend wurde, daß er Türen zuwarf, lauthals fluchte oder vor Wut bald gar nicht mehr sprechen konnte. Eine hysterische Wut, derer Nicholson sich bei seinen Wutausbrüchen im Film zu erinnern scheint. Dennoch erhielt der junge Nicholson alles andere als eine autoritäre Erziehung. Da seine Mutter ihr Geschäft betreiben mußte, die Schwestern zur Schule gingen oder schon aus dem Haus waren, bekam er keinerlei moralische Vorhaltungen, wie sie sonst in den prüden und tabubeladenen amerikanischen Mittelklasse-Familien an der Tagesordnung sind. Ebensowenig wurde ihm eiserne Disziplin beigebracht, was seine lockere Art, die Dinge zu sehen, wohl gefördert haben mag.

In der Schule bereitete ihm dies nicht selten Schwierigkeiten. Während fast seiner gesamten Schulzeit spielte er den Klassenclown, nicht unbedingt zur Freude seiner Lehrer. »Ich erinnere mich an die 4. Klasse, wo ich in die Ecke nahe der Tafel geschickt wurde – ich hatte immer Probleme mit dem Betragen –, mein Gesicht mit Kreidestaub puderte und mich zum Clown machte. So war ich während der ganzen High School der Klassenclown, spielte auf und hinter der Bühne, auch wenn die Jungen, mit denen ich zusammen war, eine Bande von Raufbolden, Schauspielen für etwas Schwules hielten.«[2]

Nicholson besuchte die *Roosevelt Grammar School* in Neptune City und war trotz seines Benehmens ein lernbegieriger und vor allem intelligenter Schüler. Mit zehn Jahren gab der kleine Jack sein Showbiz-Debüt. In der *Roosevelt School* hatte er an einem *dramatics*-Kurs teilgenommen und bei einer Aufführung der Klasse das Lied »Managua Nicaragua« gesungen. »In der Schule trat ich immer in Stücken auf, aber ich dachte nicht wirklich an diesen Beruf. Es schien so unvorstellbar, mich

2 Newsweek , 7.12.1970

als Schauspieler zu sehen. Die Vorstellungskraft vollzog diesen Schritt nicht – wenigstens nicht meine zu dieser Zeit.«[3] Er hatte ganz andere Vorstellungen: »Die erste wirklich starke sexuelle Phantasie, an die ich mich erinnere, war der erste ›feuchte‹ Traum, an den ich mich erinnern kann, …, das war möglicherweise in der vierten Klasse oder wann immer man beginnt, ›feuchte‹ Träume zu haben. Bei mir war es wohl sehr früh.«[4]

Nach den Jahren auf der Grundschule ging Nicholson in die *Manasquan High School*. Seine überdurchschnittlichen Leistungen ermöglichten ihm, eine Klasse zu überspringen. Trotzdem fand er noch genügend Zeit, im schulischen Basketball-Team mitzuspielen und es zu managen. Bis heute ist er Basketball-Fan geblieben, und, wenn möglich, besucht er die Heimspiele der L.A.-Lakers, seiner favorisierten Mannschaft in der US-Profiliga. Damals war er so fanatisch, daß er eines Tages, als er glaubte, die gegnerische Mannschaft habe durch Betrug gewonnen, nach dem Spiel in die Sporthalle zurückkehrte und dort die Elektronik der Anzeigetafel mit der gegnerischen Punktezahl zerstörte. Als er sein Vergehen bereute und es dem Direktor gestand, wurde er eine Zeitlang von der Schule suspendiert und arbeitete, um den Schaden zu bezahlen. Nur mit Glück blieb er auf der Schule. Danach fiel er nur noch mit kleineren Vergehen auf. So wurde er einmal beim Rauchen auf dem Schulhof erwischt, ein anderes Mal hörte ihn ein Lehrer bei einem Wutausbruch lauthals fluchen. Beides gab Eintragungen in sein Führungszeugnis. Ein Jahr früher als seine Altersgenossen schloß Nicholson die High School ab. Er erhielt ein so ausgezeichnetes Zeugnis, daß er zu den besten zwei Prozent aller amerikanischen High School-Abgänger gehörte. In seinem bebilderten Abschlußjahrbuch, wie es jeder amerikanische Schüler erhält, wurde er nicht nur als Klassenclown ausgezeichnet, sondern auch zum Klassenoptimisten und ironischerweise auch zum Klassenpessimisten ernannt. Siebzehn Jahre alt war er nun und mußte entscheiden, was er in Zukunft machen wollte.

»Ich übersprang eine Klasse, als ich in der High School war, und dann war ich für meine Verhältnisse zu jung, um auf das

3 Eleanor Ringel. In: The Atlanta Constitution/The Atlanta Journal Weekend, 14.6.1980
4 zit. n. Dickens, a.a.O., S. 18/19

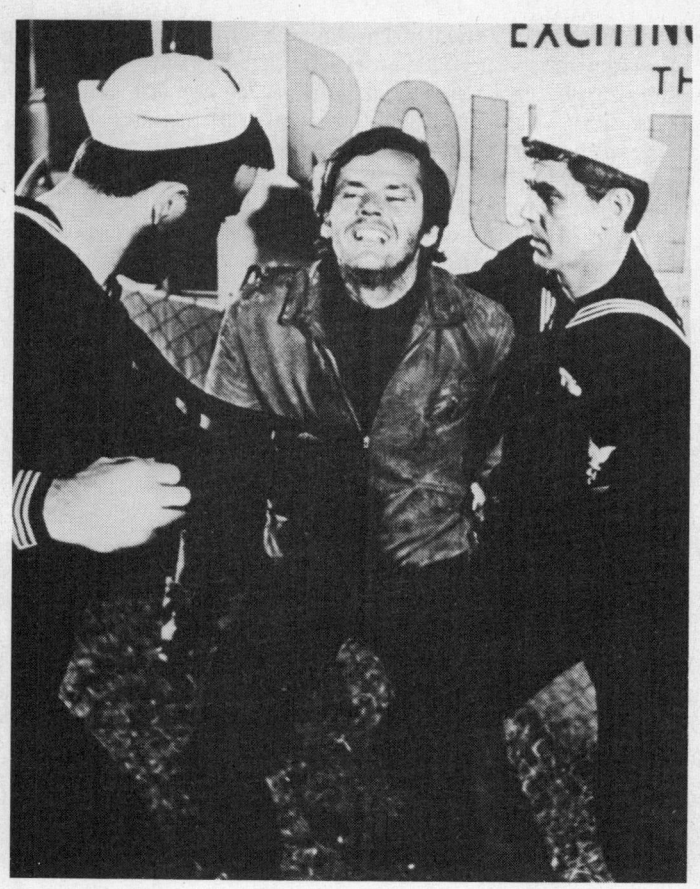

J. N. (Mitte) in ›Die wilden Schläger von San Francisco‹ (›Hell's Angels on Wheels‹)

College zu gehen; ich wollte noch ein Jahr warten. Nun, als ich dieses Jahr gewartet hatte, wollte ich überhaupt nicht mehr gehen.«[5] Kurze Zeit überlegte er sich, die Universität von Delaware zu besuchen, doch er entschied anders. Von der Schule hatte er genug. »Wenn mich also jemand fragt, ›was halten Sie

5 Crane/Fryer, a.a.O., S. 125

von Erziehung?‹, antworte ich ihm, daß ich die Schule besucht habe, aber nur wegen der gesellschaftlichen Pflicht. Ich hatte ein paar gute Lehrer, und in Fächern wie Mathematik hatte man das Gefühl, wirklich etwas zu lernen; aber in allen anderen Fächern hatte ich immer das Gefühl, es bereits im vorigen Jahr gelernt zu haben und manchmal geradewegs das Gegenteil von dem, was uns jetzt gelehrt wurde.«[6] Mittlerweile schrieb man das Jahr 1954. Jack Nicholson entschloß sich, zu seiner Schwester June nach Los Angeles zu ziehen. Er setzte sich in ein Flugzeug und verließ Neptune City.

6 Crane/Fryer, a.a.O., S. 125

I. Jack Nicholson – die Karriere

1. Billard, Mädchen und Kerouac

Es war für Jack Nicholson ein entscheidendes Jahr. Vielleicht nicht einmal so sehr der Umzug nach Los Angeles, vielmehr sollte eine im gleichen Jahr erfolgte Firmengründung für seine spätere Karriere von Bedeutung sein. Die Filmagenten und Produzenten Samuel Z. Arkoff und James Nicholson, der zuweilen auch fälschlicherweise als Jacks Vater ausgegeben wird[1], riefen die *American International Pictures* (AIP) ins Leben. In der Nachfolge der letztendlich vom Fernsehen ruinierten B-Film-Studios wie Republic oder Monogram boten sie jungen Talenten eine Arbeitsmöglichkeit. Da man sich nicht an die strikten Gewerkschaftsbedingungen hielt, wurden auch Nicht-Gewerkschaftsmitglieder (zu einer geringeren Gage selbstverständlich) beschäftigt.

Ihre thematischen Schwerpunkte fanden Arkoff und Nicholson in rüden Horror- und Crimegeschichten oder naiv-phantastischen Science-Fiction-Stories. Adressat war das jugendliche Publikum der weißen Mittelschicht, das sich zum Protest gegen die spießige Moral der Eltern sammelte. Der *Rock'n'Roll*, Bill Haley und Elvis Presley wurden Symbole dieser Rebellion. Folgerichtig verzichtete man in den Filmen der AIP auch auf die Darstellung der Moral von Eltern und anderen Autoritäten wie Schule oder Kirche. Einer der führenden Regisseure der neuen Firma wurde der knapp dreißigjährige Roger Corman, der seine Filmlaufbahn als Botenjunge und später Dramaturg bei der Twentieth Century Fox begonnen hatte. 1957 drehte er für AIP allein fünf Filme, etwa *Teenage Doll* oder *War of the Satellites* (Planet der toten Seelen), allesamt nicht sonderlich bemerkenswert und nur dazu gedacht, schnelles Geld zu machen.

Anfänglich wollte Jack Nicholson nur ein paar Wochen bei seiner Schwester June bleiben, doch dann gefielen ihm Stadt und Atmosphäre, und er entschloß sich zu bleiben. Doch er mußte beginnen, eigenes Geld zu verdienen. Als erstes ging er

---

1 Zum Beispiel in: Hollywood Today von Pat Billings/Allen Eyles, London/New York 1971

zur Arbeitsvermittlung, wo man ihm einen Job als Verkäufer in einem Spielzeugladen verschaffte, den er auch vier bis fünf Monate aushielt. Zwischenzeitlich zog es ihn in die Pool-Hallen, wo er schnell um ein paar Dollar Billard spielte. Immer wieder war er auch zur Arbeitsvermittlung gerannt, um einen besseren Job zu bekommen. Meist vergeblich. Nach längerer Arbeitslosigkeit – den Job im Spielzeugladen hatte er nicht mehr – bekam er eine Anstellung als Botenjunge in der Zeichentrick-Abteilung von MGM angeboten. Er nahm an, obwohl die dreißig Dollar pro Woche nicht gerade ein üppiger Verdienst waren für einen Jungen mit Ambitionen und großem Interesse am anderen Geschlecht. Illegale Pferdewetten während und nach der Arbeit halfen dem ein wenig ab. Überdies lernte er eine andere Welt kennen: den Film. »Ich denke, ich wollte sehen, wie man Filme macht, und in der Nähe von Stars sein.«[2]

Als Bote bei MGM, dem Glamour-Studio des klassischen Hollywood, kam er natürlich auf dem ausgedehnten Gelände viel herum. Er hatte es sich, nur so aus Spaß, zur Gewohnheit gemacht, alle Leute, die er kannte und mit denen er zu tun hatte, mit ihrem Vornamen anzureden. Eines Tages leistete er sich einen kleinen Scherz und rief einfach »Hey Joe!« ihm unbekannten Männern nach. Ein Mann reagierte tatsächlich auf den nicht gerade seltenen Namen und drehte sich nach dem Rufer um. Es war Joseph Pasternak, einer der bedeutenderen Produzenten des Studios, der unter anderem den Marlene-Dietrich-Film *Destry Rides Again* (1939; Der große Bluff; Regie: George Marshall) und *The Great Caruso* (1951; Regie: Richard Thorpe) produziert hatte und als Spezialist für leichte Musik-Filme galt.

Pasternak musterte überrascht den vorlauten Jungen, der es wagte, ihn mit Vornamen zu rufen, und fragte ihn: »Hey Junge, willst du in einem Film mitspielen?« Der Junge wollte natürlich. Pasternak ließ sich seinen Namen und die Abteilung, in der er arbeitete, geben und schickte ihm wenig später ein Drehbuch und gleich einen Termin für die Probeaufnahmen. Nicholson war gespannt. Zwar las er das Drehbuch, aber etwas damit anzufangen wußte er nicht. Auch nicht, daß er die markierten Sätze auswendig lernen sollte.

2 Bruce Braithwaite. The Films of Jack Nicholson. Bembridge, Isle of Wight 1977, S. 4

Sein erster Leinwand-Test wurde natürlich ein Fiasko, was ihn aber nicht sonderlich kümmerte. Der Regisseur dieser Aufnahmen allerdings war verzweifelt: »Ich weiß nicht, wofür wir dich jemals brauchen, aber wenn wir es tun, dann brauchen wir dich sehr dringend«, gab er dem (noch) Erfolglosen mit auf den Weg. Vorerst trug Nicholson weiter die Post aus. Einige Tage später traf er wieder auf Pasternak und sprach ihn an »Hey Joe!«. Pasternak war verblüfft, kannte er diesen Jungen nicht schon? Dann aber fragte er erneut: »Hey Junge, willst du in einem Film mitspielen?« Der Junge wollte natürlich noch einmal. Doch dieses Mal sandte ihm Pasternak kein Drehbuch und auch keinen Termin für Probeaufnahmen, sondern arrangierte statt dessen einen Besuch im *Player's Ring Theatre* in Los Angeles, wo sich junge und unbekannte Schauspieler bemühten, ein eigenes Theater aufzubauen.

»Wir besaßen keinen Penny«, erinnert sich Nicholson dieser Zeit. »Meist gingen wir und stahlen nachts Holz von einem Bauhof. Die Toiletten klauten wir aus Tankstellen. Licht, Tische –

J. N. mit Karen Black in ›Five Easy Pieces‹

wir klauten alles irgendwie zusammen. Viel Zeit verbrachten wir mit schauspielern. Es war wirklich ein rauschartiges Lernen. Es war eine Zeit der Frische und der Entdeckung, was schauspielern eigentlich bedeutete; man traf neue Leute und wurde von der Arbeit anderer beeinflußt, oder man beobachtete, wie ein Schauspieler oder eine Schauspielerin, die kaum reden konnte, in eine Klasse kam und plötzlich, sechs Monate später, eine brillante Szene spielte.«[3] Gleichzeitig nahm Nicholson Schauspiel-Unterricht. Er schrieb sich in die Schule des als Nebendarsteller bekannten Jeff Corey (*The Killers,* 1946; Regie: Robert Siodmak; *Mickey One,* 1965, Regie: Arthur Penn) ein, besuchte die Klasse von Martin Landau (TV-Serie *Mission Impossible* – Kobra, übernehmen Sie).

Schnell bildete sich ein großer Freundeskreis, der zum Teil bis heute Bestand hat. Mitschüler waren unter anderem Dean Stockwell und Luana Anders, die beide mehrfach mit Nicholson gemeinsam in Filmen auftraten, und Robert Towne und Carol Eastman (alias Adrien Joyce), beides sehr enge Freunde und später die Autoren der besten und wichtigsten Filme mit Nicholson, etwa *Five Easy Pieces* (Eastman) oder *Chinatown* (Towne). Mit Towne bewohnte er eine Zeitlang ein Apartment und gemeinsam mit ihm machte er sich auch auf »Jagd« nach attraktiven Schauspiel-Schülerinnen, doch die, so erinnert sich Towne, »waren an Nobodies nicht interessiert«[4]. Überdies lernte er in den Schauspielkursen auch den Regisseur Roger Corman kennen. »Ich schrieb mich als Regisseur in die Schauspielschule von Jeff Corey ein, weil ich ein wenig mehr über das Schauspielern wissen wollte. Ich versuchte nicht, Schauspieler zu werden, sondern ich wollte nur meinen Hintergrund als Regisseur bereichern; Jack war auch in der Klasse und ich war von seiner Arbeit beeindruckt. Jack und ich wurden dann Freunde und arbeiteten bei einer Reihe von Filmen zusammen.«[5]

1956 trat Nicholson in dem Theaterstück *Tea and Sympathy* von Terence Rattigan auf, doch nur, um mit der schmalen Gage die Miete für sein Apartment bezahlen zu können. Neben ihm auf der Bühne standen drei ebenfalls vollkommen unbekannte

3 Playboy-Interview. a.a.O.
4 The Star With the Killer Smile. In: Time, New York, 12.8.1974
5 Crane/Fryer, a.a.O., S. 24

Darsteller, die aufgrund ihres Mitwirkens – sie waren wohl um einiges überzeugender als der am Theater eigentlich uninteressierte Nicholson – in neukonzipierten Fernsehserien jeweils Rollen erhielten, die sie zu berühmten TV-Stars machten: Michael Landon als »Little Joe« in *Bonanza*, Edd Byrnes als »Kookie« in *77 Sunset Strip* und Robert Fuller in *Am Fuß der Blauen Berge*. Auch Nicholson begann in Fernsehserien aufzutreten, etwa in *Matinee Theatre, Sea Hunt* oder in *Divorce Court*, wo er einen Gerichtsreporter spielte. Seine Gage betrug in dieser Zeit etwa 1.400 Dollar im Jahr. Die schauspielerische Ausbildung vergaß er darüber aber nicht: er begann das *Method Acting* des *Actor's Studio* zu studieren. Mit seinem Studienkollegen verbrachte Nicholson auch seine Freizeit.

Man traf sich in Coffee-Shops wie »Mac's the Unicorn«, »Luan's«, »Renaissance«, »Chez Paulette's« oder »Barney's Beanery«, mehr oder weniger bekannte Plätze, um die eine oder andere Berühmtheit vom Film kennenzulernen. War man nicht in einem dieser Restaurants oder im Unterricht, ging man ins Kino und schaute sich vor allem alte amerikanische und neue europäische Filme an. Ende der fünfziger Jahre ging ja von Frankreich eine Erneuerungsbewegung des Films aus – die *Nouvelle Vague* –, die später auch den amerikanischen Film beeinflussen sollte.

Junge, unbekannte Regisseure wie Truffaut, Chabrol, Rohmer oder Godard waren mit der Kamera und ihren Schauspielern auf die Straßen gegangen, hatten nur sehr wenig Geld zur Verfügung und verstanden es doch, lebendige und vor allem innovative Filme zu machen, die mit den verkrusteten Strukturen und Ansichten des traditionellen, linearen Erzählkinos brachen und dabei sehr persönliche Geschichten formulierten.

Ebenso gerne aber ging man auf Parties oder gab selbst welche. Nicholson erinnert sich gerne dieser frühen Jahre, in denen das Geld noch knapp war, obwohl er in dem ein oder anderen B-Film auftrat. »Ich war auch Teil einer Generation, die mit Cool Jazz und Jack Kerouac aufwuchs; wir gingen in Kordhosen und hochgeschlossenen Pullovern umher und redeten über Camus, Sartre und den Existenzialismus, und wie es wohl unterwegs, auf der Straße wäre. Wir blieben die Nächte auf und schliefen bis drei Uhr nachmittags. Wir gehörten zu den wenigen, die sich europäische Filme anschauten. Wir gingen zu den frühen Konzerten von Dylan und Ravi Shankar. Wir rauchten viel Haschisch, normalerweise auf der Toilette, im Hinterhof oder auf der Auffahrt, weil es nicht ›cool‹ war, es in der Öffentlichkeit zu tun. (...) Und es gab eine Menge Parties. Mehr Parties als die, zu denen ich heute gehe. Es waren einfache Parties, zu denen man seine eigene Flasche mitbrachte. Harry Dean Stanton, der einer meiner engsten Freunde in der Zeit war, sagt, daß, wann immer er an mich in dieser Zeit denkt, er mich mit einem Glas billigen Rotwein an den Lippen sieht. (...) Aber die Parties waren toll. Eigentlich wurden Dennis (Hopper, d. A.) und ich nur Schauspieler, weil wir Parties mochten und Menschen, Mädchen, Kunst, Ansehen und all das, was wirklich sehr vergänglich und unmittelbar ist.«[6]

Als Schauspieler begann Nicholson, obwohl sich selten Gelegenheit bot, ein wenig sicherer und auch besser zu werden. Denn trotz nächtlicher Vergnügungen auf den vielen »Bringyour-own-bottle«-Parties, den ersten Drogenerfahrungen (mit 18 hatte er begonnen Marihuana zu rauchen), war er ein fleißiger Schüler, was sein damaliger Lehrer Jeff Corey an ihm besonders schätzte. Roger Corman schließlich, den er bei Corey kennengelernt hatte, verschaffte ihm sein erstes Engagement beim Film. Corman nämlich war der Exekutiv-Produzent bei *Cry Baby Killer*, einem Film, der 1958 von Jud Addiss, einem nicht weiter hervorgetretenen Regisseur, gedreht werden sollte. Es wurde Nicholsons erster Kino-Film und zugleich seine erste Hauptrolle.

II. Jimmy, Buddy und Johnny: Der jugendliche Delinquent

1958 war auch ein wichtiges Jahr in der Filmgeschichte: Der französische Kritiker Claude Chabrol drehte mit Hilfe einer Erbschaft seinen ersten Spielfilm, *Le Beau Serge* (Die Enttäuschten), und leitete damit die *Nouvelle Vague* ein. Der gleichfalls französische Filmkomiker Jacques Tati stand 1958 auf dem Höhepunkt seiner Karriere mit der umwerfenden Komödie *Mon Oncle* (Mein Onkel), für den er den »Oscar« als be-

---

6 Playboy-Interview: a.a.O.

sten ausländischen Film erhielt. Auch politisch veränderte sich in Frankreich Entscheidendes: Der Widerstands-General Charles de Gaulle wurde zum neuen Staatspräsidenten gewählt und leitete damit die 5. Republik ein.

In Brüssel glaubte man auf der Weltausstellung mit ihrem Wahrzeichen »Atomium« noch bedingungslos an den Fortschritt durch Kerntechnik und Raumfahrt; in den USA veröffentlichte der Romancier Truman Capote sein »Frühstück bei Tiffany« und der Straßen-Poet Jack Kerouac sein »Gammler, Zen und hohe Berge«, nachdem er ein Jahr zuvor mit »Unterwegs« (*On the Road*) die Kultfigur einer ganzen Generation geworden war. Auch Jack Nicholson fühlte sich dessen Lebensgefühl von Freiheit und Ungebundenheit ja verbunden.

Hollywood versuchte in diesem Jahr, ein neues Sehgefühl zu schaffen, indem es im Kampf mit dem immer populärer werdenden Fernsehen nicht nur breitere (der Erfinder des Todd-AO-Breitwandverfahrens starb 1958), sondern auch anspruchsvollere Filme produzierte. Zum Beispiel Stanley Kubricks Anti-Kriegs-Drama *Path of Glory* (Wege des Ruhms) oder die Tennessee-Williams-Verfilmung *Cat on a Hot Tin Roof* (Die Katze auf dem heißen Blechdach) von Richard Brooks mit dem Superstar Elizabeth Taylor.

Im sogenannten Armenhaus der Industrie, bei den B-Picture-Produktionen, indes zählte nicht der künstlerische Anspruch, sondern nur der Profit. Um diesen zu erreichen, mußten vor allem billige Filme schnell gedreht werden. Der junge Roger Corman hatte sich ja bereits mit einer Reihe respektabler Erfolge einen Namen in der Billig-Branche gemacht, als ihm der Schauspieler Leo Gordon (*Riot in Cell Block 11;* Regie: Don Siegel, 1954) ein Drehbuch mit dem Titel »Cry Baby Killer« anbot. Cormans Vertrag mit der Filmgesellschaft Allied Artists beinhaltete noch einen Film, den er abzuliefern hatte. Er selbst mußte allerdings auf eine zwei Monate dauernde Recherchen-Reise um die Welt und gab das Skript seinem Assistenten, der die Dreharbeiten vorbereiten sollte. Als Corman dann rechtzeitig zu Drehbeginn nach Hollywood zurückkehrte, mußte er feststellen, daß Gordons von ihm ohne große Änderungen akzeptierte Drehbuch völlig umgeworfen worden war und seinen ursprünglichen Charakter und die anfängliche Qualität verloren hatte. Zwei Tage vor Drehbeginn – die Termine konnten wegen

Jack Nicholson und Carolyn Mitchell in ›The Cry Baby Killer‹

des knappen Budgets von 7.000 Dollar nicht mehr verschoben werden – versuchte Corman, die alte Drehbuch-Fassung wiederherzustellen, doch ohne großen Erfolg. So setzte er denn auch keine Erwartungen in den Film, den er von Jud Addiss in zehn Tagen inszenieren ließ. *Cry Baby Killer* wurde Cormans erster kommerzieller Mißerfolg als Produzent, wenngleich der Film seine Herstellungskosten durch den späteren Verkauf an das Fernsehen doch noch einbrachte.

»Das einzig Gute an dem Film war das Debüt von Jack Nicholson, der einen ganz guten Auftritt hatte«, meint Corman rückblickend über den Karriere-Start seines Freundes.[1] Nicholson spielte darin den siebzehnjährigen Jimmy Walker, dem der brutale Manny Cole (Brett Halsey) mit seinen beiden Begleitern die Freundin (Carolyn Mitchell) ausspannt. Jimmy geht zu

1 J. Philip di Franco (Hrsg.). The Movie World of Roger Corman. New York/London 1979, S. 17

dem Treffpunkt der lokalen Teenager, einem Drive-In, wo er seine Freundin vermutet, und will sich mit Manny um sie schlagen. Doch der schickt seine beiden Begleiter, die Jimmy ganz schön zusetzen. Als einer der beiden eine Pistole fallen läßt, greift Jimmy sie und schießt auf die beiden. In dem Glauben, sie getötet zu haben, gerät er in Panik und flieht vor der heranrückenden Polizei in den Lagerraum des Drive-In, wo er einen Angestellten und eine junge Mutter mit ihrem Kleinkind als Geiseln nimmt. Der Polizei-Leutnant Porter (Harry Lauter) greift ein und läßt einen Ring um den Lagerraum bilden. Jimmy ist nun völlig durcheinander, droht immer wieder, die Geiseln zu töten, wohl wissend, dies niemals zu können. Derweil sammelt sich vor dem Drive-In eine Menge aufgebrachter Menschen, die kein Verständnis für rebellische Jugendliche und die Zurückhaltung der Polizei haben. Fast gelingt es ihnen, den Polizeiring zu durchbrechen. Das Fernsehen ist mittlerweile auch eingetroffen, die Spannung wächst. Da entschließt Porter sich, Tränengas einzusetzen. Jimmy muß aufgeben, wird gefangengenommen, darf aber auf Milde rechnen, da er die Schüsse auf die beiden Bösewichte in Selbstverteidigung abgegeben hatte.

Die Kritik reagierte auf *Cry Baby Killer* unterkühlt. »Es ist nicht viel Tiefgang in dieser Produktion« urteilte *Variety* und fuhr fort, »Nicholson ist gehandikapt dadurch, daß er einen nur eindimensionalen Charakter spielen muß.«[2] Roger Corman schätzte die Leistung des Debütanten höher ein. »Ich nahm Jack für die Hauptrolle, weil ich glaube, daß er damals schon das besaß, was er auch heute hat, nun natürlich entwickelter und reifer. Er war ein intelligenter und aufregender Schauspieler, sehr erfindungsreich und kreativ, und er brachte mehr in die Rolle ein als im Drehbuch geschrieben stand. Er hatte eine jugendliche Energie und zu gleicher Zeit eine gewisse Kontrolle darüber.«[3]

Trotz des geringen Erfolges und der spärlichen und verhaltenen Kritiken glaubte Nicholson an seinen Durchbruch: »Ich dachte nun, ein großer Star zu sein. Was ich aber dann noch lernen mußte.«[4] Als erstes machte er die Erfahrungen eines ar-

2 Variety vom 18. 6. 1958; zit. n. Dickens. a.a.O, S. 38
3 Dickens. a.a.O., S. 37
4 ebda., S. 38

beitslosen Schauspielers. Gut neun Monate lang nach seiner Hauptrolle bot ihm kein Produzent eine Rolle an. Sein Geld holte er sich wieder von der Arbeitslosenunterstützung. Nach einiger Zeit hatte er das Glück, noch einmal Theater zu spielen, wo er in der musikalischen Komödie *Maid in the Ozarks*, einem wenig begeisternden Stück, kaum Gelegenheit fand, sich zu profilieren. Doch Nicholson blieb nicht untätig. Unablässig bemühte er sich um eine neue Rolle, besuchte einen Produzenten nach dem anderen. Schließlich gelang es ihm, den jungen Produzenten und Regisseur Richard Rush von seinen Qualitäten zu überzeugen, der ihm eine kleine Rolle in seinem ersten Film anbot.

Für etwa 50.000 Dollar begann Rush 1959 *Too Soon To Love* zu drehen, den er 1960 beendete, der aber erst zwei Jahre später in die Kinos kam. Die Story dreht sich um ein Teenager-Paar und deren Probleme mit ihrer Sexualität – einem nach wie vor gültigen Tabu der amerikanischen Mittelklasse, das auch im Film nur ansatzweise in Frage gestellt werden konnte. Der billig und auf schnellen Profit hin produzierte Streifen war in seiner Aussage dabei viel expliziter als Filme mit größerem Budget, was ihm Ärger mit der Zensurbehörde einbrachte, der die neue Welle von Teenager-Filmen ganz und gar nicht behagte, da diese Filme sich nicht gerade um Differenzierung bemühten und meist einzig den Standpunkt der Jugendlichen propagierten.

Ohne große Umwege erzählte Rush, auch Ko-Autor, von den Problemen des Pärchens Jim (Richard Evans) und Cathy (Jennifer West), die schwanger geworden ist. Da die Eltern natürlich davon nichts erfahren dürfen, wollen Jim und Cathy zu einer Engelmacherin gehen. Doch als Cathy die Torturen eines anderen Mädchens mitansehen muß, bekommt sie Angst und verzichtet. Mit Jim sucht sie nun einen Arzt, der den illegalen Eingriff fachmännisch vornimmt. Sie finden einen, der jedoch dafür 500 Dollar verlangt. Jim, der das Geld nicht besitzt, stiehlt es seinem Chef und wird daraufhin von der Polizei gesucht. Als Cathy davon erfährt, will sie sich umbringen. Doch Jim kann sie gerade noch rechtzeitig davon abhalten.

Für Jack Nicholson bot der Film kaum Gelegenheit aufzufallen. Seine Rolle als Buddy, dem Freund von Jim, war zu unbedeutend. Trotzdem behielt ihn Rush in guter Erinnerung und arbeitete später noch zweimal mit Nicholson zusammen. Rush

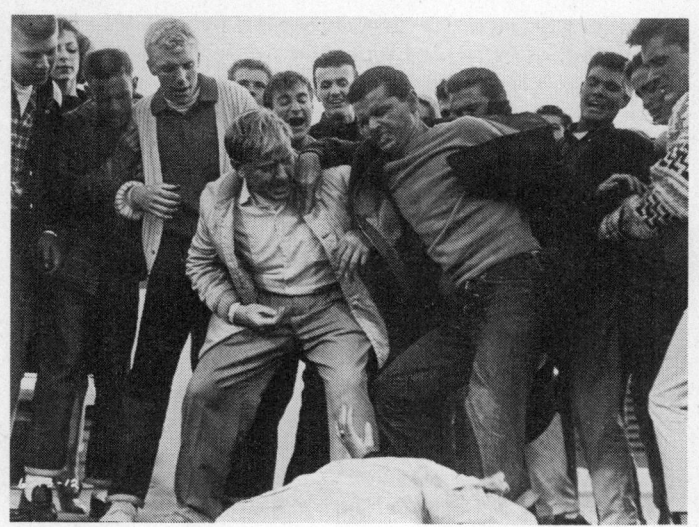

J. N. (rechts) in ›Die Sünde lockt‹ (›Too Soon to Love‹)

selbst wurde in den sechziger Jahren zu einem vielbeschäftigten
B-Film-Regisseur. Im Zuge der Aufwertung des B-Picture, Ende der siebziger Jahre gelang ihm der Sprung in die Kategorie
der teureren A-Filme, wenngleich er seine filmische Abstam-
mung nicht verleugnen kann. Sein bester Film bislang ist *The
Stuntman* (Der lange Tod des Stuntman Cameron; 1979).

  1960 schien für Nicholson, trotz des geringen Erfolges von
Too Soon To Love, ein vielversprechendes Jahr zu werden. Die
Rollenangebote wurden zahlreicher, die Gage begann, wenn
auch geringfügig, zu klettern. Bei Roger Corman verdiente er
schließlich 350 Dollar die Woche, ein guter Verdienst für einen
unbekannten Darsteller. Seine dritte Rolle jedoch wurde die
des Weary Reilly in dem Irving-Lerner-Film *Studs Lonigan*.
Lerner war 1958 durch zwei herausragende Gangsterfilme, *City
of Fear* (Stadt in Angst) und *Murder by Contract* (Der Tod
kommt auf leisen Sohlen), beide für sehr wenig Geld und innerhalb weniger Wochen produziert, bekannt geworden. Mit *Studs
Lonigan* aber konnte Lerner nicht überzeugen.

  Der achtzehnjährige Studs lebt 1920 in Chicago, wo er die

junge Lucy Scanlon (Venetia Stevenson) liebt und wo er mit einer Bande arbeitsloser Jugendlicher, darunter Weary Reilly, herumzieht. Verzweifelt über Lucys Zurückhaltung, beginnt er zu trinken. Seiner ledigen Lehrerin schüttet er sein Herz aus, schöpft neues Vertrauen. Doch sein Vater zerstört seinen Mut wieder durch sein Drängen, endlich ins väterliche Malergeschäft einzutreten, während Studs Mutter ihn am liebsten als Priester sähe. Als Studs von seinem Vater aus dem Haus geworfen wird, läßt er sich zunächst mit Gangstern ein. Doch er bereut recht bald und schwört, eine redliche Arbeit anzunehmen. Seine guten Vorsätze werden schnell hinfällig, als er erfolglos versucht, seine ehemalige Lehrerin zu vergewaltigen. Außerdem üben seine Freunde, allen voran der hitzige Weary, einen schädlichen Einfluß auf ihn aus. Weary muß dann auch bald wegen Vergewaltigung ins Gefängnis. Studs aber lernt die Nichte seiner früheren Lehrerin kennen, verliebt sich in sie und schwängert das Mädchen. Die Depression vernichtet später das Geschäft seines Vaters, und auch seine alten Freunde sind in alle Winde verstreut. Schließlich entdeckt Studs aber doch noch seine Liebe zur Nichte der Lehrerin und verspricht, sie zu heiraten.

Auch *Studs Lonigan* ist ein Film über jugendliche Delinquenten, dem bevorzugten Sujet des damaligen B-Films, wenngleich er in historischer Zeit angesiedelt ist. Wie so viele andere Filme behandelt er die Schwierigkeiten der Generationen miteinander, die Suche der jungen nach einer eigenständigen Existenz ohne die Vormundschaft der Eltern. Daß die gesellschaftlichen Umstände sie häufiger zwingen, kriminell zu werden, dient nicht allein der besseren Verkaufbarkeit von *crime*, sondern ist als gesellschaftlicher Protest durchaus kritisch zu deuten. *Studs Lonigan* jedoch, bei dem einer der führenden Kameramänner des späteren *New Hollywood*, Haskell Wexler, als Produktionsassistent und photographischer Berater mitarbeitete, leidet unter der Kompliziertheit seiner Story und der oberflächlichen Betrachtung speziell jugendlicher Problematik. Auch Jack Nicholson fühlte sich offensichtlich fremd in diesem Film und wirkt seltsam steif und mutlos. Daß er überhaupt eine Rolle in dieser etwas größeren Produktion bekam, hatte vermutlich nur einen Grund, wie er sich erinnert: »Der Grund, aus dem ich die Rolle bekam, war vermutlich der, daß das Vorlesen aus impro-

›Kein Stern geht verloren‹ (›Studs Lonigan‹)

visierten Situationen anhand des Buches bestand und ich der einzige Schauspieler in Hollywood mit der Ausdauer und Energie war, die 700-Seiten-Vorlage zu lesen.«[5]

Nachdem er die Dreharbeiten zu *Studs Lonigan* beendet hatte, meldete sich auch wieder sein Freund Roger Corman, der ihm eine Rolle in einer seiner Produktionen anbot: *The Wild Ride*. Der achtzigminütige Streifen ist actiongeladen und sah Jack Nicholson erneut in einer Hauptrolle.

Als Johnny Varron spielt er einen jugendlichen Kriminellen, der durch sein rücksichtsloses Vorgehen zum Idol einer Halbstarken-Clique wurde. Bei einer wilden Verfolgungsjagd verschuldet Johnny den Tod einiger Polizisten, was ihn im Kreise seiner Gang nur noch aufwertet. Johnnys Freund Dave (Robert Bean) indes wird von der Gang als »Hühnchen« verächtlich gemacht, weil man ihm Weichheit und Feigheit vorwirft. Johnny aber bleibt Daves bester Freund, doch er wird immer eifersüchtiger auf Daves Freundin Nancy (Georgianna Carter). Für Johnny ist Nancy der Grund von Daves scheinbarer Weichheit.

5 Dickens. a.a.O., S. 39/40

Er will, daß Dave sich für ihn entscheidet, und lockt Nancy aus diesem Grund zu einem seiner Rennen, wo das Mädchen glaubt, Dave zu treffen. Johnny gewinnt das Rennen, wenn auch nur durch den Tod eines Mitkonkurrenten. Er packt Nancy in sein Auto – unter dem Vorwand, Dave zu suchen, – und fährt mit ihr zum Treffpunkt der Bande, wo er zudringlich wird. Doch Dave taucht auf und entlarvt – gar nicht mehr feige – Johnny als den eigentlichen Feigling.

The Wild Ride ist ein unprätentiöser Film mit einer einfachen Geschichte, wie sie in so vielen B-Pictures anfangs der sechziger Jahre erzählt wurde. Es ist ein Film, der auf moralische Wertungen und Besserwisserei verzichtet, statt dessen seine Story geradlinig vorträgt, ohne sie durch formale Mätzchen zu verwässern. Nicholson spielte recht überzeugend den jugendlichen Heißsporn Johnny Varron. Zu der Zeit war er selbst ja auch erst Anfang Zwanzig, kannte also das Verhalten und die Wünsche weißer Jugendlicher recht gut, waren es doch auch seine eigenen. Dabei sollte Nicholson ursprünglich gar nicht im Film spielen. Doch der Regisseur des Streifens, Harvey Berman, war ein Amateur im Film und unterrichtete in Nordkalifornien an einer High School. Studiert hatte er allerdings an dem Theater-Department der *University of California* in Los Angeles (UCLA), wo er einige Freunde von Roger Corman kennengelernt hatte. Und so kam es, daß Corman diesen Film produzierte: »Er (Berman, d. A.) hatte die Idee, während des Sommers einen Film zu machen und dabei Studenten aus seiner High-School-Drama-Klasse in Besetzung und Stab zu benutzen. Wir sollten einige Profis aus Hollywood senden, die mit ihnen arbeiten würden. Das ist bemerkenswert insofern, als daß der Schauspieler, den wir hochschickten, Jack Nicholson war, der die Hauptrolle übernahm. Dies ist einer jener kleinen Filme, deren ich mich mit Freude erinnere; er war wirklich sehr gut.«[6] Leider wurde dem Film kaum Beachtung geschenkt und trotz seines gewissen kommerziellen Erfolges verschwand der Film recht schnell wieder in der Versenkung. In Deutschland wurde er, wie auch andere der frühen Nicholson-Filme, nie aufgeführt. Bei den Dreharbeiten zu *The Wild Ride* begegnete Nicholson zum ersten Male dem etwa gleichaltrigen Monte Hellman, der als

6 J. Philip di Franco. a.a.O., S. 138

Produktions- und Schnittassistent an dem Film mitarbeitete und mit dem ihn einige Jahre später eine kreative und produktive Freundschaft verband, die zu recht ansehnlichen Resultaten führte. Angeblich soll Nicholson mit Hellman zusammen in jenen frühen Jahren ihrer Freundschaft auch einen Film gedreht haben, in dem eine High School-Theatergruppe auftrat, doch Näheres ist darüber nie bekannt geworden.

Nach Abschluß der Dreharbeiten zu *The Wild Ride* war es erneut Roger Corman, der ihm eine Rolle anbot. Noch während er die Filme anderer produzierte, hatte Corman selbst mehrere Streifen inszeniert. 1959/60 drehte er für ein äußerst geringes Budget mehrere Horror-Komödien, darunter *Bucket of Blood*, *The Little Shop of Horrors* und *Creature from the Haunted Sea*. *Bucket of Blood* (1959) wurde für AIP in nur fünf Tagen mit 50.000 Dollar hergestellt. Möglich war dies durch die Beschränkung auf einen Drehort (ein Café), professionelle und durchorganisierte Arbeit. Die meisten Mitarbeiter des Film waren auch Freunde Cormans. Nach dem unerwarteten Erfolg dachte man natürlich an Nachfolger. Als Corman mit einem Studiomanager beim Essen saß, erzählte ihm dieser von einer bislang ungenutzten Dekoration und fragte ihn, ob er sie vielleicht verwenden könne. Corman hatte zwar keine konkreten Pläne, aber meinte die Dekoration für zwei Tage nutzen zu können. Er rief seinen Autor Charles »Chuck« Griffith an und bat um ein weiteres Drehbuch im Stile von *Bucket of Blood*. Noch am gleichen Abend entwarfen Corman und Griffith die Geschichte in groben Zügen und innerhalb einer Woche lag das Drehbuch vor.

Schauplatz der abenteuerlich-abstrusen Geschichte war ein Blumenladen – ein billiges Dekor. Für seinen Freund Nicholson hatte Corman die winzige, aber eindrucksvolle Rolle eines Masochisten vorgesehen. »Weil die Besetzung und der Stab meist alles Freunde waren, machte die Arbeit am Film wieder viel Spaß. Am ersten Drehtag um neun Uhr morgens informierte uns der Produktionsleiter, daß wir den Drehplan schon nicht mehr einhalten würden und wir schneller werden müßten. Das machten wir und beendeten den Film in zwei Tagen.«[7] Hinzu kam noch eine durchgearbeitete Nacht. Trotzdem dürfte *The Little Shop of Horrors* einer der am schnellsten gedrehten Filme

7 J. Philip di Franco. a.a.O., S. 99

in Spielfilmlänge (82 Minuten) sein. Seinen Regisseur machte er in den folgenden Jahren zu einer Kultfigur in studentischen Filmclubs und bei Cineasten, die den Film hoch einschätzen. Und das, obwohl die Geschichte alles andere als anspruchsvoll ist. Sie ist so haarsträubend und grotesk, dabei aber ungeheuer komisch, wohl auch durch die seltsamen Effekte und intelligenten Wortspielereien, daß *The Little Shop of Horrors* tatsächlich ein Juwel des Gruselkinos ist.

Seymour Krauboyd (Jonathan Haze) arbeitet im Blumenladen von Gravis Mushnik (Mel Welles) und soll eine neue Blume züchten, um seinen Job zu behalten. Ihm gelingt eine Mischung aus Butterblume und Venusfliegenfalle, doch entdeckt er eher zufällig, daß diese neuartige Pflanze Fleisch ißt. Außerdem spricht sie mit einer menschlichen Stimme und besitzt hypnotische Kräfte. Seymour Krauboyd steht fortan in ihrem Dienst und muß (Menschen-)Futter besorgen. Da die Pflanze »Audrey Junior«, so benannt nach Seymours Schwarm und Mushniks Angestellter gleichen Namens (Jackie Joseph), immer mehr Nahrung verlangt, kommt es schließlich zur unausweichlichen Katastrophe: die Pflanze verschlingt ihren Erfinder.

The Little Shop of Horrors ist nicht allein wegen dieser grotesken Story äußerst amüsant, auch die einzelnen Figuren mit all ihren Ticks unterstreichen den grotesken Charakter des Films. So gibt Jack Nicholson eine kleine darstellerische Glanzleistung als masochistisch veranlagter Zahnarztpatient, der sich voller Freude auf dessen gefürchteten Stuhl niederläßt und erwartungsvoll dem Zähneziehen entgegenfiebert, das natürlich – Spaß muß sein – ohne Narkose vor sich geht. Nach dieser »Behandlung« bedankt sich der »geheilte« Patient auch noch voll Überschwang beim Arzt.

Doch auch andere Figuren gefallen durch ihre liebevolle Typisierung, auch wenn dahinter keine derart glanzvollen Leistungen wie die Nicholsons stehen. So gibt es etwa einen Kunden im Blumenladen, der, mit einem Salzstreuer bewaffnet, sich bevorzugt über Nelken hermacht. Oder den Ladenbesitzer Mushnik in seinem Verhältnis zu Seymour. »Sein zwiespältiges Verhältnis zu Seymours ›Blümchen‹, … , bestimmt auch den Tenor des Films, der eine kalkulierte Mischung aus strenggenommen Unvereinbarem darstellt: die spielerische Verbindung von Heiter-Phantastischem in der Pflanze und Unheimlich-Abgründigem in ihren Begierden und deren tödlichen Konsequenzen zielt auf eine dekadente Gesellschaft, die zur reinen Genußsteigerung schließlich sich selbst vernichtet.«[8]

Die überaus positive Reaktion auf *The Little Shop of Horrors,* die beinahe kultische Verehrung, die dem Film entgegengebracht wird, setzte natürlich erst Jahre später ein, als man auch in den billigsten B-Pictures bislang unvermutete Qualitäten zu entdecken begann.

III. Roger und Monte:
Aus dem Schauspieler wird ein Autor

Jack Nicholson war nach Abschluß der Dreharbeiten zu Cormans Film erst einmal wieder ohne Arbeit. Erneut mußte er sich sein Geld von der Arbeitslosenunterstützung holen und durch kleine Wetten aufzubessern versuchen. Von sich selbst als Schauspieler überzeugt, machte sich Nicholson auf die harte Wanderung von einem Produzentenbüro zum anderen. »Als ich mein Lehrgeld in diesem Geschäft zahlte, war ich immer davon überzeugt, so gut wie jeder andere zu sein, den ich jemals gesehen hatte. Und ich hatte beinahe jeden gesehen. (...) Ich ging zu einem Produzenten und erzählte ihm, wie großartig ich sei: Ich wußte, daß sie in dem Moment, in dem sie mich anheuerten, auch wieder vergessen würden. Hatte ich aber erst einmal den Job, erledigte ich ihn rasch, legte rechtzeitig mein Make-up auf, traf den Kern (des Films, d. A.), gab ihnen einige Anregungen, trug einen komischen kleinen Hut und verschwand.

Wenn man mich für eine Rolle interviewte, sagte ich dem Besetzungs-Direktor: ›Fragen Sie mich nicht, was ich getan habe, weil ich Filme, Fernsehen und Theater gemacht habe. Ich habe von jedem in dieser Stadt gelernt. Alle halten mich für großartig. Was also soll ich machen? Soll ich vorlesen? Ich werde besser vorlesen als jeder andere, den Sie jemals gehört haben – und außerdem verlange ich nicht so viel Geld.‹«[1]

Jack Nicholson hatte sich entschlossen, professioneller Schauspieler zu bleiben. Also setzte er sich in den Kopf, jede

8 Hans Gerhold. Kleiner Laden voller Schrecken. In: film-dienst, 15/ 24.7.1979 – Nr. 22099, S. 14-15
1 Lardine. a.a.O.,

ihm angebotene Rolle zu akzeptieren, doch niemand bot ihm einen Part an. Harte Zeiten also für einen jungen, ambitionierten Schauspieler. »Es gab keinen Bedarf für einen wie mich«, erinnert sich Nicholson seiner anfänglichen Schwierigkeiten, »ich hatte immer zu kämpfen für das, was ich wollte. Es gibt überhaupt keinen Bedarf an jungen unbekannten Schauspielern. In Wahrheit ist man suspekt. Die Leute denken, daß man sich vor der Arbeit drückt. In Los Angeles sagt einer, er sei Schauspieler, und alle denken, man sei irgendein Gigolo. Natürlich *ist* es eine Möglichkeit, den Mädchen zu imponieren.«[2]

Imponieren konnte Nicholson in jener Zeit wohl kaum einem Mädchen. Er besaß ein durchschnittliches Äußeres, war unauffällig in der Masse der jugendlichen Schauspieler und entsprach überhaupt nicht dem im Film gefragten Typ jener Jahre, spielte deshalb auch meist den Außenseiter, was Regisseur und Produzent Roger Corman durchaus positiv bewertete: »Er begann am Ende der Rock Hudson-/Tab Hunter-Schule des starken, sauberen, durch und durch amerikanischen Hauptdarstellers. Jack spielte den Außenseiter. Auf lange Sicht erwies er sich aber als der intelligentere, vielseitigere und interessantere Darsteller; aber als er noch jung war, so in den Zwanzigern und eine Menge Schauspieler nur wegen ihres Aussehens einen Vertrag bei einem der großen Studios bekamen, hatte er eben nicht das erforderliche Aussehen. Dies hat ihm vielleicht geholfen, weil er dadurch in unabhängigen *low budget*-Filmen, manchmal im Fernsehen, manchmal auch in größeren Filmen mitspielte und dabei viel Erfahrung sammeln und sich als Schauspieler entwickeln konnte. Er eignete sich sein Handwerk an, indem er viele verschiedene Rollen spielte und nicht immer nur die eine Hauptrolle.«[3]

Ebenfalls nur eine Nebenrolle spielte er in dem Western *The Broken Land* des nicht weiter hervorgetretenen Regisseurs John Bushelman. Produziert worden war der Film von der Lippert Production, die Teile des ehemaligen B-Film-Studios RKO übernommen hatten. Nicholson spielt darin Will Broicous, den freundlich-harmlosen Sohn eines berüchtigten Revolverman-

2 Mary Blume. Down Too Long To Have Pretensions While He's Up. In: International Herald Tribune, 20./21. 3. 1971

3 Crane/Fryer. a.a.O., S. 26

nes, der unter dem Ruf seines Vaters leiden muß. Der sadistische Sheriff des Städtchens, Jim Kogan (Kent Taylor), in dem Broicous und seine beiden Freunde Gabe Dunson (Robert Sampson) und Billy Bell (Gary Snead) sich gerade aufhalten, steckt alle drei ins Gefängnis. Die Bardame Marva Aikens (Dianna Darrin) weist er wenig später aus der Stadt. Marva aber kann den Zellenschlüssel entwenden und die drei Insassen freilassen. Dann setzt sie sich in die Postkutsche und fährt ab. Ed Flynn (Jody McCrea) hat sie dabei beobachtet, greift aber nicht ein. Will und seine beiden Freunde flüchten in die Berge. Unterwegs stoßen sie auf die Postkutsche, halten sie an und sind völlig erstaunt, als die Fahrer ihnen unaufgefordert eine Geldkiste herausgeben. Zusammen mit Marva setzen sie ihre Flucht fort, mittlerweile von Sheriff Kogan, seinem Assistenten Ed Flynn und zwei weiteren Männern verfolgt. In den Bergen werden die Ausbrecher schließlich gestellt. Sie geben Kogan das Geld, damit er sie in Ruhe läßt, doch der korrupte Sheriff spielt falsch und will die Flüchtigen gefangennehmen. Als Flynn dagegen protestiert, wird er von seinem Boß kaltblütig erschossen. Dann schleicht sich Kogan an die Gruppe an und erschießt auch Billy Bell. Die anderen entwaffnet er und bringt sie in die Stadt zurück. Doch als die Stadtbewohner von Marva die Wahrheit über Kogans Machenschaften hören, entheben sie ihn all seiner Ämter und Würden.

Eine dürftige Story, eine unterdurchschnittliche Regie-Leistung sogar für ein B-Picture und schlechte Schauspieler ließen auch Nicholson keine Gelegenheit, darstellerisch zu überzeugen. Es blieb ein Routinejob, ohne sonderliches Engagement erledigt. Ob dieser dümmliche Western mit einem farblosen Nobody namens Jack Nicholson in einer Nebenrolle mit daran schuld war, daß es mit seiner Karriere erst einmal zu Ende war, sei dahingestellt. Tatsache jedenfalls ist, daß Nicholson wieder einmal für längere Zeit, fast ein Jahr, arbeitslos war. So studierte er vorerst weiter bei Jeff Corey. Außerdem hatte er an einer Wehrübung teilzunehmen.

In dieser Zeit traf er zum ersten Mal den jungen, etwa gleichaltrigen Schauspieler Bruce Dern. Man sah sich gelegentlich in der Schule, war aber privat nur sehr lose befreundet. Eine andere Begegnung hatte für Jack Nicholson eine zunächst größere Bedeutung. Eine seiner Mitschülerinnen bei Jeff Corey war die

›Der Rabe – Duell der Zauberer‹ (›The Raven‹)

junge, attraktive, dunkelblonde Sandra Knight, die zu jener
Zeit noch mit dem Schauspieler Robert Blake zusammenlebte,
der 1959 in *Battle Flame* (Regie: R.G. Springsteen) mitwirkte
und einem breiteren Publikum 1967 durch seine Hauptrolle in
Richard Brooks’ *In Cold Blood* (Kaltblütig) bekannt wurde.
Beide verliebten sich sofort heftig ineinander und heirateten
überstürzt. Für Nicholson bedeutete die Ehe mit Sandra Knight
zunächst einmal Ruhe, denn er war es leid, immer wieder mit
anderen Frauen ein Verhältnis zu haben. Er gab einfach einem
inneren Hang zur Monogamie nach. Das junge Paar fand
schnell ein kleines gemütliches Haus, das sie wohnlich einrichte-
ten und in dem sie ihr junges Glück genossen. Um das Glück
vollkommen zu machen, meldete sich auch wieder Roger Corman mit einem neuen Projekt, das er für AIP produzieren und
auch inszenieren sollte: *The Raven*.
   Der Film entstand nach einem Gedicht von Edgar Allen Poe
und ist einer von insgesamt acht Filmen eines Poe-Zyklus, den
Corman Anfang der sechziger Jahre schuf. Berühmt wurden etwa Streifen wie *The Pit and the Pendulum* (1961), *House of*

Usher (1960) oder *The Masque of the Red Death* (1964). Zwar waren in diesen Filmen nur die ersten und letzten Minuten von Poe, doch der von Corman gestaltete Hauptteil erwies sich durchaus als ebenbürtig. Der Zyklus zeichnet sich durch eine ironische Brechung und augenzwinkernde Entlarvung des Horrorfilm-Genres aus, dessen furchterregende Kulissen als Papp-maché erkennbar werden und so ihren Schrecken verlieren. Die Mischung von Witz und freudianischer Psychologie in diesen Filmen macht ihren legendären Ruf aus und lassen sie als kleine Juwelen des Genres erscheinen. *The Raven* ist dabei die komischste aller Poe-Adaptationen.

Im England des 16. Jahrhunderts bekommt der friedliche und zurückgezogen lebende Zauberer Dr. Craven (Vincent Price) Besuch von einem Raben, den er in seine eigentliche Form zurückverwandelt: Vor ihm steht Dr. Bedlo (Peter Lorre), ebenfalls ein Zauberer, aber von minderer Bedeutung. Dr. Craven erfährt von Bedlo, daß sich seine totgeglaubte Frau bei dem mächtigen Zauberer Dr. Scarabus (Boris Karloff) aufhält. Gemeinsam mit seiner Tochter Estelle (Olive Sturgess), Bedlo und dessen linkischem Sohn Rexford (Nicholson) macht sich Craven in das Schloß von Scarabus auf. Dort sieht er seine Frau, die ihn wegen des Reichtums und der Macht Scarabus' verlassen hat und nun völlig unter dem Bann des bösen Zauberers steht. Scarabus haßt von alters her den guten Zauber Cravens und versucht das Geheimnis von dessen Fähigkeiten zu ergründen. Es kommt zu einem Duell der Zauberer, einem furiosen Finale optischer Tricks und Täuschungen, die Corman in grellen Farben, lustvoll und naiv inszeniert, unterlegt mit einer pompösen Schauermusik, über die Leinwand flimmern läßt. Das merkwürdige, hanebüchene Duell endet in einem Flammenmeer, wie andere Poe-Filme auch, in dem der böse Scarabus samt Cravens Frau ihr Leben lassen.

Der Film, erst 1980 in bundesdeutschen Kinos gelaufen, fand ein positives Echo in der Kritik. »Die Totengruft, die Höllenkutsche, die Hexenküche, das Zauberschloß – alles ist vorhanden; aber Corman handhabt diesen Dekor souverän und offenherzig, mit den primitivsten Studiobauten und den kindischsten Filmtricks. Dieser nonchalante Umgang mit alten Versatzstükken – im Zusammenhang mit einer stets die Aufmerksamkeit schärfenden Geräusch- und Klangkulisse –, vor allem aber die unwiderbringlich harmonisierende Darsteller-Besetzung lassen aus einem an sich anspruchslosen Filmklamauk einen Hochgenuß für Freunde geschliffen, eleganten Humors werden.«[4]

Zum ersten und einzigen Mal waren in *The Raven* drei Stars des Horrorfilms gemeinsam auf der Leinwand zu sehen: Vincent Price, Boris Karloff und der unvergleichliche Peter Lorre, dessen winselnd-glupschäugige Erscheinung eine eigenständige Kostbarkeit bildet. Mehrmals in einen Raben verwandelt, mußte Lorre es hinnehmen, auch einmal zu Himbeermarmelade zu werden. Jack Nicholson hatte bei einer so hochkarätigen Konkurrenz wenig Gelegenheit zu glänzen, zumal sein Part als Rexford Bedlo einen brav-linkischen Mann erforderte, dessen Schüchternheit und Redlichkeit am Ende mit der hübschen Tochter Cravens belohnt werden. Auf Grund dieses ungewohnt zahmen Nicholson zählt diese Rolle allerdings zu den interessanteren seiner Anfangsjahre.

Zwischen 300.000 und 400.000 Dollar hatte der Film gekostet, eine geringe Summe für die aufwendige Farbtechnik und das feuerreiche Finale. Möglich wurden solche niedrigen Produktionskosten durch die mehrmalige Verwendung derselben Kulissen und Bauten, die, nur leicht verändert, in anderen Perspektiven aufgenommen, in den vorherigen und späteren Poe-Filmen wieder auftauchten. So kam es 1962 auch zur Produktion des anschließenden Corman-Films *The Terror*.

Jack Nicholson spielt darin zum ersten und einzigen Mal zusammen mit seiner Frau Sandra Knight. Für das junge Paar war ihr Auftritt in dieser Produktion sicherlich wertvoll bei der Finanzierung des Hausstandes, obgleich das Honorar nicht zu üppig ausfiel, denn »billig« lautete die oberste Devise bei diesem Film. »Ich sollte einen Film für AIP drehen und hatte noch einige große Bauten aus einem Horrorfilm mit dem Titel *The Raven*«, erinnert sich Corman, »weshalb ich mich entschloß, diesen Film zu machen. Ich hatte nur wenig Geld und alles, was ich machen konnte, war zwei Tage in dieser Ausstattung zu drehen. Jack kam und wir drehten diese beiden Tage. Ich besaß auch nur für diese beiden Tage ein Skript und hörte dann auf. Dieser Teil des Films war nämlich gewerkschaftsgebunden, der Rest nicht.

4 Jörg Bundschuh. *Zeit der Zauberer. Roger Cormans alte Gruselfilm-Parodie »Der Rabe«.* In: Süddeutsche Zeitung, 9./10.8.1980

Da ich aber Gewerkschaftsmitglied war, konnte ich selbst nicht mehr Regie führen. Verschiedene Freunde von mir führten bei dem Rest des Films Regie und Jack kam immer, wenn wir ihn brauchten. Francis Coppola ... inszenierte an drei oder vier Tagen des Films, dann kam Monte Hellman und inszenierte Jack einige Tage lang. Anschließend führten Jack Hale und Dennis Jacob jeweils einen Tag Regie und am Ende war dann noch ein Tag zur Fertigstellung nötig, doch ich hatte zu dieser Zeit keine Freunde mehr, die für einen Tag die Regie übernehmen konnten und so sagte Jack: ›Ich bin genauso gut wie diese Jungs; ich werde es machen.‹ Jack führte also am letzten Tag Regie und anschließend montierten wir den Film. Die Geschichte war nicht völlig gradlinig, weil jeder Regisseur seine eigene Interpretation einbrachte. Doch das Resultat war für eine so konfuse Geschichte und die vielfältigen Regie-Stile recht erfolgreich.

Eines der Dinge, die den Film trotz einer konstant wechselnden inhaltlichen Linie funktionieren ließ, war Jacks Fähigkeit als Schauspieler, eine gewisse Kontinuität in seine Arbeit zu bringen und sie unter schwierigen Bedingungen zusammenzuhalten.«[5]

In der, ob ihrer Naivität schon wieder reizvollen Geschichte spielte Nicholson als napoleonischer Offizier namens Andre Duvalier eine größere Rolle als zuvor in *The Raven*. Duvalier wird an der baltischen Küste von seinem Regiment getrennt und trifft auf Helene (Sandra Knight), die, nachdem sie ihm Wasser gegeben hat, wieder verschwindet. Duvalier macht sich auf die Suche nach ihr und landet in dem Schloß des Baron von Lepp (Boris Karloff). Er bemerkt ein Porträt von Helene und erfährt, daß sie die lang verstorbene Frau des Schloßherren ist. Außerdem erfährt Duvalier von den Dienern des Barons, daß ihr Herr vor Jahren ermordet wurde und der Mörder dessen Aussehen angenommen habe. Da erscheint wieder Helene und lockt den falschen Baron in die Krypta des Schlosses, wo dieser herausfindet, daß sie wirklich eine Leiche ist. Duvalier versucht indes, Helene von ihrem Zauber zu befreien, aber in dem Augenblick, wo er sie berührt, zerfällt sie zu Staub. Der Baron aber kommt in den Fluten um.

5 Crane/Fryer. a.a.O., S. 25 (Außerdem als Regisseur dabei: Gary Kurtz, Produzent u.a. von *Star Wars* und *American Graffiti*)

J. N. mit Sandra Knight in ›The Terror‹

Diese Szenen des Films sind auch seine bemerkenswertesten.
»Einige meiner anderen Horrorfilme kulminierten in einem
Feuer. In diesem wird das Haus am Ende durch eine Flutwelle
zerstört. Im Nachhinein halte ich Feuer für leichter durchführ-
bar, kontrollierbarer und auf der Leinwand für wirkungsvoller
als Wasser«, meint Corman zu jener Szene[6]. Peter Bogdanovich, der wie so viele andere auch seine ersten Erfahrungen im
Film bei Corman machte, setzte dem Streifen in seinem eigenen
Regiedebüt *Targets* (Bewegliche Ziele, 1967) ein Denkmal, indem er Ausschnitte von der Überschwemmung auf der Leinwand eines Autokinos laufen ließ, wo Boris Karloff als Ex-Hor-

6 J. Philip di Franco. a.a.O., S. 110

rorstar einen Amokschützen auf dem finalen Höhepunkt von *The Terror* überwältigt.

Nicholson selbst hat den Film in weniger guter, wenn auch humorvoller Erinnerung behalten, vor allem was seine Rolle betrifft. »In Marlon Brandos Garderobe aus *Napoleon* (das ist *Desiree*, USA 1954, Regie: Henry Koster; d. A.), bin ich viel zu groß in den Schultern. Der Film war unglaublich schlecht. Es war der einzige komplett geschriebene Film in der Geschichte Hollywoods, der keine eigentliche Story hat. (...) Vielleicht heißt er deshalb *The Terror*.«[7] Doch Nicholson tut sich und dem Film unrecht. Denn er war der eigentliche Star des Streifens, da Karloff wegen seiner hohen Gage nur einige Tage zur Verfügung stand und somit in weniger Szenen auftreten konnte. Überdies lernte Nicholson bei dieser Produktion, in der er das erste Mal selbständig Regie führte, eine Menge über das Filmemachen.

Die Schauspielerei, wohl wegen der Eintönigkeit seiner Rollen, befriedigte ihn immer weniger. Mit seinem alten Bekannten Don Devlin begann er noch 1962 ein Drehbuch zu schreiben, das ein Jahr darauf von Jack Leewood inszeniert wurde: *Thunder Island*. Die reichlich wirre Geschichte handelt von einem amerikanischen Killer, der im Auftrag eines lateinamerikanischen Staates einen ehemaligen Diktator umbringen soll, der zurückgezogen auf einer Privatinsel lebt. Dieser Killer chartert ein Boot und zwingt den Kapitän, ihn zur Insel zu bringen, indem er dessen Frau kidnappt. Doch der Anschlag geht fehl und der Kapitän macht sich auf die Verfolgung des Killers, der inzwischen seine Auftraggeberin getroffen und, weil er sich hintergangen fühlt, getötet hat. Bevor er erneut fliehen kann, wird er vom Kapitän gestellt und erschossen.

Zu Recht verschwand der Film schnell in der Versenkung, obgleich er mit zwei bekannteren Darstellern aufwarten konnte: Gene Nelson und Brian Keith spielten die beiden Hauptrollen. Bemerkenswert bleibt der Film einzig dadurch, daß er die erste Verfilmung eines (im übrigens recht gelungenen) Nicholson-Drehbuches war. Später dann sollten bessere folgen.

Mittlerweile war Nicholson festes Mitglied der »Corman-Familie«. Mit weiteren Bestandteilen dieser Familie, vor allem mit

---

7 Dickens, a.a.O, S. 42

Monte Hellman, sollten die nächsten Schritte seiner Karriere verbunden sein. Doch zunächst gab es ein privates Ereignis von großer Bedeutung für Jack Nicholson. Er wurde 1963 Vater einer Tochter, die den Namen Jennifer erhielt. Sandra Knight hatte nach *The Terror,* ihrer einzigen Filmarbeit von Rang, als sie ihre Schwangerschaft feststellte, ihren Beruf zugunsten der Familie aufgegeben. Eine Entscheidung, die sich im Leben mit einem derart extrovertierten Mann wie Jack Nicholson vielleicht als nicht richtig erweisen sollte. Denn trotz Jennifers Geburt begannen sich erste Entfremdungen in die Ehe einzuschleichen. So hatte Nicholson schon 1962, gegen den ausdrücklichen Willen seiner Frau, unter ärztlicher Aufsicht LSD genommen, eine in der damaligen Zeit noch weithin unbekannte psychische Droge, die einige Jahre später dann Furore machte. Diese LSD-Erfahrungen mündeten wenige Jahre darauf in ein Drehbuch, das von Roger Corman 1967 unter dem Titel *The Trip* verfilmt wurde.

Doch zunächst bot man ihm eine weitere, allerdings so bescheidene Rolle an, daß Nicholson in den *Credits* des Films leicht übersehen werden konnte: *Ensign Pulver* (1963), vom Routinier Joshua Logan (*Sayonara,* 1957; *Paint Your Wagon* – Westwärts zieht der Wind, 1969) nach einem eigenen Theaterstück geschrieben, produziert und in Szene gesetzt. Der Film war eine Art Fortsetzung des großartigen *Mr. Roberts* (1955) von John Ford und Mervyn LeRoy mit Henry Fonda, James Cagney, William Powell und Jack Lemmon, der für seine Leistung einen »Oscar« erhielt. Im Mittelpunkt der Geschichte steht der Fähnrich Pulver (Robert Walker), der dem ungeliebten Kapitän (Burl Ives) eines US-Frachters im Zweiten Weltkrieg das Leben rettet, indem er nach Anweisungen des sarkastischen Schiffsarztes (Walter Matthau) über Funk den kranken Kapitän operiert, nachdem die meuternde Mannschaft ihn über Bord geworfen hat und Pulver ihm nachgesprungen ist.

Eine größere Rolle als Krankenschwester spielt eine ehemalige Schauspiel-Mitschülerin und enge Freundin von Nicholson, Millie Perkins, die kurz darauf wieder mit ihm zusammenarbeitete. In weiteren Nebenrollen waren Larry Hagman *(Dallas)* und der Komiker James Coco zu sehen. Für die Karriere von Jack Nicholson war diese mitunter recht kurzweilige Komödie ohne Bedeutung.

Mit Burl Ives in ›Operation Pazifik‹ (›Ensign Pulver‹)

Von größerer Wichtigkeit allerdings waren die in den Jahren 1964/65 folgenden Filme. Denn bei allen vier Produktionen arbeitete er mit seinem Freund Monte Hellman zusammen, wie er selbst ein Zögling Roger Cormans. Immerhin hatte Hellman bereits 1959 einen ersten Film als Regisseur, *Beast from a haunted cave,* drehen können, produziert natürlich von Corman, bei dem er auch in der Folge in den verschiedensten Positionen arbeitete.

Ihre Zusammenarbeit begann, als Hellman den von seiner Schauspieler-Karriere frustrierten Nicholson aufforderte, sich an Drehbücher zu wagen. Für Nicholson brach damit ein wichtiger Zeitabschnitt seiner Laufbahn an. »Monte half mir, nicht mehr ausschließlich Schauspieler zu sein. Er brachte mich dazu, zu schreiben und zu produzieren und mir überhaupt Gedanken über den Film zu machen. (...) Ich lernte eine Menge vom Wesen des Filmemachens, als ich mit Monte arbeitete, weil er im wesentlichen bei allen Filmen, die wir gemeinsam drehten, das meiste selbst machte. Ich half ihm bei allem, was zu erledigen war, und so machten wir tatsächlich alle Filme gemeinsam vom Anfang bei der Finanzierung des Weges bis zur Distribution. So lernte ich eine Menge; Monte war die erste Person, die wirklich an mir als Schauspieler interessiert war. Ich meine, wahrhaftig interessiert, und nicht, mich einfach nur zu sehen; er besaß eine aufrichtige Beziehung zu dem, was immer er für meine Fähigkeiten hielt. Wir arbeiteten wirklich gut miteinander.« Klar erkennt Nicholson aber auch seine Bedeutung für Hellman: »Wir machten in einer kurzen Periode vier oder fünf oder sechs Filme zusammen und in einem ähnlichen Zeitraum machte er nur einen. Es ist nun leichter für ihn als es damals war, und daran sieht man, was wir für einander getan haben.«[8]

1962 erarbeiteten beide ein Filmprojekt, *Epitaph,* für Roger Corman, das dieser jedoch wenig interessant fand. Es handelte von einem jungen Schauspieler, der eine bescheidene Karriere in kleinen Filmen und im Fernsehen hinter sich hatte und nach Höherem strebte. Natürlich war dieses Projekt autobiographisch gefärbt und sollte mit Ausschnitten aus Nicholsons früheren Filmen angereichert werden. Doch das Projekt zerschlug sich. Statt dessen begleitete Nicholson Monte Hellman auf die Philippinen, wo für die Lippert Production zwei billige Filme gedreht werden sollten.

Die Philippinen galten in den sechziger Jahren als Eldorado für *low budget*-Produktionen; auch Roger Corman drehte dort einige Filme. Arbeitskraft war billig, und die Regierung war froh über die dringend benötigten Devisen. Der erste der beiden Filme war *Back Door to Hell,* ein Kriegsfilm. Nicholson spielt darin Burnett, einen von drei amerikanischen Soldaten, die kurz vor dem Angriff der US-Army auf die von Japanern im Zweiten Weltkrieg gehaltenen Philippinen dort landen, um die feindlichen Positionen auszukundschaften. Paco (Conrad Maga), ein lokaler Widerstandschef, hilft ihnen dabei. Doch das Funkgerät der US-Soldiers ist zerstört und so beschließt man, sich eines von den Japanern »auszuleihen«. Ein Kampf findet statt, in dessen Verlauf Burnett getötet wird. Doch seine beiden Kameraden überleben und können wichtige Informationen weitergeben. *Back Door to Hell* ist ein Film, den alle Beteiligten am

8 Crane/Fryer. a.a.O., S. 129–130

J. N. (links) in ›Back Door to Hell‹

liebsten wieder vergessen würden. Es war nur ein Job, der es allerdings ermöglichte, auf den Philippinen, wo gerade *The Terror* angelaufen war und Nicholson einigermaßen bekannt machte, auch einen anspruchsvolleren Film zu realisieren.

Flight to Fury, der erst 1968 in die Kinos kam, basierte auf einer Story von Monte Hellman und Fred Roos, dem Produzenten beider Filme. Roos war ebenfalls ein alter Bekannter von Nicholson und Hellman und produzierte später die *Godfather-*Filme von Francis Ford Coppola mit. Nicholson erhielt die Gelegenheit, sein zweites Drehbuch zu verfassen und darin sich selbst eine größere Rolle auf den Leib zu schreiben. Nicht von ungefähr ist er diesbezüglich mit sich sehr zufrieden: »Im Vergleich zu anderen Darstellungen liegt diese wohl etwas über dem Durchschnitt. Möglicherweise in der oberen Hälfte meiner Arbeit. Ich mochte sie sehr, (...) Es ist eine der besten Rollen, die ich zu spielen hatte, und sicherlich einer der besten, die ich geschrieben habe.«[9]

Nicholson spielt Jay Wickam, einen scheinbar harmlosen amerikanischen Touristen, der in Wirklichkeit ein gefährlicher Psychopath ist und in Südostasien auf den Abenteurer Joe Gaines (Dewey Martin) trifft. Bevor Gaines mit Wickam und einigen anderen Leuten in ein Flugzeug steigt, bringt Wickam ein orientalisches Mädchen um, um in ihrem Raum nach versteckten Diamanten zu suchen. Unter den Fluggästen befinden sich Al Ross (John Hackett), der diese Diamanten bei sich trägt, und Lorgren (Vic Diaz), ihr eigentlicher Besitzer. Die Maschine muß im Dschungel notlanden, wobei einige Passagiere, unter ihnen Ross, tödlich verwundet werden. Doch kurz vor seinem Tod vertraut Ross die Diamanten Gaines an. Lorgren wiederum holt sich die Edelsteine anschließend mit Gewalt, als Eingeborene die Überlebenden des Absturzes überfallen. Auf der Flucht vor den Dschungelbanditen tötet Wickam Lorgren und flieht mit den Diamanten in den Dschungel, verfolgt von Gaines, der ihn mit einem Schuß verwundet. Als Wickam erkennt, keine Chance mehr zu haben, wirft er die Diamanten in den Fluß und schießt sich eine Kugel durch den Kopf. Gaines aber bleibt allein zurück und wird wohl von den Banditen ermordet werden.

Flight to Fury ist zwar kein Höhepunkt der Filmgeschichte, aber doch ein recht spannender und unterhaltsamer Film, der mit viel Action und wenig psychologischer Subtilität nach den Gesetzen des B-Picture inszeniert wurde. Daß gerade in der Figur des Jay Wickam ein gewisses psychologisch interessantes Moment liegt, begründet sich allein aus der vorzüglichen Darstellung von Nicholson. Monte Hellman über seinen Star: »Er spielt eine Art psychologischen Kriminellen. Er ist einfach der typisch amerikanische Junge von nebenan, aber er hat diese Macke und es ist einfach interessant, Jacks Persönlichkeit mit dieser darin liegenden Verrücktheit zu sehen.«[10]

Nach Abschluß von Dreharbeiten und Montage beider Filme

9 Crane/Fryer. a.a.O., S. 129
10 Crane/Fryer. a.a.O., S. 88

entwickelten Hellman und Nicholson erneut ein Projekt – über Abtreibung. Doch es schien Corman, dem sie es angeboten hatten, finanziell nicht allzu vielversprechend. Statt dessen schlug er ihnen vor, einen Western zu drehen. Man ging gemeinsam zum Lunch, und noch bevor sie fertig waren, bot Corman ihnen an, zwei statt eines Western zu machen. Nicholson und Hellman waren einverstanden. Sie mieteten sofort im Haus der *Writers Guild* in Beverly Hills ein Büro mit zwei Räumen und begannen die Drehbücher zu schreiben. Zum ersten Mal begegnete Nicholson hier dem jungen Filmenthusiasten Bob »Curly« Rafelson, der wie er selbst, dort Filmvorführungen besuchte. Mit Rafelson sollte ihn ein halbes Jahrzehnt später eine äußerst fruchtbare Zeit verbinden. Beide hatten eine Eigenschaft gemeinsam, wie Rafelson sich erinnert: »Ich schrie häufig bei einer Vorführung. Immer gab es auch eine andere Stimme, die genauso laut wie ich brüllte. Schließlich machten Jack und ich uns nach einer Vorführung – ich glaube, es war *Never Give a Sucker an Even Break* mit W.C. Fields – bekannt und wurden Freunde.«[11]

Der Vertrag mit Corman wurde zwischen Weihnachten und Neujahr 1964 geschlossen, und bereits am 2. Januar 1965 fingen sie mit der Drehbucharbeit an. Nicholson schrieb mit Hellman zusammen *Ride in The Whirlwind,* während sie ihre Freundin Carol Eastman baten, unter ihrem Pseudonym Adrien Joyce ein zweites Buch, *The Shooting,* zu verfassen. Ende Februar waren beide Drehbücher fertig. Der Drehbeginn wurde für Anfang Mai festgesetzt. Corman stellte ihnen insgesamt 150.000 Dollar zur Verfügung, womit sich die Kosten pro Film auf ganze 75.000 Dollar beliefen – eine unglaublich niedrige Summe, die zu extremer Sparsamkeit verpflichtete. Möglich wurde das ganze Unternehmen überhaupt erst durch den unermüdlichen Einsatz seiner beiden Produzenten Hellman und Nicholson, die jede anfallende Aufgabe selbst erledigten, und den Professionalismus und Idealismus des restlichen Teams, das aus Kostengründen so klein wie möglich gehalten wurde. Drehort war die Wüste bei Kunah in Utah, was zusätzliche Schwierigkeiten mit sich brachte.

»Das Team bestand aus zehn Leuten, die alle nicht gewerkschaftlich organisiert waren, plus ein paar Wranglers aus der

11 Stephen Farber. Rafelson's Return. In: New West, March 1981, S. 96

Gegend, die sich um die Pferde kümmerten. Die Ausrüstung bestand aus zwei Kameras, zwei Reflektoren, einem alten Station-Wagon und einem kleinen Laster. Keiner der Wagen konnte sich abseits der Straße bewegen, so daß die ganze Ausrüstung zu Fuß oder zu Pferd zu den Drehorten gebracht werden mußte. Um die Sache noch schlimmer zu machen, war die Kruste der Wüstenoberfläche sehr brüchig und machte es notwendig, den Kamerastandpunkt nach jeder Aufnahme ein wenig zu verändern. Die Darsteller, Freunde von Hellman und Nicholson, waren hauptsächlich aus Abenteuerlust in das Projekt eingestiegen, die jetzt aber immer mehr nachließ. Die Tage waren lang und heiß; niemand bekam viel Geld. *The Shooting* wurde zuerst gedreht und keiner wurde aus dem bizarren Drehbuch ganz schlau. Die Leute hatten sich nach Utah locken lassen, um einen schnellen, billigen Western zu drehen, aber dieser war anders als alles, was sie zuvor gesehen hatten. Hellman und sein Art Director trennten sich nach dem ersten Film. Er sah keinen Meter des abgedrehten Films, was vor allem seinen Kameramann Gregory Sandor tief beunruhigte.«[12]

The Shooting erzählt wie auch *Ride in The Whirlwind* eine nur schwer nacherzählbare und verständliche Geschichte. Mit Proviant beladen ist Willet Gashade (Warren Oates) auf dem Weg zu einer Mine, die er gemeinsam mit seinem Bruder Coigne, Leland Drum (B.J. Merholz) und dem einfältigen Coley (Will Hutchins) ausbeutet. Als er dort ankommt, findet er ein frisches Grab mit einer Inschrift, die vom Tod Lelands zeugt. Sein Bruder Coigne ist verschwunden, nachdem er, wie Coley berichtet, in der Stadt einen Mann und ein Kind getötet haben soll. Ein Schuß in der Wüste kündigt das Nahen einer Frau (Millie Perkins) an, die ein Pferd kaufen und Gashade als Führer durch die Wüste engagieren will. Gashade willigt ein und nimmt auch Coley mit. Auf ihrem Weg macht die Frau immerwährend Schießübungen. Anfangs beunruhigt, findet Gashade heraus, daß sie auf diese Weise einen Mann benachrichtigt, der ihnen seit geraumer Zeit folgt und sich ihnen nun anschließt. Der Mann ist Billy Spear (Nicholson), ein bekannter Killer. Gashade, der ahnt, daß am Ende dieser merkwürdigen Reise der Tod eines

12 Beverly Walker. Two-Lane Blacktop. In: Sight and Sound, Winter 1970/71, Vol. 40, No. 1, S. 34

Menschen steht, will dies verhindern und greift Spear an. Doch der ist stärker und nimmt ihm die Waffe ab. Die wie besessen vorwärts reitende Frau schindet ihr Pferd zu Tode, worauf Spear den verrückten Coley zwingt, sein Pferd ihr zu überlassen und in der Wüste zurückzubleiben. Doch Coley findet einen sterbenden Mann, nimmt dessen Pferd an sich und folgt den anderen. Als Spear das bemerkt, erschießt er ihn kaltblütig. Voller Wut greift Gashade ihn erneut an und es gelingt ihm nun, Spears rechte Hand zu zerschmettern, obgleich er selbst erheblich verletzt wird. Trotzdem folgt er der Frau in einen Canyon, wo sie auf einen Mann zielt, den sie offensichtlich gesucht hat und der sich in den Felsen versteckt. Ein Schuß ist zu hören und die Frau und Gashade stürzen zu Boden. Fassungslos kann Gashade nur noch »Coigne!« rufen.

Anläßlich seiner Aufführung auf dem Filmfestival von Cannes 1966 wurde *The Shooting* mit den Beckettschen Stücken (»Warten auf Godot«) verglichen, attestierte man ihm wie seinem Zwilling *Ride in The Whirlwind* eine existenzialistische Ausstrahlung, die den in Genre-Konventionen verkümmerten Western neu zu beleben in der Lage wären. Auch die deutsche Kritik fand lobende Worte. »In der Tat entwickelt Hellman in seinem billigen, … , Spätzeit-Western die Spannung und Atmosphäre nicht aus einer attraktiven Handlung, sondern aus einer merkwürdigen Häufung von existenziellen Grundsituationen. Soweit eine Geschichte überhaupt noch vorhanden ist, bleibt sie bruchstückhaft, weitgehend unverständlich und schließlich eigentlich überhaupt nicht wichtig. (…) Trotz seiner Handlungsarmut strahlt *The Shooting* eine seltsame Faszination aus. Kalt und karg registriert Hellman die untergründigen Spannungen innerhalb der Gruppe, die sich schließlich in einem Akt von verzweifeltem Wahnsinn erfüllen. Die Figuren scheitern weniger an der physischen Bedrohung durch die feindliche Umwelt als an ihrem Unvermögen, einen konkreten Sinn in ihren Anstrengungen zu erfassen.

Hellman schafft es, eine Atmosphäre bedrückender Absurdität zu kreieren, ohne dabei kunstgewerblichen Expressionismus bemühen zu müssen: Irgendwo in der Wüste sitzt ein Mann, den irgendjemand zum Sterben zurückgelassen hat. Es hat ihm die Sprache verschlagen, er bringt keinen Laut mehr heraus: Komparse eines Endspiels, dessen Regeln niemand mehr versteht.«[13] Bedingt durch die beschränkte Produktion erwies sich die Kargheit des Films als Gewinn. Die unfreiwillige Askese korrespondiert mit der Umsetzung der vielfältiger Interpretation offenstehenden Aussagen in Bewegung und Aktion, in exemplarische Charaktere und Situationen. Im Grunde eine Tragödie, in der der Protagonist seinem Ebenbild, letztendlich also sich selbst gegenübersteht und mit dem Bruder sein eigenes Ich tötet, ist *The Shooting* doch auch so etwas wie ein Abgesang auf die Pionier-Ideologie des amerikanischen Westens, ist der Film eine Desillusionierung amerikanischer Mythen. Für Monte Hellman aber war *The Shooting* eine Komödie. Verleiher und Geldgeber hatten dazu aber eine vollkommen andere Meinung.

Unmittelbar nach *The Shooting* drehten Hellman und Nicholson nach eigenem Buch *Ride in The Whirlwind*. Indes wird deutlich, daß Nicholson als Drehbuchautor nur Durchschnitt ist. Denn dieser zweite Film war bei weitem nicht so intelligent wie der erstere, zu dem Carol Eastman das Skript verfaßt hatte. Mit zum Teil denselben Darstellern erzählt der Film von drei arbeitslosen Cowboys, die sich einer Bande von Outlaws anschließen und zusammen mit ihnen in eine Falle geraten, die von den Verfolgern der Bande gestellt wurde. Diese ehrbaren Bürger betrachten die Outlaws als Mörder und möchten sie kurzerhand lynchen. Als sie das Versteck der Bande ausnehmen, kommt einer der drei Cowboys um, während Wes (Nicholson) und Vern (Cameron Mitchell) die Flucht gelingt. Nachdem die Bürger mit der Bande aufgeräumt haben, verfolgen sie die beiden Flüchtigen. Auf einer Ranch, wo beide ausruhen wollen, nimmt Wes die Tochter des Ranchers (Millie Perkins) als Geisel. In der Scheune kommen sich die beiden ein wenig näher. Gerade in dieser Szene dokumentiert sich die Andersartigkeit des Films im Vergleich zu herkömmlichen Western, von Hellman so beschrieben: »Wir mochten die Vorhersehbarkeit von bestimmten Situationen nicht. Zum Beispiel die Szene, in der Jack Millie mit raus in die Scheune nimmt. Das ist eine verbindliche Szene – man erwartet etwas Sexuelles. Bei uns war es total asexuell.«[14]

13 Hans C. Blumenberg. Endspiel unter der Wüstensonne. Todesballett mit Killer und Dame. Monte Hellmans Psycho-Western »Shooting« mit Jack Nicholson. In: Kölner Stadtanzeiger, 8./9.2.1975
14 Walker. a.a.O., S. 36

Doch die Beziehung der beiden wird von der nahenden Bürgerwehr gestört. In der folgenden Schießerei kommen sowohl der Rancher wie auch Vern ums Leben. Einsam setzt Wes seine Flucht fort und verschwindet in einer Staubwolke, während »am Horizont eine strahlende, goldgelbe Sonne erscheint: ein trügerischer Hoffnungsschimmer«.[15]

Das Drehbuch von Nicholson basierte auf seinen ausführlichen Recherchen in Tagebüchern und anderen Dokumenten jener Zeit, in der der Film spielt. So wirkt *Ride in The Whirlwind* trotz seiner finanziellen Beschränktheit authentisch, vermittelt in Dialog und Inhalt ein Gespür für die Umstände des rauhen Westens, wo Gerechtigkeit wenig galt. Recht oder Unrecht aber sind in Hellmans Film ohne Belang. Er hatte anderes im Sinn: »Wir wollten nicht wirklich etwas sagen. Wir wollten einfach versuchen, ein paar Western zu machen, die uns gefielen, und wir wollten dabei eine Menge Dinge verwirklichen, die wir gerne in anderen Western gesehen hätten. Wir waren immer der Meinung, daß es eine Menge falscher Hollywood-›Scheiße‹ in Western gab. (...) Wir versuchten in der Ausstattung des Films größere Realität zu erreichen und dabei einige der obligatorischen Hollywood-Szenen zu vermeiden, die nicht realistisch waren.«[16] Die Ehrlichkeit beider Filme betont auch Nicholson, der sie nach wie vor für großartig hält. »Was sie von anderen Western unterscheidet, war der Realitätsgehalt in beiden Filmen. Normalerweise besteht ein Western nur aus dem ›Angriff auf die Apache Junction‹[17], bei dem jeder getötet wird und man keine Möglichkeit hat, sie alle kennenzulernen. Mir ist es zum Beispiel – in *Flight to Fury* – einmal widerfahren, daß alle Personen bis auf eine getötet wurden. Mit Gewalt aber versuche ich mich immer auf ehrliche Weise auseinanderzusetzen. Ich hasse es, wenn Körper auf der Leinwand reihenweise umfallen und man überhaupt nichts dabei fühlt. In *The Shooting* gibt es nur einen Mord, ganz am Schluß, und Monte benutzte eine ruckartige *slow motion*-Technik, als der Körper fällt. Gewöhnlich sah man dies so im Fernsehen ... und natürlich hatten wir alle zehn-

---

15 Heiko R. Blum. Ritt im Wirbelwind. In: Süddeutsche Zeitung, 21./ 22.6.1969
16 Crane/Fryer. a.a.O., S. 86/87
17 In Apache Junction, Arizona, wurde 1961 *Broken Land* gedreht

tausendmal den Film von Jack Ruby (Mörder des Kennedy-Attentäters Oswald, d. A.) gesehen, als er in Dallas aus der Menge kam. Dies bedeutet nicht, daß dies alles ist, worüber der Film handelt; aber es geht um die Erschießung eines Bruders und wir wollten darauf so nebenbei anspielen.«[18] Doch trotz des Engagements von Regisseur und Hauptdarsteller blieb der Erfolg beider Filme äußerst bescheiden.

Nach dem Schnitt, für den Hellman sechs Monate benötigte, werden die Filme Roger Corman vorgeführt, der zwar ihren künstlerischen Rang einräumt, doch ihre kommerzielle Verwertbarkeit sehr zum Ärger Nicholsons als äußerst gering einschätzt. Auch AIP ist dieser Meinung und man beschließt, die Kosten von 150.000 Dollar nicht zu übernehmen. Um zu retten, was möglich ist, schickt Corman seinen Hauptdarsteller Nicholson auf das Festival von Cannes, wo die Filme 1966 ein durchweg positives Echo fanden. Die damit verbundene Hoffnung auf einen europäischen Verleih und einen teilweisen Rückfluß des investierten Geldes erfüllte sich denn auch, obgleich der französische Verleih recht schnell pleite machte und Corman und Nicholson kein Geld erhielten. Nachdem aber auch europäische Fernsehanstalten die beiden Filme ausgestrahlt hatten, wurde das Interesse der Amerikaner geweckt. So kaufte die heute nicht mehr existierende Walter Reade Organization die Rechte für den amerikanischen Markt, vertrieb die Filme indes nicht, sondern verkaufte sie weiter an das US-Fernsehen, wo sie schnell zu einem Geheimtip avancierten.

So öffneten die Western dem amerikanischen Underground-Movie eine breitere Basis, schufen überhaupt sie eine gespanntere Sensibilität gegenüber avantgardistischen Filmen. Folge davon wiederum war der Einzug des Underground-Films in die konventionellen, kommerziellen Filme und vor allem in die Werbung. Erst 1971/72, als die Rechte an den Filmen wieder frei wurden, ergab sich eine Möglichkeit, sie endlich ins Kino zu bringen. Nicholson konnte Jack Harris, einen Produzenten und Verleiher, dazu bewegen, die Rechte zu kaufen und die Distribution zu wagen. Harris, dem die Filme sehr gut gefielen und der der verlorenen Chance nachtrauerte, die Filme nicht fünf, sechs Jahre früher auf den Markt gebracht zu haben, blieb aber

18 Braithwaite. a.a.O., S. 12/15

auch ohne Erfolg, obwohl Nicholson in der Zwischenzeit eine gewisse Berühmtheit erlangt hatte. Doch seine neuen aktuellen Filme verdrängten die Frühwerke. Später dann kaufte Nicholson die Rechte persönlich zurück. Finanziell allerdings waren beide Filme für ihn ein Zusatzgeschäft. »Alles, was wir bekamen, waren für jeden 1.400 Dollar. Für zwei Filme und ein Jahr Arbeit!«[19]

Heute besitzen *The Shooting* und *Ride in The Whirlwind* im Genre fast den Status von Klassikern. Doch es bleiben Ausnahmen. »Die Filme sind in der Tat bemerkenswert, nicht allein wegen ihrer Produktionsgeschichte, die ... Hellman wie einen Zauberer erscheinen läßt, sondern vor allem auf Grund ihrer obsessiven persönlichen Sicht, die ungewöhnlich ist für jeden amerikanischen Film und besonders einen Western. Nicht so richtig ›gefällig‹, sind die Filme in ihrem Nihilismus und ihrer überzogenen isolierten Objektivität erschreckend und unbehaglich. Knapp und bis auf die Knochen entblößt, weisen sie keinen der orthodoxen Unterhaltungswerte des Western auf. Action ist minimal, der rauhe Individualismus verschwunden, und keiner gewinnt. (...) In jedem der Filme wurde eine Atmosphäre von Terror mit äußerster Sparsamkeit sofort geschaffen: ein frisch ausgehobenes Grab ist eine Warnung vor kommender Gewalt. Eine kurze Einstellung von den rollenden Rädern einer Kutsche auf einer steinigen Straße bringt uns einer noch unbekannten Konfrontation näher. Das Wiehern eines erschöpften Pferdes erinnert uns daran, daß es ebenfalls von Fleisch und Blut ist. Die mondähnliche, an Antonioni erinnernde, rauhe Landschaft läßt einen Mann ausgesetzt und verletzbar zurück. Immer wieder schneidet Hellman in extreme Großaufnahmen, um einen flüchtigen Blick, einen Seufzer, um Müdigkeit zu enthüllen. Wir lernen niemals mehr über die Leute kennen als wir sehen – aber das spielt auch keine Rolle. Hellman bringt uns gerade zum richtigen Zeitpunkt in ihr Leben und wir sind gezwungen, uns mit ihnen auseinanderzusetzen.«[20]

19 Braithwaite. a.a.O., S. 15
20 Walker. a.a.O., S. 35

IV. Bikes and Trips:
Die Motorrad- und Drogen-Filme

Nachdem ihn Arbeit und Sorgen zu den beiden Western letztlich sogar wesentlich mehr als ein Jahr gekostet hatten, konnte
sich Nicholson erst 1967 wieder an seine Schauspiel-Karriere
denken. Nach seinen zu dieser Zeit finanziell erfolglosen Bemühungen als Produzent und Autor verfiel er nun wieder in eine
hektische Betriebsamkeit als Darsteller, die ihn 1967 in insgesamt vier Filmen auftreten und für einen das Drehbuch fertig-
stellen ließ. Nach dem überwältigenden Millionenerfolg des
Corman-Films *The Wild Angels* (1966; Die wilden Engel) mit
Peter Fonda und Bruce Dern, der eine Welle von Motorrad-
und Rocker-Filmen initiierte, verlangte der Markt nach mehr
Produktionen dieser Art. »Denn die filmische Ausbeutung
einer existenten Subkultur – die Reduktion von abweichendem
Verhalten auf bestimmte Signale wie Leder, Motorräder, fa-
schistisches Symbolgut – hat den Konsum auf breiter Basis ermöglicht. Die Jugendmode der Mittelschicht offeriert nun den
ursprünglich proletaroiden Rocker-Look als ›dernier cri‹, ar-
chaische Rock-Musik verdrängt esoterischen Beat. (...) Obgleich diese Streifen nur zu oft von unbekannten Regisseuren
mit wenig Mitteln hingehauen werden, dramaturgisch plump
und in der Konzeption spekulativ, reflektieren sie doch das Un-
menschliche am System. Die ›Hell's Angels‹ der kalifornischen
Westküste sind Kinder der Unterprivilegierten. Die beziehen
ihre Normen von der sie umgebenden Gesamtkultur und kehren
sie um: Leben ohne Triebaufschub. Ihre Anti-Moral ist genauso
bindend wie die Moral der Bürger.«[1]

Richard Rush, der sein Regie-Debüt mit Nicholsons zweitem
Film *Too Soon to Love* (1959) gegeben hatte, schloß sich den
Erfordernissen des Marktes an und drehte für ein paar hundert-
tausend Dollar *Hell's Angels on Wheels,* der ebenso wie *The
Wild Angels* mit den originalen Hell's Angels in den Nebenrollen besetzt war. So taucht Hell's-Angels-Präsident Sonny Bur-
ger am Anfang kurz auf, als Mitglied der Bande von Buddy

1 Horst Königstein. Motorfuck. Das Genre des ›Motorrad-Films‹, erläutert anhand von Anthony M. Lanzas »Die teuflischen Engel«. In: film,
August 1968, S. 28

›Die wilden Schläger von San Francisco‹ (›Hell's Angels on Wheels‹)

(Adam Roarke), dem Protagonisten des Films. Ziellos durch San Francisco fahrend, rempelt die Gang verschiedene Passanten und Mädchen an, von denen einige sich den Rockern anschließen. An einer Tankstelle macht man Rast, versorgt seine Motorräder und beobachtet die Aushilfe Poet (Nicholson), wie er sich mit einem eiligen Kunden anlegt und seinen Chef niederschlägt. Als er gefeuert wird, nimmt Poet sich schnell noch ein bißchen Kleingeld aus der Kasse, schwingt sich auf sein Motorrad und braust davon.

Am Abend desselben Tages trifft Buddys Bande Poet wieder. Einer aus der Gruppe reißt ihm den Scheinwerfer ab, worauf Poet mit ihm sofort eine Schlägerei beginnt. Das ist dann auch schon eine der liebsten Beschäftigungen aller Beteiligten. Doch bevor der Kampf ausartet, schreitet Buddy ein und schlichtet, indem er Poet einen neuen Scheinwerfer verspricht. Alle zusammen fahren sie zu einer Kneipe, wo eine rivalisierende Gang ihr Quartier hat und räumen kurz auf. Auch Poet, der anfangs noch unbeteiligt vor der Tür steht, langt kräftig zu, was ihm die Achtung der anderen einbringt. Außerdem lernt er ein Mädchen der Gruppe kennen, Shill (Sabrina Scharf), in das er sich verliebt. Eigentlich ist sie ja Buddys Mädchen, doch der hat sich Pearl (I.J. Jefferson), das Go-Go-Girl der Kneipe, auf sein Motorrad gesetzt. Nach diesem »vergnüglichen« Auftakt fährt die Gang auf einen Jahrmarkt, wo sie prompt in eine Schlägerei mit Matrosen verwickelt wird, von denen Buddy einen erschlägt. Unbekümmert feiert die Gruppe anschließend eine Party, die zur »Orgie« ausartet, auf der man einen Trip nach Nevada beschließt. Dort soll einer der ihren verheiratet werden. Zuvor aber wird Poet als Mitglied provisorisch aufgenommen. Nach vollzogener Hochzeit und obligatorischer Schlägerei fährt die Gang weiter, um den Abend in einer Ruine bei Feuer und Bier standesgemäß ausklingen zu lassen. Auf dem Weg dorthin ereignet sich noch ein Unfall, bei dem ein Autofahrer, bedingt durch die Provokation eines Angels, sein Leben läßt. An der Staatsgrenze zu Kalifornien erwartet sie dann auch schon die Polizei, die Buddy festnehmen will, doch Pearl denunziert den wahren Schuldigen, den die Bande in einer gewagten Aktion wieder aus den Händen der Polizei befreit. Bei der abendlichen Feier des Coups geraten Poet und Buddy über Shill in Streit. Die zwei beginnen eine tödliche Schlägerei. Als Poet erkennt, daß Shill trotz der vielen Demütigungen Buddy immer noch liebt, gibt er auf und will gehen. Da springt Buddy auf ein Motorrad, um Poet zu überfahren, doch er stürzt und verbrennt in dem explodierenden Motorrad.

Hell's Angels on Wheels zählt sicher nicht zu den besseren Filmen des Genres. Er wiederholt im Grunde nur die gängigen Klischees von einer Horde Außenseitern, die sich mit allerlei Emblemen, darunter Hakenkreuz und Eisernes Kreuz, martialisch schmücken, wahllos dreinprügeln, ohne nach dem Sinn ihrer Aktivitäten zu fragen und sich in ihrem Wildwest-Gehabe ungeheuer gefallen. Jack Nicholson als Poet verkörperte in Rushs Streifen die einzig positive Figur, einen smarten Jungen, der wie ein Kundschafter aus der bürgerlichen Welt in diese Hölle von Sex und Gewalt hinabführt. Seine Rolle, obwohl oberflächlicher Pauschalierung erlegen, ist noch die differenzierteste. Seinem Namen gerechtwerdend, gibt er des öfteren einige nachdenkliche Sätze von sich, die sich bei näherem Hinhören (»Wir haben alle Angst vor irgend etwas«) als ziemliche Plattheiten herausstellen. Zwar erhebt Rush keinen moralischen Zeigefinger, doch die Art und Weise, wie er etwa die Party der Angels mit ihrem protzigen Saufgehabe und den angemalten Mädchenkörpern als Höhepunkt der Verderbtheit inszeniert, dokumentiert seinen bürgerlichen Standpunkt, der diese Protestkultur in all ihrer Gewaltsamkeit nicht begreifen, sondern nur vermarkten will. Die billige Machart des Films unterstreicht dies nur noch. Regiefehler gibt es zahlreiche, der Leerlauf der Geschichte wird mit langen, von Musik unterlegten Motorradfahrten unterbrochen.

»Fahren ist die zentrale Metapher. Farblich erlesen schön, Zoom und Gegenlicht, verzerrte Chromdetails: das Motorrad hat seine großen Auftritte wie ein Star, dessen Erscheinen das dekorative ›moment of surprise‹ bedeutet.«[2] Die Schauspielerführung indes bleibt bruchstückhaft. Nur Nicholson zeigt eine akzeptable darstellerische Leistung. Mit seinem Zögern, seinem schüchternen, fast widerwilligen Draufgängertum und seiner beiläufigen Träumerei gelingt ihm als Außenseiter ein gewisses Maß an Glaubwürdigkeit. In einer Nebenrolle, als Go-Go-Girl Pearl, spielte eine unbekannte Darstellerin namens I. J. Jefferson. Ihr wirklicher Name war Mimi Machu. Als ehemaliges Fotomodell versuchte sie sich nun im Film.

Für die nächsten drei Jahre sollte sie die Lebensgefährtin von Jack Nicholson sein, denn 1965, nach Abschluß der Dreharbeiten zu *The Shooting* und *Ride the Whirlwind*, hatten sich Nicholson und Sandra Knight scheiden lassen – in Freundschaft. Beide mußten ihre Entfremdung eingestehen. Bereits 1962 hatte Nicholson gegen den Willen seiner Frau mit LSD-Experimenten angefangen; auch Sandra Knight ging jetzt eigene Wege. Den ganzen Tag war sie wegen Tochter Jennifer zu Hause und konnte an der Karriere ihres Mannes nicht mehr teilhaben. Schließlich, auch um Jennifer durch mögliche Auseinandersetzungen nicht zu belasten, zog man die endgültige Trennung vor. »Meine Scheidung war so glatt wie meine Hochzeit. Es war eine klare, nicht gewalttätige, nicht tumultöse Entscheidung. Meine Frau

2 Königstein. a.a.O.

Sandra und ich gingen bereits getrennte Wege. Es blieb offensichtlich das einzige, was noch zu tun war, und wir vollzogen es sehr einfach. Der mögliche Grund war ihre Beschäftigung mit mystischen Dingen, womit ich nichts anfangen konnte. Ich wollte nicht in eine Situation geraten, wo ich in Konkurrenz zu Gott oder irgend etwas ähnlichem kommen würde, was ich für unausweichlich hielt. Ich fühlte die Kraft dieser neuen Bewegung im Leben meiner Frau.«[3] Bis heute pflegt Nicholson eine freundschaftliche Beziehung zu ihr. Sandra Knight wohnt inzwischen auf Hawaii, gemeinsam mit Tochter Jennifer, die von ihrem Vater geradezu abgöttisch geliebt wird.

1967 aber trat Mimi Machu in sein Leben. Es wurde eine stürmische Beziehung. Und auch das Ende drei Jahre später war stürmisch. Schnell war ihre Beziehung in eine Haßliebe ausgeartet, in der Haß und Wut immer dominierender wurden, die Phasen der Ausgeglichenheit und Ruhe dagegen kürzer, wenn auch intensiver. Weder konnte man zusammenleben, noch ertrug man die Trennung. Nicholson und Mimi Machu gebärdeten sich wie zwei Verrückte. Doch als die Trennung unvermeidlich war, böse Worte ausgetauscht wurden, konnte Nicholson seine Betroffenheit nicht verbergen. Unmittelbar nach der Trennung ging er zu seinem Freund Harry Dean Stanton, ebenfalls ein Darsteller, mit dem er noch aus Zeiten des Schauspielstudiums befreundet war, um seine Fassung wiederzugewinnen. Stanton erinnert sich: »Er war ganz aus der Fassung. Noch niemals habe ich eine solche Verzweiflung gesehen.«[4] Doch verhältnismäßig schnell fand Nicholson wieder Boden unter den Füßen. Die Arbeit, der Erfolg und natürlich eine Reihe anderer Frauen halfen ihm darüber hinweg. Nach *Hell's Angels on Wheels* bot ihm nun auch Corman eine kleinere Rolle in einem größeren Projekt an.

Für die Twentieth Century Fox produzierte und realisierte er den Gangsterfilm *The St. Valentine's Day Massacre* (1967), die Geschichte jenes berüchtigten Massakers aus dem Jahre 1929, bei dem am Valentinstag sieben Leute des Moran-Mob von Killern Al Capones erschossen wurden. »Sie mochten die Idee, einen Film über das Massaker am St.-Valentins-Tag zu drehen, und, abgesehen davon, daß sie mit meinem ursprünglichen Be-

3 Crane/Fryer. a.a.O., S. 126
4 Leo Janos. a.a.O.

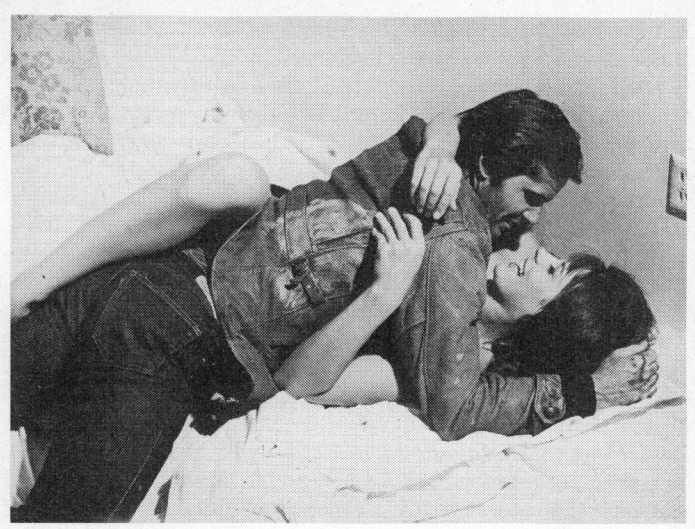

›Die wilden Schläger von San Francisco‹ (›Hell's Angels on Wheels‹)

setzungsvorschlag nicht einverstanden waren, ging alles gut. Ich wollte gerne Orson Welles für die Rolle des Al Capone und Jason Robards für die des Bugs Moran.«[5] Im Film spielte dann Robards den Al Capone.

Es war Cormans bislang größte Produktion, bei der er besonderen Wert auf eine möglichst exakte Rekonstruktion der Straßen, Häuser und Kneipen legte. »Grundsätzlich gefiel mir *The St. Valentine's Day Massacre*«, erzählt Corman, »der einzige Film, den ich jemals in einem großen Studio drehte. Das Ergebnis war denn auch entsprechend groß aussehend. Natürlich beeinflußt ein großes Studio einen irgendwie. Ich glaube, man bezahlt einfach zuviel bei den fixen und den variablen Kosten; ich hätte den Film für die Hälfte des Geldes machen können. Aber es war auch gut, auf einem großen Gelände zu arbeiten und diese irgendwie glänzende Erscheinung (des Films) zu erreichen.«[6] Im Stile einer historischen Chronik bemüht sich

5 J. Philip di Franco. a.a.O., S. 47
6 J. Philip di Franco. a.a.O., S. 47

der Film um dokumentarische Nähe bei diesem blutigsten Verbrechen in der Geschichte Chicagos.

Bugs Moran (Ralph Meeker) ist ein irisch stämmiger Gangster und Killer, der 1929 während der Prohibition versucht, den Nordteil der Stadt unter seine Kontrolle zu bringen, um den eigenen Bierabsatz anzukurbeln. Seine rechte Hand, Peter Gusenberg (George Segal) geht dabei äußerst brutal vor. Al Capone (Jason Robards), unumschränkter Herrscher über die Stadt, fürchtet um sein Imperium und vor allem um sein Leben, nachdem er schon mehrmals nur knapp den Mordanschlägen des Iren entgangen ist. Er beauftragt Jack McGurn (Clint Ritchie) mit der Liquidierung von Moran und dessen Clan. McGurn leitet dies außerst geschickt in die Wege. Die Falle für Moran und seine Leute klappt am 14. Februar 1929 in jener berühmt gewordenen Heyer-Garage in der North Clark Street No. 2122 zu, doch Moran entgeht dem Massaker durch Zufall. Seine Macht allerdings ist gebrochen, er verschwindet. Auch die anderen an der Erschießung Beteiligten sterben eines unnatürlichen Todes. Capone selbst konnte nie etwas nachgewiesen werden, erst eine Steuerhinterziehung brachte ihn ins Gefängnis.

Corman inszenierte einen äußerst harten Gangsterfilm, mit brutalen Schießereien am laufenden Band. Sein Versuch indes, sich möglichst nah an die historischen Fakten zu halten, bremste das Tempo des Films und wirkt nicht immer überzeugend. Der Off-Kommentar, der nüchtern Tatsachen vermittelt, enthob Corman der Notwendigkeit, dramaturgische Lösungen für seine Chronik zu finden. So bleibt *The St. Valentine's Day Massacre* letztlich ein etwas steriler Film, in dem auch den Darstellern Grenzen gesetzt sind. Nicholson – im Vorspann wird er gar nicht aufgeführt – spielt Gino, den Fahrer von Capones Killern. Er chauffiert den Wagen, der die Mörder zur Garage bringt. Dialog hatte er so gut wie keinen. Nur einen Satz durfte er sagen, aber damit hatte er vermutlich den einzigen Lacher in diesem harten Action-Drama: Als einer der Capone-Killer seinen Kollegen beim Einreiben seiner Kugeln sieht und ihn fragt, was er denn da mache, antwortet Nicholson mit einem maliziösen Lächeln: »It's garlic. The bullets don't kill ya, ya die of blood poisoning.« (in der deutschen Version: »Hey, warum reibt er die mit Knoblauch ein? – Zur Sicherheit. Wenn die Dinger dir nicht reichen, gehst du ein an Blutvergiftung!«)

Eigentlich hatte Corman ihn für eine der zahlreichen Nebenrollen vorgesehen, als ein Mitglied des Moran-Mobs, das in der
Garage erschossen würde. Eine jede dieser Figuren bekam eine
kleine eigenständige Episode zugeordnet, bevor sie dann sterben mußte. Bruce Dern etwa bekam eine solche Rolle. Er ist
May, Fahrer und Mechaniker des Moran-Mob, der eher zufällig
mit erschossen wurde. Nicholson aber zog es aus einem bestimmten Grund vor, die kleinste Rolle des Films zu übernehmen. Corman erläutert sein Motiv: »Als ich den Film besetzte,
nahm ich all die großen Namen für die tragenden Rollen. Für
kleinere nahm ich Leute wie Bruce Dern. Ich bot auch Jack eine
gute Nebenrolle an, aber er sagte, er wolle nicht den Job. Er
kam zu mir und sagte, ›Gib mir die kleinste Rolle, für die man
die meiste Zeit benötigt‹, womit er meinte, länger auf der Lohn-
liste zu stehen und somit mehr Geld für seine Arbeit zu
bekommen.«[7] Insgesamt hatte Nicholson drei Wochen lang zu
arbeiten, und er verdiente, wie er später selbst betonte, soviel
wie in keinem anderen Corman-Film.

Bevor er ein weiteres Projekt mit Corman realisierte, wurde
er für eine andere Rolle engagiert. Regisseur und Produzent
Martin B. Cohen vertraute ihm einen größeren Part in seinem
Motorrad-Streifen *Rebel Rousers* an. Die »Rebel Rousers«,
eine Motorrad-Gang, kommen nach Chloride, Arizona, und be-
geben sich sofort in die nächste Bar, wo sie eine wilde Party feiern. Der lokale Sheriff aber verscheucht sie. Unterdessen trifft
sich der Architekt Collier (Cameron Mitchell) mit seiner Freundin Karen (Diane Ladd) in einem Motel, wo sie ihm gesteht,
schwanger zu sein. Seinen Heiratsantrag lehnt sie ab.

Um noch einmal über ihre Lage nachzudenken, fahren beide
an den Strand, wo sich mittlerweile auch die »Rebel Rousers«
eingefunden haben. Sie greifen Collier und Karen an und schlagen den Architekten brutal zusammen. Collier und der Führer
der Gang, J. J. (Dern), kennen sich noch von der High School.
Um Zeit zu gewinnen, schlägt J. J. seinen Jungs ein Rennen vor,
dessen Sieger Karen als Preis gewinnt. Collier gelingt dadurch
die Flucht und er eilt zu einer mexikanischen Familie, die mit
dem Sheriff verwandt ist. Bunny (Nicholson), der wildeste in
der Gang, gewinnt das Rennen und beginnt Karen zu attackie-

7 Dickens. a.a.O., S. 51–52

ren, als die Mexikaner mit Mistgabeln bewaffnet erscheinen und die »Rebel Rousers« in die Flucht schlagen, nicht ohne zuvor Karen aus ihren Fängen befreit zu haben.

Der unter dem Arbeitstitel »Limbo« *on location* in Arizona, Los Angeles und Südkalifornien gedrehte Film war nicht sonderlich aufregend und verschwand recht bald in der Vergessenheit. In manchen Nicholson-Filmographien wird *Rebel Rousers* überhaupt nicht aufgeführt (so bei Dickens, a.a.O.). Bemerkenswert an dem Film bleibt allein die Mitwirkung der »Nicholson-Familie«: Bruce Dern, dessen damalige Frau Diane Ladd, Cameron Mitchell *(Ride the Whirlwind)* und Harry Dean Stanton *(Ride the Whirlwind)* tauchen alle in größeren Rollen auf.

Wie der Motorrad- war auch der Drogen-Film eine Reaktion der Filmindustrie auf das Bedürfnis der jungen Leute nach zeitbezogenen Geschichten. Es war die Zeit der Hippie-Bewegung. Roger Corman reagierte in seinem ungeheuren Gespür für kommerziell vielversprechende Trends sofort. »Nach dem Erfolg von *The Wild Angels* bat mich AIP, einen weiteren Gegenwartsfilm zu machen. (...) Ich entschloß mich, einen seriösen Film über die Drogenszene und besonders LSD zu machen«, erinnert sich Corman[8].

Nicholson hatte ja bereits 1962/63 mit Drogen- und besonders LSD-Experimenten begonnen, wobei vor allem der Gedanke im Vordergrund stand, diese neuen Erfahrungen mit dem eigenen Ich in bestimmte Rollen einfließen zu lassen. Doch aus den Experimenten entwickelte Nicholson überdies ein Drehbuch, daß Corman bereitwillig akzeptierte. Für die Hauptrollen engagierte er die Motorrad-Film-Stars Peter Fonda, Dennis Hopper und Bruce Dern. Dern besaß selbst keine Erfahrungen mit Drogen und lehnte es auch ab, welche zu machen. Von Nicholson war er anfangs gar nicht für den Film und die wichtige Rolle des Führers durch das LSD-Experiment vorgesehen. Die wollte er nämlich selbst spielen. Aber Corman und AIP entschieden anders, zur Freude von Dern, den in der Folge eine enge Freundschaft mit Nicholson verband.

Beide hatten ja schon bei zwei Filmen *(St. Valentine's Day Massacre; Rebel Rousers)* kurz zuvor zusammengearbeitet; ihre Bekanntschaft allerdings war schon älter. Ihr erstes Zusammen-

8 J. Philip di Franco. a.a.O., S. 48

J. N. (links) in ›Rebel Rousers‹

treffen fand bereits im Sommer 1961 statt, in der Schauspielklasse von Martin Landau. Dann trennten sich ihre Wege für einige Zeit. Jeder machte auf seine Weise Karriere. »Ich sah ihn bis 1966 nicht wieder«, erinnert sich Dern, »fünf Jahre lang sah ich ihn keinen einzigen Tag. 1966, als ich bei *The Wild Angels* arbeitete, sah ich ihn einige Male; er war irgendwie da, weil es ein Corman-Film war. Zu dieser Zeit hatte er all seine Corman-Filme bis auf zwei gemacht und bald darauf fing er an, *The Trip* zu schreiben, und ich sah ihn regelmäßig. Er schrieb *The Trip* und wollte die Rolle, die ich dann spielte, die des Führers, selbst spielen, weil er sie für sich schrieb. Das ursprüngliche Buch von *The Trip* war sensationell. Er hatte wirklich tolle Ideen und gutes Material.«[9]

Nicholson hatte einen besonderen Ansatzpunkt in seiner Geschichte erdacht, der für eine Verfilmung nicht unproblematisch war. »Die Bilder (vom Drogenrausch, d. A.) sind viel zu bestimmt, um als Phantasie-Bilder zu gelten, und so gestaltete ich diesen Teil mit kaum merklichen, sehr schnellen Schnitten, nicht viele auf einmal, so daß man sie beinahe nicht sehen konnte. Das war die Technik, die ich für sinnvoll hielt. Und trotzdem hatte ich das Problem, den Inhalt eines jeden Bildes näher zu beschreiben. Die Idee des Drehbuches war es, die Erfahrungen des Typen durch eine Art objektives Kamera-Auge zu sehen, wenn er gerade auf dem Trip ist.«[10]

Bevor Corman die Realisation des Stoffes in Angriff nahm, experimentierte er selbst mit LSD und erinnerte sich dieser Erfahrung mit positiven Gefühlen: »Meine Erfahrung war wirklich wundervoll – es war einfach umwerfend. Es war so großartig, daß mir der Gedanke kam, keinen besonderen Grund zu haben, zurück nach Hollywood zu gehen, keinen besonderen Grund, überhaupt in der ›wirklichen‹ Welt zu existieren.«[11] Danach allerdings machte er sich an die Kürzung des Drehbuches, das ihm in einigen Szenen zu aufwendig schien. »Jack hatte einige Teile geschrieben, die zu aufwendig waren, ... und bei einem Drehplan von fünfzehn Tagen und einem Budget von 100.000 Dollar mußten wir für einige der zu aufwendigen Szenen eine

9 Crane/Fryer. a.a.O., S. 46
10 Crane/Fryer. a.a.O., S. 17
11 J. Philip di Franco. a.a.O., S. 48

Dennis Hopper (links), Susan Strasberg, Peter Fonda in ›Easy Rider‹

Alternative finden.«[12] Nicholson war darüber natürlich nicht sonderlich erfreut und stand dem Ergebnis denn auch eher distanziert gegenüber. »Sie strichen eine Menge von dem, was mir gefiel. Ich war nicht ganz zufrieden damit, aber es ist der beste Film, den Roger jemals machte, und das ist immerhin etwas. Ich mochte die Szene im Waschsalon, vor allem wegen der Maschinen. Ich mag Szenen zwischen Maschinen und Menschen.«[13]

Jene Szene ist ein Höhepunkt auf dem Trip des Werbefilm-Regisseurs Paul Groves (Fonda), der bei der Beendigung der letzten Szenen eines Spots von seiner Frau besucht wird, die ihm vorhält, den Scheidungstermin verpatzt zu haben. Ihm werden mit einem Mal seine persönlichen Probleme bewußt und er glaubt, unter ihrer Last zusammenzubrechen. So bittet er seinen Freund John (Dern), ihm zu helfen, indem er ihm eine Dosis LSD verabreicht, damit er sich selbst besser verstehen lernt. John soll ihn als Führer auf diesem Trip begleiten, ihn, falls nötig, beruhigen. Man zieht sich in ein Haus mit Blick auf Los Angeles zurück und Paul nimmt das LSD zu sich. Anfangs ge-

12 ebda., S. 49—50
13 In: After Dark, 10/69; zit. n. Dickens, a.a.O., S. 54

schieht nur wenig, die Stimmung ist friedlich, die Farben und die Sonne intensiv. Doch bald schlägt die Stimmung bei Paul um. So glaubt er zu sterben und wohnt seiner eigenen Beerdigung bei.

Auch John merkt, daß Pauls Trip nicht mehr komplikationslos verläuft und versucht ihn zu beruhigen. Paul erlebt sexuelle Phantasien, wird in mittelalterliche Riten verwickelt und verschwindet, als John ihn kurze Zeit allein läßt, im Gewirr der Großstadt. Er sucht seine Freundin Glenn (Salli Sachse), gerät dabei in einen Waschsalon, wo er einen merkwürdigen Kampf mit den Maschinen ausführt. Schließlich findet er Glenn und wird von ihr beruhigt, als sie merkt, daß sein Trip langsam dem Ende zugeht. Als Erfahrung nimmt er das Wissen mit, wieder lieben zu können und seinem Leben entspannter entgegenzusehen.

Der Film wurde zu einer Zeit gestartet, in der die ersten Anti-Drogen Kampagnen stattfanden. Aus Furcht vor irgendwelchen mächtigen Interessenverbänden und Zensurmaßnahmen entschloß sich AIP zu einem Schritt nach vorn, zum Ärger aller Beteiligten. »Was ich bei diesem Film bereue«, meint Corman, »ist der Umstand, daß AIP am Filmanfang einen Widerruf einsetzte, der besagte, daß LSD nicht gut sei, und die Macher dieses Films jeden wissen lassen wollten, daß es keine gute Sache sei. Sie änderten auch den Schluß des Films. Wir hatten ein offenes Ende.«[14] Der von Nicholson und Corman ursprünglich intendierte Schluß überließ es den Zuschauern zu deuten, ob es ein positiver oder negativer Trip gewesen sei. AIP kürzte den Schluß nicht nur, sondern verunstaltete ihn durch eine überkopierte Unschärfe – als würde die Kamera durch ein diffuses Glas blicken. Damit glaubte man, den negativen Ausgang dieses Trips zu assoziieren. Das schadete natürlich dem Film und brachte ihn um seine Aussage. Corman zog daraus seine Konsequenzen. »Es war das und noch einige Schnitte an späteren Filmen, was zu New World Pictures führte, die gegründet wurde, damit ich die Kontrolle besitzen konnte.«[15]

Kurz darauf spielte Nicholson, dieses Mal mit seinem Freund Dern, eine Hauptrolle in einem Film von Richard Rush, der sich als eifriger Epigone und Mitfahrer bei aktuellen Trends erwies.

14 J. Philip di Franco. a.a.O., S. 50
15 ebda., S. 50

Doch Nicholson war nicht nur als Schauspieler beteiligt. Wieder hatte er ein Drehbuch verfaßt, das von Rush auch gerne verfilmt worden wäre, hätten die Produzenten es nicht als zu wenig kommerziell angesehen. Statt aus der von Nicholson beabsichtigten durchaus seriösen Studie über die Hippiebewegung und den Einfluß psychedelischer Drogen, die mit seiner Arbeit zu *The Trip* und den eigenen Erfahrungen korrespondierte, wurde unter der Federführung von AIP und Richard Rush daraus eher ein Verfolgungsfilm, der die Hippie- und Drogen-Kultur nur als reißerische Staffage vermarktete. Ursprünglich »The Love Children« betitelt, spielt *Psych-Out* in Haight Ashbury, dem legendären Stadtteil von San Francisco, wo sich in den sechziger Jahren die Flower-Power-Bewegung entwickelte und zum Teil erhebliche Veränderungen in der amerikanischen Gesellschaft bewirkte.

Jennie David (Susan Strasberg) ist von zu Hause ausgerissen, um in eben jenem Viertel ihren Bruder, den Maler Steve (Dern) zu suchen. Dabei gerät sie in eine Kneipe voller Hippies, wo sie die ambitionierten, aber erfolglosen Rock-Musiker Stoney (Nicholson), Ben (Adam Roarke) und Elwood (Max Julien) kennenlernt. Sie helfen ihr, sich vor der Polizei zu verstecken, und nehmen sie bei sich auf. Stoneys Freund Dave (Dean Stockwell) hilft ihr dann bei der weiteren Suche nach Steve, den ein paar Rowdys ebenfalls finden wollen. Stoney trifft Steve und verabredet mit ihm einen Treffpunkt. Steve kommt auch, flieht aber erneut, als er die Rowdys entdeckt. Jennie bekommt einen hysterischen Anfall und wird von Dave in Stoneys Wohnung gebracht, wo er ihr eine psychedelische Droge gibt. Als er versucht, sich sexuell zu nähern, rennt Jennie in die Nacht, um ihren Bruder weiter zu suchen. Sie gelangt zu dessen Haus, in dem er sich vor den Rowdys verbarrikadiert und das er in einem Anfall von Panik angesteckt hat. Verzweifelt rennt Jennie auf die verkehrsreiche Golden Gate-Brücke, wo Stoney und Dave sie von einem Selbstmordversuch gerade noch abhalten können. Allerdings kommt Dave dabei ums Leben. In gemeinsamer Bitternis über die trügerische Welt von Drogen und Sex verlassen Stoney und Jennie gemeinsam den Haight Ashbury.

Der Film, der am 13. März 1968 in San Francisco Premiere hatte, porträtierte mit seiner marktschreierischen Werbung – »These are the pleasure lovers! They'll ask for a dime with hun-

gry eyes ... but they'll give you love – for nothing« – die Drogenszene ebenso falsch wie ein Jahr zuvor Rushs *Hell's Angels on
Wheels* die Motorradszene.

Obwohl es in den USA letztlich zu einer gewissen Liberalisie-
rung in der Frage von Drogen gekommen ist, gibt es immer noch
Entrüstung, wenn sich ein Star offen zum Drogenkonsum be-
kennt, wie es Jack Nicholson mehrfach tat. Er bezeichnet sich
selbst gerne als alten »Kiffer« und ist Mitglied der NORML (National Organization for the Repeal of Marijuana Laws), einer
Bewegung zur Reformierung der Drogen-Gesetzgebung. Etwa
vier Mal pro Woche raucht er Marihuana oder nimmt eine Prise
Kokain. »Um 1958 fing ich das Rauchen an. Ich rauche meist in
Gesellschaft. Aber ich kann auch monatelang überhaupt nicht
daran denken«, schätzt er seine Abhängigkeit ein. »Ich glaube
nicht, daß etwas beweist, daß Marihuana zu härteren Drogen
führt. In meinem Fall war es nicht wahr, obgleich ich wohl keine
andere Droge genommen hätte, hätte ich nicht zuvor Marihuana geraucht. Aber ich bin von keiner abhängig. Ich weiß, wann
ich sagen muß ›Jetzt nicht mehr!‹.«[16] Mittlerweile war Nicholson dreißig Jahre alt, doch die Hoffnungen und Träume, die er
in *The Trip* und *Psych-Out* als bereits Erwachsener noch formu-
liert hatte, sind nicht Wirklichkeit geworden. »Das einzige, was
mich enttäuscht hat, ist, daß nichts Interessantes aus der Drogen-Kultur herausgekommen ist. Sie ist steril. Nur eine Menge
Leute, die dösig blickend dasitzen, nichts gemeinsam haben außer der Tatsache, daß alle Gras rauchen«, zog er Jahre später
ein Resümee dieser Zeit[17]. Doch zur Enttäuschung über die
Entwicklung der Drogenbewegung kam auch noch die Frustration mit der eigenen Karriere. Dies galt weniger seiner neueren
Beschäftigung als Drehbuchautor, sondern vielmehr seiner
schauspielerischen Laufbahn, die keinen Höhepunkt mehr ver-
zeichnete, obwohl ein Regisseur wie Richard Rush nach *Psych-
Out* von Nicholsons Fähigkeiten begeistert war. »Jack lernte in
diesen Filmen bestimmt nicht zu schauspielern. Er kam zu mir
als ein bereits ausgebildeter, jedoch unbekannter Darsteller; er
ist ein Typ, der immer sehr hart und ernsthaft gearbeitet hat. Er
erwarb sich eine Art von Befreiungs-Mechanismus, der ihm er-

16 Playboy-Interview. a.a.O.
17 Braithwaite. a.a.O., S. 25

›Psych-Out‹; mit Susan Strasberg

laubte, Möglichkeiten wahrzunehmen, die er vorher im Film
nicht hatte realisieren können. Oder er beschäftigte sich mit
ernsterem, forderndem Material.

In der Zusammenarbeit mit einem guten Regisseur, der sich
bemüht, das meiste aus einem Stoff herauszuholen, hat ein
Schauspieler gute Chancen, durch die Arbeitserfahrung etwas
zu lernen.«[18]

Doch Nicholson sah für seine Zukunft als Schauspieler zunächst kaum noch Chancen, ein immer stärker werdender Teil
seiner Persönlichkeit drängte ihn, das Spielen gänzlich aufzugeben. In dieser Phase bot ihm sein Bekannter aus dem Vorführ-
raum des *Writers Guild*-Gebäudes die Mitarbeit an einem Projekt an: Bob Rafelson wollte seinen ersten eigenen Film inszenieren.

18 Crane/Fryer. a.a.O., S. 37

V. »Curly« und die neuen Helden von Hollywood

Bob »Curly« Rafelson, ehemaliger Radio-Mitarbeiter, Fernsehredakteur und Assistent-Produzent, hatte sich in der Branche einen guten Namen gemacht. Er war einer der Erfinder der *Monkees*, jener kurzen amerikanischen Antwort auf die britische Herausforderung durch die *Beatles*. Rafelson und sein Partner Bert Schneider hatten 1965 in einer Zeitungsannonce vier junge Musiker gesucht, die den Mut zu einer großen Karriere hätten. Aus den Antworten auf diese Anzeige gingen dann die *Monkees* hervor. Ihre musikalische Bandbreite war äußerst gering, ihre instrumentalen Fähigkeiten reichten vielleicht gerade für Heimmusik, Noten waren weitgehend unbekannt – kurzum, Rafelson und Schneider hatten eine Synthetik-Gruppe kreiert. In einer dem von Richard Lester inszenierten *Beatles*-Film *A Hard Day's Night* (1964) nachempfundenen Grotesk-Fernsehserie wurden die *Monkees* zu einer ungeheuren Popularität aufgebaut. Ihre zweite Single »I'm a Believer« war sofort ein Riesenhit. Sie erhielten mehrere Goldene Schallplatten und zweimal den *Emmy*, den Fernseh-»Oskar« der USA. Die Fans reagierten in Konzerten wie bei den *Beatles* mit Hysterie.

Nachdem auch mit anderen *Monkees*-Artikeln Millionen verdient waren, dachte Rafelson an das Ende dieser Gruppe und nahm es auch sofort in Angriff. Zusammen mit Jack Nicholson schrieb er das Drehbuch und produzierte den Film *Head*, der den Zerfall der *Monkees* tatsächlich beschleunigte. »*Head* war von mir und meinem Partner niemals als ein Film gedacht«, erzählt Rafelson, »der Geld einspielen sollte. Ich glaubte, daß wir berechtigt waren, nachdem wir für die Schallplatten- und Fernsehabteilung der Columbia riesige Summen verdient hatten, einen Film zu machen, der diese Entwicklung in gewisser Weise aufhielt.

Head sollte aber trotzdem ein publikumsorientierter Film werden, was er in Wirklichkeit aber überhaupt nie wurde. Er begann metaphorisch mit dem Selbstmord der *Monkees*, und das traf genau meine Beziehung zu ihnen.«[1]

1 John Russell Taylor. Staying Vulnerable. An interview with Bob Rafelson. In: Sight and Sound, Autumn 1976, Vol. 45, No. 4, S. 202

Der Film weist keine lineare Erzählstruktur auf, ist vielmehr eine bunte Kette phantasievoller Assoziationen, eine total unzusammenhängende Serie ausgeflippter Eskapaden der *Monkees*; die unterschiedlichsten Szenen reihen sich scheinbar willkürlich aneinander. Da gibt es einen Sprung von der Golden Gate-Brücke, ein Unterwasserballett, eine im 2. Weltkrieg spielende Episode, eine Wüsten-Szenerie, ein Gerangel mit einem Cola-Automaten, eine Tanznummer als Hommage an Vincente Minelli, ein Kaleidoskop von Abenteuern auf dem Studiogelände der Columbia und zum Schluß noch einmal den Sprung von der Golden Gate-Brücke. Dazu die Musik der *Monkees*, geschrieben unter anderem von Carole King. *Head* war eine ironisch-klamottenhafte Story aus der Rock-Musik-Branche und zugleich eine Verballhornung amerikanischer Filmgeschichte. Mit von der Partie waren Hollywood Alt-Star Victor Mature (*Samson and Delilah*, 1949, Regie: Cecil B. deMille), Rock-Star Frank Zappa als Kritiker, der Boxer Sonny Liston und Nicholson-Freundin Mimi Machu unter ihrem Pseudonym I. J. Jefferson.

Natürlich mußte ein solcher Film ein Mißerfolg werden, ein denkbar merkwürdiges Spielfilmdebüt von Rafelson. Jack Nicholson aber hält *Head* nach wie vor für einen bemerkenswerten Streifen. »Niemand hat ihn gesehen, aber ich sah ihn 158millionenmal. Ich liebte ihn. Filmisch ist es der beste Rock-and-Roll-Film aller Zeiten. Ich meine, er ist eigentlich ein Anti-Rock-and-Roll-Film. Ohne Form. Einzigartig in seiner Struktur, was in Filmen sehr schwer zu erreichen ist.«[2]

Um den Film dennoch zu einem Erfolg zu machen, hatten sich Nicholson und Rafelson einen besonderen Werbegag einfallen lassen. Sie engagierten einen Kommunikationswissenschaftler der McLuhan-Schule (»The Medium is the Message«), der entgegen ihren Bedenken eine Kampagne entwarf, die die TV-Ausstrahlung eines stummen Kopfes im Werbeprogramm vorsah. Der Hintergedanke dabei war, die Leute neugierig zu machen und so zur Auflösung dieses merkwürdigen Rätsels ins Kino zu locken. Zusätzlich machten sich Nicholson und Rafelson anläßlich der New Yorker Premiere mit einer Vielzahl von Aufklebern in der Stadt auf den Weg. Dabei legten sie sich mit

2 Rex Reed. In: The New York Times, 1. März 1970

einem Polizisten an, als sie ihm einen Sticker auf den Rücken kleben wollten. Beide landeten im Gefängnis, in der Hoffnung, durch Zeitungsmeldungen ihren Film publik zu machen. Doch niemand nahm von ihrer Verhaftung Notiz. Die Nachrichten von studentischen Unruhen verdrängten das Interesse am absurden Filmspaß der beiden.

Head bedeutete für Jack Nicholson das Ende einer Epoche. Zehn Jahre lang war er überwiegend in kleinen, billigen Produktionen aufgetreten, was ihm einen gewissen Stellenwert im »Armenhaus« der Industrie eingebracht hatte. Als Schauspieler aber vermochte er sich in dieser Dekade nicht auf breiterer Basis durchzusetzen. Zwar lernte er dabei sein Handwerk, ebenso wie das des Schreibens und Produzierens, doch seiner Karriere schien keine weitere Steigerung beschieden. Er überlegte bereits, sich ganz vom Schauspielern zurückzuziehen und nur noch Drehbücher zu verfassen und Filme zu produzieren. Man schrieb das Jahr 1969.

Während die Studentenunruhen in die Anti-Vietnam- Demonstrationen auch in den USA übergingen, war Richard M. Nixon neuer US-Präsident geworden. In der Bundesrepublik zerbrach die Große Koalition und mündete in eine Ära sozialdemokratisch-liberaler Reformen unter dem neuen Bundeskanzler Willy Brandt, der vor allem die Aussöhnung mit dem Osten betrieb. Am 21. Juli 1969 betrat um 3 Uhr 56 (MEZ) Neil Armstrong als erster Mensch den Mond. Wenige Tage zuvor, am 14. Juli, war ein Film uraufgeführt worden, der Geschichte machen sollte: *Easy Rider*. Der sich rasch abzeichnende, gewaltige Erfolg des Films veranlaßte Hollywood zur Umkehr: »Think Young« lautete nunmehr die Devise.

Peter Fonda und Dennis Hopper, beides junge Schauspieler und Stars einer noch jüngeren Generation von Kinogängern, hatten Roger Corman als erstem die Idee zu einem weiteren Motorradfilm nach Art von *The Wild Angels* unterbreitet. Sie schlugen Fonda als ausführenden Produzenten und Hopper als Regisseur des Films vor. Corman war einverstanden. Daraufhin wurde schnell ein Team nach New Orleans geschickt, um Aufnahmen vom Mardi Gras, dem dortigen Karneval zu machen, wo einige Szenen spielen sollten. Corman, der die Produktion vorbereitet hatte, beriet wegen der weiteren Finanzierung mit Samuel Arkoff, dem Präsidenten von AIP. Doch der war nicht sonderlich begeistert über dieses Projekt, da er Hopper nicht in der Lage glaubte, Drehpläne und damit das Budget einhalten zu können. Arkoff wollte sich das Recht vorbehalten, in einem solchen Falle Hopper zu ersetzen. Es kam zum Krach.

Jack Nicholson arbeitete nach *Head* weiter mit Rafelson und dessen Partnern in der Produktionsgesellschaft Raybert, später dann BBS, mit, die in den folgenden Jahren einer der bedeutendsten des »New Hollywood« wurde. Eine Zeitlang schien das Projekt ernsthaft in Frage gestellt, doch Nicholson konnte Raybert von dem Potential des Films überzeugen. Zu dieser Zeit war er selbst für eine Rolle im Film überhaupt nicht vorgesehen. Rip Torn sollte ursprünglich jenen besoffenen Südstaatler und Anwalt George Hanson spielen, durch den Nicholson dann berühmt wurde. Doch Torn zerstritt sich mit Fonda und Hopper und verließ das Projekt. Hopper dachte die Rolle mit Bruce Dern zu besetzen, der mit Fonda in *The Wild Angels* und mit ihm selbst in *Hang'em High* (Hängt ihn höher, 1967, Regie: Ted Post) gespielt hatte. Dern, dessen Karriere zu diesem Zeitpunkt einen langsamen Aufwärtstrend bewies, stellte eine zu hohe Gagenforderung und bekam die Rolle nicht.

Rafelsons Partner Bert Schneider, der bereits einiges Geld in das Projekt gesteckt hatte, schlug Nicholson vor, den er nicht nur als Schauspieler schätzte, dessen profihafte Einstellung und immenses Wissen über eine Produktion er aber noch höher bewertete. Denn auch Schneider befürchtete, Hopper könne das Budget von insgesamt etwa 375.000 Dollar, eine lächerlich geringe Summe, noch überziehen. Gegen Hoppers Widerstand wurde Nicholson auf die Stabliste gesetzt und gewissermaßen als Produktionswachhund vor Ort beschäftigt. Natürlich ist Hopper heute über die Mitwirkung Nicholsons glücklich: »Ich wollte ihn nicht. Peter hatte dabei nicht wirklich etwas zu sagen. (...) Bert Schneider, der das Geld gab, sagte, ›Ich möchte Nicholson die Rolle spielen lassen‹, wogegen ich kämpfte. Ich sagte, daß ich ihn nicht haben wolle, weil ich mir einen Texaner (in dieser Rolle) vorstellen würde. Aber nun bin ich wirklich froh, daß Jack sie spielte, weil er großartig darin ist.«[3]

Easy Rider wäre ohne die von allen Beteiligten zuvor gemachten Erfahrungen in Motorradfilmen vermutlich undenkbar ge-

3 Crane/Fryer. a.a.O., S. 73

wesen. Vor allem der Regisseur Richard Rush sah eine Verbindung zu seinen eigenen frühen Filmen dieser Art: »Es gibt eine unübersehbare Beziehung zwischen meinen beiden Filmen *(Hell's Angels on Wheels, Psych-Out)* und *Easy Rider*. Das Team mit Laszlo Kovacs, zu dieser Zeit ein nicht-gewerkschaftliches, und einer ›stock company‹ von Schauspielern, die Jack Nicholson, Adam Roarke und einige andere gute Leute umfaßte, besaß eine gewisse Kontinuität in dieser Trilogie der Filme *Too Soon to Love, Hell's Angels on Wheels* und *Psych-Out*. (...) Bert Schneider benutzte diese drei Filme, um *Easy Rider* zusammenzustellen. Tatsächlich zeigten sie den Schauspielern und Technikern alle drei Filme einen Tag, bevor man zu den Dreharbeiten zu *Easy Rider* aufbrach. (...) Der Film basierte auf jener Kombination von Motorrädern, Kommunenleben, Schauspielern, Crew und Stil, der aus meinen Filmen resultierte. Die Methode war, eine Geschichte episodisch zu erzählen und für den Hintergrund Rockmusik zu benutzen. Gemeinsam war ihnen dies: der episodische Fortgang der Erzählung, wobei der Gehalt dessen, was immer man ausdrücken wollte, erst durch das Ende der Episoden vermittelt wurde; die Art, bestimmte Dinge gegeneinander auszuspielen, wie den Einsatz der Motorräder und das Wegnehmen des Tons; die lyrische Handhabung richtiger Rockmusik anstelle einer eigenen Filmmusik; ein gewisses Maß an improvisierter Arbeit und natürlich eine Menge an Techniken, die Laszlo und das Team mit mir in den vergangenen Filmen entwickelt hatten.«[4] Präziser noch als die Filme von Rush, die im Grunde immer nur rein kommerziell intendiert waren, läßt sich *Easy Rider* auf die junge Generation und ihre Denkweise ein.

Eingeengt von den gesellschaftlichen Zwängen, von Elternhaus und Schule, dürsteten viele Jugendliche nach Freiheit und Ungebundenheit. Und die konnte man, so glaubten viele, vor allem in Drogen und auf dem Motorrad finden. Der »easy ride« bezeichnet im Slang des amerikanischen Südens nicht allein das kostenlose Vergnügen, das eine Hure ihrem Geliebten gewährt, sondern spielt auch auf die scheinbar grenzenlose Freiheit des Motorradfahrers an, der wie der Held des Western umherreist. »Easy Ride« bedeutet überdies jene »Reise«, auf die man durch

4 Crane/Fryer. a.a.O., S. 38

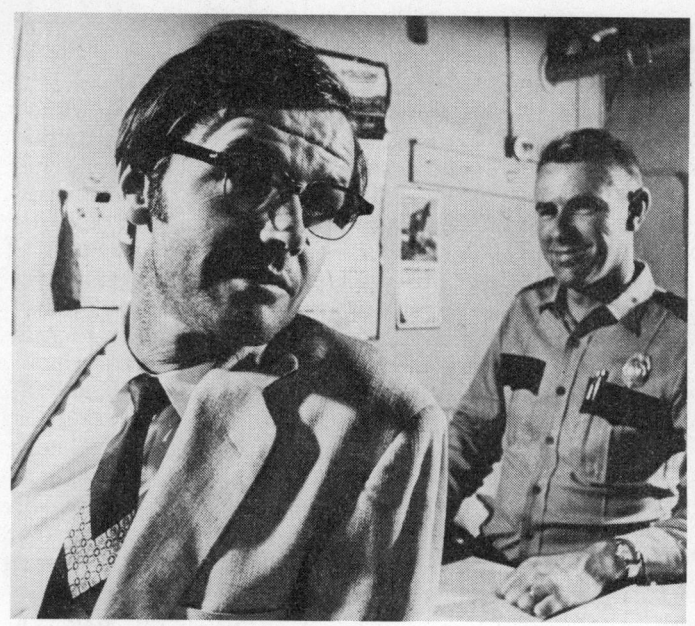

J. N. (mit Brille) in ›Easy Rider‹

den Genuß von LSD oder Kokain geht. Doch die Freiheit von *Easy Rider* ist natürlich ein Trugschluß, sie endet mit dem Tod.

»Born to be free« heißt es in dem Song von Steppenwolf, doch die Realität erweist das Gegenteil. Auf ihrem Weg in die ersehnte Freiheit finden alle drei Protagonisten den Tod, erschlagen und erschossen von ländlichen Spießern. Mit ein paar Dollar, die sie sich durch Dealen verdient haben, machten sie sich auf die Fahrt. »On the Road« wollten Wyatt (Fonda) und Billy (Hopper) ihr Leben verbringen. Doch recht bald geraten sie wegen Schlafens unter freiem Himmel mit dem Gesetz in Konflikt und werden ins Gefängnis eingeliefert. Hier gewinnt der Film nun eine andere Qualität. Bestand er zuvor größtenteils aus Fahrtaufnahmen, mit eingängiger Rockmusik unterlegt, einem Werbespot nicht unähnlich, wobei die Darsteller eher blaß waren und ihre Maschinen mehr Aufmerksamkeit auf sich zogen, so verändert sich die Szenerie mit dem Auftritt von Jack Nicholson als George Hanson grundlegend.

Die Kritik reagierte begeistert. »Plötzlich jedoch passiert etwas Seltsames. Da erscheint ein sehr wirklicher Charakter auf der Szene und all das, was man zuvor als eine Art lyrischer Impression akzeptiert hat, sieht nun flach und dümmlich aus ...Von Nicholson gespielt, ist George Hanson ein großartig realisierter Charakter, der in einem hohen, quäkenden Südstaaten-Akzent redet und einen Ausdruck wie ›O Gott, Gnade‹ gebraucht, als wäre es ein Schimpfwort. Hanson bekommt die Motorradfahrer aus dem Knast und schließt sich ihnen an. Er sieht entschieden dämlich aus, auf dem Rücksitz von Wyatts Motorrad, bekleidet mit einem Leinensakko und seinem alten Football-Helm, aber er ist vollkommen glücklich und, ironischerweise, die einzige Person im Film, die einen Sinn dafür zu haben scheint, was Befreiung und Freiheit bedeutet. (…) Nicholson ist in der Tat so gut, daß *Easy Rider* sich nicht mehr von seinem Verlust erholt.«[5]

Der Film wurde ein riesiger Erfolg. Allein in den USA hat er bis 1977 etwa 35 Millionen Dollar eingespielt und noch immer wird er eingesetzt, auch in Europa, wo sich mittlerweile eine neue Generation vor der Leinwand versammelt, um diese legendäre Ballade über die amerikanische Gesellschaft zu sehen, deren reale Gewalttätigkeit die des Films längst übertroffen hat. Vielleicht ist es auch die im Film formulierte Suche nach neuen Werten, ist es die Widerspiegelung einer Unsicherheit, auch die der Macher, die den Erfolg brachte, obwohl *Easy Rider* formal uneinheitlich, manchmal gar unsicher ist. Die Spannbreite der eingesetzten filmischen Mittel reicht dabei vom klassischen Hollywood-Kino eines John Ford bis hin zum neueren amerikanischen Underground-Cinema (bei Fondas und Hoppers Trip).

Jack Nicholson war sich von Anfang an des Erfolges von *Easy Rider,* wenn auch nicht in diesem Ausmaße, sicher. »Ich wußte, daß jeder Motorradfilm mit Dennis Hopper und Peter Fonda einige Millionen Dollar machen würde, weil ich das Kassenpotential all dieser Filme kannte. Peter war zu der Zeit der John Wayne des Motorradfilms; auch Dennis war in einigen aufgetre-

5 Vincent Canby. In: The New York Times, 14. Juli 1969

ten. Man konnte sich ausrechnen, daß ein Film mit Hopper und Fonda, sehr vorsichtig geschätzt, zwischen drei und vier Millionen allein auf dem Motorradfilm-Markt einspielen würde.«[6] Als sich der phänomenale Erfolg herauskristallisierte, billigte Raybert Nicholsen einen gewissen Anteil am Einspielergebnis zu – ein in Hollywood äußerst ungewöhnlicher Vorgang. Doch man wollte sich seinen neuen Star nicht vergrämen, denn Nicholson war für die geplanten BBS-Projekte der folgenden Jahre vorgesehen.

Eine der berühmtesten und lebendigsten Szenen von *Easy Rider* ist jene nächtliche am Lagerfeuer, das Wyatt, Billy und George Hanson angezündet haben. Hanson, sonst eher dem Alkohol zugeneigt, wird von den beiden überredet, zum ersten Mal einen Joint zu versuchen. Angeblich soll Nicholson bei dieser Szene 155 Joints geraucht haben. »Das ist ein bißchen übertrieben. Aber jedes Mal, wenn ich eine Aufnahme oder eine Einstellung abdrehte, mußte ich einen Joint rauchen. Wir rauchten normalerweise sehr gutes mexikanisches Gras aus Michoacan.«[7] Die Schwierigkeit für Nicholson bei dieser Szene bestand darin, während er selbst schon *stoned* war, einen Menschen zu spielen, der langsam *stoned* wird. Er mußte also aus einem bestimmten Zustand heraus sich zurückversetzen, um dann wieder so zu werden, wie er zu diesem Zeitpunkt tatsächlich war, eben *stoned*. Hopper amüsierte sich darüber köstlich. Selbst *stoned,* hüpfte er hysterisch lachend hinter der Kamera hin und her. Das erklärt einige merkwürdige Blicke Nicholsons an der Kamera vorbei ins Dunkel. Mit Hopper teilte er noch ein weiteres Drogenerlebnis. Beide fuhren in einer Nacht, nach mehreren Joints und einigen Dosen Bier, nach Taos in New Mexico, wo Hopper heute lebt und ein Kino und eine Galerie betreibt, um das dort gelegene Grab des englischen Schriftstellers D. H. Lawrence zu besuchen. In ihrem Drogenrausch glaubten sie die Seele des längst Verstorbenen zu spüren.

Die Harmonie zwischen Hopper und Nicholson erlitt einige Risse nach Abschluß der Dreharbeiten. Vor allem gab es Streit über die Montage von *Easy Rider*. Der mit Nicholson seit Jahren befreundete Regisseur Henry Jaglom will einen Teil des Films selbst geschnitten haben: »Bert (Schneider) bat mich aus-

6 und 7 Playboy-Interview. a.a.O.

zuhelfen. Ich montierte die erste Hälfte und Jack die zweite. Die Schneideräume lagen nebeneinander. Bert Schneider überwachte die Montage, aber wir besprachen uns jeden Tag. Jack und ich hatten den objektivsten Standpunkt. Ich begann am Anfang und er vom Ende und wir trafen uns in der Mitte. Wir hörten wirklich aufeinander.«[8] Nicholson selbst erinnert sich an etwas andere Verhältnisse bei der Montage: »Die Montage wurde gänzlich überwacht von Dennis Hopper und seinen Finanziers Bert Schneider und Bob Rafelson. Ich arbeitete ein wenig daran, aber immer unter ihrer Aufsicht. (...) Sie gaben mir die Gelegenheit, die Teile des Films zu schneiden, in denen ich war.«[9] Dennis Hopper schließlich sieht die Arbeitsaufteilung völlig anders: »Jack schnitt seine Teile nicht. Er machte (den Schnitt) bei einigen Teilen, aber Bob Rafelson montierte die Restaurant-Szene und ich den Rest. Jack machte irgend etwas, aber nicht seine eigenen Szenen.«[10]

Wie auch immer die wahren Anteile an der Montage gewesen sein mögen, *Easy Rider* ist tatsächlich kein einheitlicher Film geworden, und das nicht nur, was seine formalen Mittel betrifft.

Für seine Rolle gewann Nicholson im gleichen Jahr den Preis der New Yorker Filmkritik. Galt er bislang eher als rebellischer Hippie und unfreundlicher Motorrad-Rocker, so verblüffte er das Hollywood-Establishment nach der Preisverteilung mit Dankeskarten. Mit einem Mal zeigte seine Karriere steil nach oben. Er war »heiß« geworden. Nun konnte er sich auch leisten, ein Haus zu kaufen, statt es nur zu mieten. In der unmittelbaren Nachbarschaft des früheren Nicholson-Idols Brando gelegen, besteht das Haus aus acht Räumen in zwei Etagen und bietet einen faszinierenden Blick über das San Fernando Valley. Auf seiner Rückseite erstreckt sich ein wilder Canyon; hier sind auch Swimmingpool und – sein Stolz – ein Jacuzzi (d. i. eine künstliche heiße Quelle, in Kalifornien äußerst beliebt, d. A.). Die Einrichtung wirkt gemütlich und geschmackvoll. Vieles stammt aus der Ausstattung eines Films, in dem Nicholson mitgespielt hat, so etwa die Korbstühle und der große Barschrank im Wohnzimmer (aus *Chinatown*, 1974). Überall auch seine

8 Dickens. a.a.O., S. 67
9 Crane/Fryer. a.a.O., S. 12
10 Dickens. a.a.O., S. 67

›Easy Rider‹

Schwein-Motive, sei es als Aschenbecher, Korkenzieher oder ähnlichem.

Im oberen Stockwerk des Hauses befinden sich Arbeits- und Schlafzimmer von Nicholson, der von einer rund um das Haus gebauten hölzernen Balustrade (»Fluchtweg«) die Möglichkeit hat, direkt aus dem Schlafzimmer in den Swimmingpool zu springen.

Überall im Haus hängen Bilder bekannter Maler, Nicholson ist ein passionierter Sammler bildender Kunst und liebt vor allem die Werke des amerikanischen Malers James Strombotne.

Der Erfolg von *Easy Rider* ließ auch die großen Studios auf den jungen Darsteller aufmerksam werden. Zum ersten Male bekam er eine Rolle von einem *major* angeboten, unter einem

Regisseur zudem, der zu den bekanntesten Namen der Film-Metropole gehörte: Vincente Minelli, einer der großen Musical-Regisseure (*An American in Paris*, 1951), drehte mit dem Broadway-Star Barbra Streisand den Film *On a Clear Day You Can See Forever*.

Als Daisy Gamble versucht sich die Streisand in einem Psycho-Kurs das Rauchen abzugewöhnen. Von dem französischen Psychiater Dr. Marc Chabot (Yves Montand) hypnotisiert, stellt sich bei Daisy eine weitere Persönlichkeit heraus, die einer Adligen im England des 19. Jahrhunderts. Dr. Chabot fühlt sich von dieser zweiten Persönlichkeit mehr angezogen als von dem Brooklyn-Mädchen Daisy, deren Verlobter ihr auch nicht helfen kann. Ihr Stiefbruder Tad Pringle (Nicholson) aber sorgt sich rührend um sie. Dr. Chabot erfährt schließlich bei einer ihrer Sitzungen von Daisy, daß er sie zu Lebzeiten, das heißt in der Zeitspanne des Films, nicht mehr treffen wird. Erst im Jahr 2038 werden sie einander lieben können.

Neben der Chance, bei einem Renommierprojekt mitwirken zu können, gab es für Nicholson nur folgende Gründe, die Rolle anzunehmen: »Ich wollte ihn wirklich nicht machen, aber zwei Dinge überzeugten mich schließlich – die Gage und der Umstand, daß sie mich baten, eine Nummer zu singen. Ich war fasziniert von der Idee, daß jemand, der nicht singen kann, einen Song vortragen sollte. Ich wollte ihn nicht sprechen oder flüstern, und sie versprachen mir, ihn auch nicht nachzusynchronisieren. Was sie auch nicht machten; sie schnitten ihn vielmehr ganz raus. Der Film wurde für mich zu keiner glücklichen Erfahrung. Ich spielte einen reichen Hippie und das erste, was sie mir sagten, als ich am Drehort erschien, war, mir die Haare schneiden zu lassen. Darin lag der Schlüssel zu dem ganzen Unternehmen und ich wußte sofort, wie es werden würde.«[11]

Es wurde tatsächlich wenig überzeugend und Nicholson fällt in seiner Rolle kaum auf. Die meiste Zeit lehnt er gegen ein Fenster oder einen Kamin oder lag auf dem Boden. Überdies ließ es die Streisand nicht zu, daß ein Schauspieler neben ihr auffiel, doch Nicholson hatte wohl kaum diesbezügliche Ambitionen. Man fühlt förmlich seine Unbehaglichkeit. Dennoch war es eine wichtige Erfahrung für Nicholson. Nie wieder sollte er sich aus

11 Braithwaite. a.a.O., S. 20

ausschließlich finanziellen Gründen für eine Rolle entscheiden, was für seine Karriere in den nun folgenden siebziger Jahren von großer Bedeutung sein sollte.

Der Film, der seinen darstellerischen Ambitionen als erstes entsprach, war der Rafelson-Streifen *Five Easy Pieces* (1970). Dieser Film war zudem eine der ersten künstlerisch ernstzunehmenden Manifestationen des »New Hollywood«, das in der Gruppe um die Produktionsfirma BBS seinen interessantesten und unkonventionellsten Ausdruck fand. »Das jähe Ende des amerikanischen Traums zwischen der Ermordung der Kennedy-Brüder sowie Martin Luther Kings und dem Massaker von My Lai schuf ein kollektives Klima einer tiefgreifenden Verunsicherung. Daraus entstand als Reaktion die jugendliche Gegenkultur mit ihrer Mischung aus resignativem Rückzug in eine neue Innerlichkeit (Drogen-Kultur, fernöstliche Religionen, Hermann-Hesse-Renaissance) und aktivem politischen Protest. Die meisten Filme der *Easy Rider*-Ära beschäftigten sich mit den spektakulären äußeren Ausprägungen der amerikanischen Krankheit, aber nur wenige versuchten, die psychischen Defek-

J. N. mit Karen Black (rechts) in ›Five Easy Pieces‹

te aufzuspüren, die das erschütterte Vertrauen in die alten Ideale im Bewußtsein der Zeitgenossen zwangsläufig erzeugt hatte. (...) In dieser Situation gelang es nur einer einzigen Gruppe, gewisse Merkmale eines eigenständigen, unverwechselbaren Stiles zu entwickeln, der freilich weniger mit formalen als mit thematischen Gemeinsamkeiten zu tun hat. Die Gemeinsamkeiten reichen allerdings weit über die beliebige Verwendung von attraktiven Versatzstücken der Gegenkultur hinaus, die immer mehr zum kommerzialisierten Spekulationsobjekt verkommen war; der gemeinsame Ansatz findet sich vielmehr in der Fixierung auf die geistigen Defekte der amerikanischen Gesellschaft im Zeichen von Vietnam und einer zunehmend innenpolitischen Verhärtung während der Nixon-Administration.«[12]

BBS, das waren *B*ob Rafelson, *B*ert Schneider und der weniger wichtige *S*teve Blauner. Bei fast allen Filmen dieser Gruppe war Jack Nicholson beteiligt, wahrscheinlich sogar die treibende Kraft. Rechnet man die von der Vorgängerfirma Raybert produzierten *Head* und *Easy Rider* hinzu, stellte die Gruppe zwischen 1968 und 1972 nicht mehr als sieben Filme her, die dennoch zu den bedeutendsten gehören, die Hollywood in diesen Jahren hervorgebracht hat. *Five Easy Pieces* ist dabei eine Art intellektueller Fortsetzung von *Easy Rider* – auch Rafelsons Film setzt sich mit den Werten der amerikanischen Lebensphilosophie und Gesellschaft auseinander. Es ist zwar kein direkter Film über Vietnam, aber doch von der jahrelangen Verunsicherung durch den Krieg beeinflußt. Robert Eroica Dupea (Nicholson) auf der Suche nach der eigenen Identität, das könnte auch für Amerika zutreffen.

Dupea arbeitet auf einem Ölfeld und lebt mit der Kellnerin Rayette (Karen Black) zusammen, die ein Kind von ihm erwartet. Als er seine Schwester Partita (Lois Smith), eine Pianistin, bei Tonaufnahmen in Los Angeles besucht, erzählt sie ihm von dem schlechten Gesundheitszustand ihres Vaters, den Robert jahrelang nicht mehr besucht hatte. Er entschließt sich, nach Hause zurückzukehren, und macht sich auf den langen Weg nach Washington. Rayette nimmt er nur widerwillig mit. Unterwegs gabeln sie zwei lesbische Anhalterinnen auf. In der Nähe

12 Hans C. Blumenberg. Das Neue Hollywood. In: Peter W. Jansen/ Wolfram Schütte. New Hollywood. München 1976, S. 45/46

J. N. (rechts) in ›Five Easy Pieces‹

seines Elternhauses angekommen, gehen die beiden Anhalterinnen ihrer eigenen Wege und Dupea bringt Rayette in einem
Motel unter mit dem Versprechen, sie in ein paar Tagen abzu-
holen. Zu Hause angekommen, entwickeln sich eine Reihe von
Gesprächen mit seinem Bruder und dessen Verlobter (Susan
Anspach), die er zu verführen sucht. Es stellt sich heraus, daß
auch Robert wie seine Geschwister Pianist ist. Der Vater (William Challie) ist ein gebrochener alter Mann, zu dem Robert nie
ein rechtes Verhältnis finden konnte. Da taucht plötzlich Rayette auf, die kein Geld mehr hat, und bringt die bürgerliche Welt
der Dupeas in Unordnung. Nachdem Robert bei einem Gespräch mit seinem Vater weinend vor ihm auf die Knie fällt und
um Vergebung seines verpfuschten Lebens bittet, macht er sich
mit Rayette wieder auf den Weg. Doch an einer Tankstelle ver-
läßt er sie, drückt ihr noch schnell seine Brieftasche in die Hand
und springt auf einen nach Alaska fahrenden Lkw.

Für einen Hollywood-Film ungeheuer komplex, wurde *Five
Easy Pieces* ein Erfolg gleichermaßen bei Kritik und Publikum.

›Five Easy Pieces‹

Mit der Figur des Robert Eroica Dupea war im Film ein neuer
Held der siebziger Jahre geboren. Seine Merkmale waren nicht
die eines Supermannes; nurmehr eine durchschnittliche Person,
er erlebte Krisen, die viele Menschen ebenso durchgemacht hatten, mit denen sie sich identifizieren konnten. Und doch verkörperte Nicholson als Robert Dupea auch Sehnsüchte und Wünsche von Freiheit und Unabhängigkeit, die von vielen geteilt
wurden, ohne daß sie nachvollzogen werden konnten. Nicholson brachte in seine Rolle sehr viel von seiner Persönlichkeit
ein. Vielleicht ist es sein persönlichster Part überhaupt. Umge-
ben von Freunden wie Bob Rafelson, Carol Eastman, als Adrien Joyce die Autorin des Films, den Produzenten Richard
Wechsler und Bert Schneider sowie Kameramann Laszlo Kovacs, vollbrachte Nicholson eine seiner bedeutendsten Darstellungen. Die beeindruckendste Szene des Films, Dupeas Zusam-
menbruch vor seinem gelähmten Vater, spiegelte natürlich seine eigene väterliche Tragödie wider. Nicholson war nur sehr
schwer zu überzeugen, diese Szene zu spielen. Von Rafelson bei

seinem Ehrgefühl gepackt, spielte er die Szene aber an einem Stück, ohne Probe und ohne Wiederholung. Für Nicholson war es eine bis dahin ungewohnte Rolle. Einen weinenden Mann zu spielen, ist nicht nur für einen harten Jungen aus den Motorrad-filmen ein Problem. Und doch sollte ihn gerade diese Erfahrung befähigen, in den kommenden Jahren viele ungewöhnliche und schwierige Rollen zu spielen.

Gleichwohl fand diese Schlüsselszene nicht den ungeteilten Beifall der Kritik. *Time* schrieb: »Diese Szene überzeugt nicht ganz, weil Nicholson sich immer noch unter Kontrolle hat. Es scheint sowohl für den Schauspieler wie für den Charakter einen Punkt zu geben, hinter dem sich ein plötzliches Selbstbewußt-

J. N. (kariertes Hemd) in ›Five Easy Pieces‹

sein, eine harte und unberührbare Zurückhaltung nicht lösen kann.«[13] Durchweg positive Aufnahme fand die junge unbekannte Darstellerin der Pam, einer der beiden Anhalterinnen, Helena Kallianiotes. Nicholson hatte sich mit ihr angefreundet und ließ sie nach dem Film bei sich wohnen. Nachdem nun auch die Affäre mit Mimi Machu ihrem Ende entgegenging, führte Kallianiotes seinen Haushalt. In Filmen trat sie kaum noch auf.

Etwa in dieser Zeit begann Nicholson seine seltsame Vorliebe für »Schweinisches« zu entwickeln: er fing an, Schweine aus Holz oder Stoff zu sammeln und überhaupt alles, was irgendwie mit Schweinen zu tun hatte. »Als die Schweine das Symbol für das Böse wurden, nahm ich mich ihrer an«, erklärt er seine Passion.[14]

Seine Karriere trat derweil in eine neue Phase. Mit *Drive, He Said* gab Jack Nicholson 1971 sein Debüt als Regisseur (sieht man von *The Terror* ab). Noch vor *Easy Rider* war er mit Raybert übereingekommen, selbst einmal Regie zu führen. Sein großer persönlicher Erfolg in Hoppers Film und in *Five Easy Pieces* hatten seinen Marktwert für die Geldgeber enorm gehoben. Das Risiko, ihn einen Film drehen zu lassen, in dem er selbst nicht auftrat, schien den Produzenten geringer geworden, zumal der Name Nicholson nun auch kommerziell attraktiv war.

Nach einem Buch von Jeremy Larner, der mit Nicholson zusammen das Drehbuch verfaßte, erzählt der Film von den zwei Studenten Hector (William Tepper) und Gabriel (Michael Margotta), die sich zwar ein Zimmer teilen, aber vollkommen unterschiedliche Naturelle und Interessen haben. Während Hector mit seinem Leben als universitärer Basketball-Star immer unzufriedener wird und ein Verhältnis mit Olive (Karen Black), der Frau seines Professors (Robert Towne), unterhält, verwickelt sich Gabriel in subversive Aktivitäten einer studentischen Guerilla-Gruppe, die in der Störung eines wichtigen Basketball-Spiels einen Höhepunkt erreichen. Während Hector weiter über seine Zukunft grübelt, erhält Gabriel seinen Musterungsbescheid. Mit exzessivem Drogenkonsum und durchwachten Nächten versucht er erfolgreich, seine Untauglichkeit vorzutäuschen, die ihn vor der Einberufung schützt. Hector lehnt unter-

13 Ohne Autor. Success Is Habit-Forming. In: Time, 30.11.1970
14 Braithwaite. a.a.O., S. 35

J. N. (links) bei den Dreharbeiten zu ›Drive, He Said‹. Rechts: Karen Black

dessen ein Angebot der Profi-Liga ab, weil er sich dem Druck nicht gewachsen fühlt. Auch sein Verhältnis zu Olive, die schwanger ist, zerbricht unter seinen Zweifeln. Gabriel, durch den Druck im Zusammenhang mit seiner Musterung verrückt geworden, versucht Olive zu vergewaltigen, was Hector und der Professor gerade noch verhindern können. Gabriel kann ihnen entkommen und flüchtet sich in die wissenschaftlichen Räume der Universität, wo er alle Versuchstiere freiläßt. Die alarmierte Ambulanz holt ihn schließlich ab und bringt ihn fort. Hector hat seinem Freund nicht mehr helfen können.

Der Film wurde ein Mißerfolg. Zuviel an Gedanken und Aussagen hatte Nicholson in seinen Erstling stecken wollen, und all seine Ansprüche versandeten in Belanglosigkeit.

Das College als gesellschaftlicher Mikrokosmos hatte bereits in anderen Filmen *(The Strawberry Statement,* 1969, Regie: Stuart Hagman; *Getting Straight,* 1969, Regie: Richard Rush) nur bedingt funktioniert. Animiert von den Studentenunruhen war der Campus von der Filmindustrie als Schauplatz entdeckt worden, doch die Spezie »Campus Revolt Movie« starb ebenso rasch wie sie entstanden war. *Drive, He Said* war einer der letzten Filme dieser Reihe, und, abgesehen von seiner inhaltlichen Unausgewogenheit, mußte die Möglichkeit seines kommerziellen Erfolges als äußerst gering eingeschätzt werden. Nicholson selbst hatte dies wohl gewußt, wie er in einem Interview gestand: »Zu dieser Zeit glaubte ich nicht an einen finanziellen Erfolg des Films. Es gab bereits andere Filme aus dem College-Milieu auf dem Markt und, obwohl ich überzeugt war, den besten von ihnen zu machen, glaubte ich nicht, daß es genügen würde. Außerdem wurde mir bewußt, daß ein Film mit zwei zentralen Charakteren, von denen keiner total falsch oder richtig ist und bei dem das Interesse zwischen beiden hin- und hergerissen wird, eines der ersten Gesetze der Finanzierung bricht: als erstes fragt man nach dem ursächlichen Interesse.«[15]

Während seiner Aufführung in Cannes 1971 rief *Drive, He Said* bei Kritikern und Zuschauern ungeheure Mißfallenskundgebungen hervor. Überdies ergaben sich Schwierigkeiten mit der Zensur, vor allem mit der britischen, die den Film als sexuell anstößig empfand. Wie es seinem Selbstverständnis entsprach, hatte Nicholson seine Hauptdarstellerin in einer exzessiven Liebesszene auf dem Rücksitz eines Autos »I'm coming« stöhnen lassen. Diese direkte Anspielung auf einem Orgasmus sowie einige Nackt-Szenen stellte einen direkten Angriff auf die prüde Moral der Zensoren dar. Doch Nicholson gab nach und entschärfte seinen Film. Den kommerziellen Mißerfolg konnte er damit aber nicht verhindern. So sollte es noch einige Jahre dauern, bis man ihn wieder einen Film realisieren ließ.

Als Schauspieler indes war er erfolgreich. Noch bevor er den Schnitt von *Drive, He Said* beendet hatte, arbeitete er mit dem Erfolgsregisseur Mike Nichols zusammen. Während der Dreharbeiten zu *Carnal Knowledge* montierte er an den Wochenenden noch seinen eigenen Film. Mike Nichols, Schöpfer der Film-

15 John Russell Taylor. Profession: Actor. a.a.O., S. 150

erfolge *Who's Afraid of Virginia Woolf?* (Wer hat Angst vor Virginia Woolf?, 1965), *The Graduate* (Die Reifeprüfung, 1967) mit Dustin Hoffman und *Catch 22* (1969) zeigte sich nach *Five Easy Pieces* beeindruckt von Nicholsons physischer Präsenz und darstellerischen Qualitäten. Nichols. durch seine Bühnentätig-

›Drive, He Said‹ (Regie: J. N.)

keit mehr ein Schauspieler-Regisseur, war von Nicholsons Talent überzeugt: »Er wird einer der größten Filmstars aller Zeiten«, prophezeite er in den siebziger Jahren.[16]

In *Carnal Knowledge* porträtiert Nicholson neben Art Garfunkel (vom Pop-Duo Simon and Garfunkel), mit dem er seither eng befreundet ist, einen jungen Mann und dessen Altern über einen Zeitraum von zwanzig Jahren hinweg. Jonathan (Nicholson) und Sandy (Garfunkel) sind Ende der vierziger Jahre noch Studenten und teilen sich ihr Campus-Zimmer. Auf einer Party lernen sie dieselbe Frau kennen. Jonathan überläßt Susan (Candice Bergen) seinem Freund Sandy, nur um sie später selbst zu verführen. Doch das schlechte Gewissen Sandy gegenüber läßt ihnen keine Ruhe. Sandy wird Susan später heiraten. Jonathan aber macht sich weiter auf die Suche nach der perfekten Frau. Mit vielen hat er ein kurzes Verhältnis, bis er Bobbie (Ann-Margret) trifft. Jonathan entpuppt sich im Verlauf des Films als ein rechter Chauvinist, der nur noch zynisch auf seine Umwelt reagieren kann. Frauen sind für ihn ein reines Sexualobjekt. Sandy ist unterdessen ein erfolgreicher Arzt geworden, doch auch er leidet unter unbefriedigter Sexualität, aber er gleitet nicht ab in Frustration und Zynismus wie Jonathan. Sandy bewahrt seine eher liebevolle Haltung zu den Frauen.

Carnal Knowledge rief wegen seiner Misogynität kontroverse Diskussionen hervor. Es war der erste Film, dem es gelang, Sexualität auf provokative Weise zu enttabuisieren, ohne dabei einen nackten Busen zu zeigen. Er ließ sich einfach auf die Probleme seiner Protagonisten ein. So ist das Gelungenste an diesem Film sein Dialog, während die Story manchmal in ihren episodischen Sprüngen konfus wirkt. Die Verwandtschaft zu einem Comic-Strip ist dabei nicht zu übersehen – der Autor Jules Feiffer war ein ehemaliger Comic-Schreiber. Im übrigen unterläuft Nichols, wenn auch nicht so schwerwiegend, der gleiche Fehler wie Nicholson bei *Drive, He Said:* die Konzentration auf zwei Protagonisten, von denen jeder einzelne zu ungenügend charakterisiert wird. Zwar steht Nicholson in weiten Teilen von *Carnal Knowledge* eindeutig im Vordergrund, doch hätte sich Nichols auf eine ausgewogenere Gewichtung durchaus einlassen sollen. Der Verständlichkeit der Geschichte wäre es allemal bekommen.

16 Bob Lardine. a.a.O.

J. N. (rechts) mit Art Garfunkel in ›Die Kunst zu lieben‹ (›Carnal Know-ledge‹)

Carnal Knowledge wurde dennoch ein großer Erfolg und machte Nicholson zum Star auch bei einem breiteren Publikum. Nun war er wirklich oben, auch wenn mancher Kritiker seine Leistung in Nichols Film gering einschätzte. »Mit seinen toten, tiefliegenden Augen, die aus einem regelmäßigen Gesicht schräg glitzern, macht Nicholson einen starken physischen Eindruck als Mephistopheles – aber er ist ein nachsichtiger Schauspieler, vor dem Nichols offensichtlich einen Respekt hat, der sehr verschieden ist von dem, den er seinen anderen guten Darstellern entgegenbringt. Wo die ihren Charakteren aufrichtige und wahre Gefühle verleihen, macht Nicholson seinen Weg durch den Film in einem moralischen Vakuum. Seine Launen, seine Sorgen über seine Potenz sind letztlich uninteressant. Ob wir ihn als Psychopathen sehen oder als einen, den seine Probleme überhaupt nicht kümmern, er bleibt doch nur der gesittete Schauspieler, der einen Star-Auftritt absolviert.«[17]

17 Julian Jebb. Carnal Knowledge. In: Sight and Sound. Autumn 1971, Vol. 40, No. 4, S. 222–223

Doch wie so häufig hat Nicholson in seine Rolle viel Persönliches miteingebracht, und die Mehrzahl der Kritiker bewertete seine Leistung auch positiv: »Aber es ist dies das erste Mal, daß er innerhalb von zwei Stunden zwanzig Jahre altern mußte. Es ist mehr als nur sein dünner werdendes Haar; es ist seine Eigenliebe, sein Verhalten, sein Ego. Feiffer schuf einen Cartoon, aber Nicholson kreierte einen der wenigen gradlinigen Frauenfeinde der Leinwand.«[18] Im Privatleben erwies sich Nicholson indes weniger als Frauenfeind, mehr als ihr eifriger Liebhaber. Mit Candice Bergen hatte er zu dieser Zeit eine Affäre. Von ihr stammt die Beschreibung des »Mannes mit den Cobra-Augen«. Nach seiner stürmischen Liaison mit Mimi Machu hatte Nicholson immer wieder einige kleinere Liebschaften, meist natürlich mit anderen Schauspielerinnen.

1970 begann ein neues, längeres Verhältnis mit Michelle Phillips, die früher bei der Pop-Gruppe *The Mamas and the Papas* mitgewirkt hatte und von Bandmitglied John Phillips geschieden war. Aus dieser Ehe hatte sie eine Tochter China. Einige Jahre lebte sie nun mit Dennis Hopper zusammen, den sie, als er sie schließlich heiratete, nach nur einer Woche Ehe verließ: sie hatte Jack Nicholson kennengelernt. Nicholson wollte mit ihr in seinem Haus wohnen, doch die resolute Michelle bezog nur das benachbarte Gästehaus. Immer wieder bat der verliebte Nicholson sie, seine Frau zu werden, doch immer wieder lehnte sie sein Ansinnen ab. Sie wollte vielmehr Schauspielerin werden, wobei ihr Nicholson indes nicht half – es entsprach nicht seinem professionellen Selbstverständnis von Filmarbeit, die sich auf Talent und Fleiß und nicht auf Beziehungen gründet. Gut zwei Jahre später verließ ihn Michelle Phillips und zog zu seinem Freund Warren Beatty, der von Frauen ebenso besessen war wie Nicholson.

Nach Abschluß der Dreharbeiten von *Carnal Knowledge* Anfang 1971 engagierte er sich wieder für die BBS und seinen alten Freund Henry Jaglom, der als Schauspieler in kleineren Rollen in den Nicholson-Filmen *Psych-Out* und *Drive, He Said* mitgewirkt und ebenfalls in vielen Bereichen der Filmindustrie gearbeitet hatte. Mit *A Safe Place* drehte er nun seinen ersten eigenen Film. Was also lag für einen alten Freund wie Nicholson

18 Stefan Kanfer. In: Time, 5.7.1971; zit. n. Dickens a.a.O., S. 101

J. N. (rechts) in ›A Safe Place‹

näher, als durch die eigene Mitwirkung dem Film eine größere Aufmerksamkeit zu sichern? Neben Nicholson spielten Tuesday Weld und Orson Welles die weiteren Hauptrollen. Die Gage für Nicholson bestand aus einem neuen Farbfernsehgerät.

A Safe Place, das ist die Suche nach einem sicheren Ort, nach der eigenen Identität, die im Strudel zunehmender Entfremdung verlorengegangen ist, ein letztlich zentrales Motiv der BBS-Filme.

Jagloms Film verzichtet völlig auf eine lineare Erzählstruktur. Es ist ein Versuch, die Unsicherheit und psychische Labilität seiner Protagonisten auch auf der formalen Ebene zu vermitteln. Den Filmen Alain Resnais' nicht unähnlich, wechselt der Film unaufhörlich zwischen Vergangenheit, Gegenwart und Zukunft hin und her, vermischen sich Traum und Realität, Raum und Zeit, bis sie ein Kontinuum äußerster Subjektivität bilden. Orson Welles spielt darin einen Zauberer, dessen magische Kräfte vor der Wirklichkeit versagen. »Der Film ist sehr persönlich; er ist so persönlich«, erklärt Jaglom, »wie ein Film nur sein kann. Ich benutze Bilder, die sehr privat sind, persönliche Bilder, um die privaten Bilder des Publikums zu erproben und auszulösen, weniger um eine universelle, objektive Realität herzustellen, mit der wir uns zwar alle identifizieren können, mit der wir aber nichts mehr zu tun haben.«[19]

Jack Nicholson spielt einen der beiden Liebhaber von Susan (Weld) und hatte seine Rolle mit Jaglom gemeinsam erarbeitet. Die Sprache ist seine eigene, manche im Film gezeigten Dinge entspringen persönlichen Erfahrungen. Allzu häufig indes glitt *A Safe Place* ins Kunstgewerbliche ab. Da er überdies auf Grund seiner komplizierten Struktur nicht gerade publikumsattraktiv ist, verwundert sein totaler kommerzieller Reinfall nicht weiter. In den ersten fünf Jahren nach seiner US-Premiere spielte der Film in den USA nicht mehr als 3842 Dollar ein.[20]

Nicholsons nächster Film, ebenfalls eine BBS-Produktion, war in finanzieller Hinsicht nicht wesentlich erfolgreicher. *The King of Marvin Gardens* ist gleichfalls ein sehr persönlicher und auch komplexer Film, dessen kafkaeske Struktur den Zugang erschwerte.

David Stabler (Nicholson) hält in Philadelphia zu nächtlicher Stunde einsame Radio-Monologe, in denen er über sich selbst und seine vielfältigen Probleme grübelt.[21] Sein Bruder Jason (Bruce Dern) ruft ihn eines Tages nach Atlantic City, wo er als eine Art Aushängeschild eines schwarzen Gangstersyndikats um Lewis (Scatman Crothers) fungiert. Dem mißfällt Jasons Plan, auf einer Insel vor der Küste Hawaiis ein Spielerparadies zu errichten, und er läßt ihn unter einem Vorwand verhaften. David lernt Jasons Freundin Sally (Ellen Burstyn) und deren hübsche Stieftochter Jessica (Julia Anne Robinson) kennen. Er versucht Lewis zu überreden, seinen Bruder wieder freizulassen. Jason wird auch schließlich gegen Kaution aus dem Gefängnis entlassen, doch mit seinem Leben kommt er immer weniger zurecht. Zum einen versucht er mit Sally und Jessica eine häusliche Idylle aufzubauen, versucht er außerdem, zu David wieder eine enge brüderliche Bindung einzugehen, zum anderen

19 Crane/Fryer. a.a.O., S. 102
20 siehe: Joseph McBride. Orson Welles. Seine Filme – sein Leben. München 1982 (Heyne Filmbibliothek 47), S. 163
21 In seiner Militärzeit in Japan hielt Rafelson solche Radio-Monologe

kämpft er gegen Lewis für die Verwirklichung seines höchst unrealistischen Traums.

David hofft währenddessen auf eine Beziehung mit Jessica und inszeniert für sie eine Schönheitswahl, bei der sie prompt gewinnt – in einer leeren Kongreßhalle ist sie die einzige Bewerberin. Auch Jason beginnt sich für Jessica zu interessieren und ruft damit eine geradezu hysterische Eifersucht bei Sally hervor. Als David seinem Bruder klarmachen will, wie gefährlich für ihn die Auseinandersetzung mit Lewis werden kann, hat Sally wieder einen hysterischen Anfall. Sie stellt sich vor, von Jason wegen ihrer Stieftochter verlassen zu werden, und erschießt ihn in rasendem Zorn. Mit der Leiche seines Bruders kehrt David nach Philadelphia zurück; die letzte Einstellung zeigt ihn wieder im dunklen Studio, wo er seine Monologe vor sich hinmurmelt.

The King of Marvin Gardens[22] spielt in einem winterlichen Atlantic City, einem verlassenen Badeort der oberen Schichten von der Ostküste, dessen Rokoko-Fassaden langsam verfallen und einen Hauch Melancholie über die Stadt breiten. Wenige Jahre nach den Dreharbeiten brach über die Stadt ein neuer Boom herein, wurden die alten Paläste neuen Spielcasinos geopfert. Von dieser neuen Pracht war in Rafelsons Film noch nichts zu ahnen. Das Bild einer zerfallenden, vernagelten Stadt, das der Film vermittelt, ist ein Symbol für den damaligen Zustand der amerikanischen Gesellschaft, wie auch die beiden Brüder in ihrer Gegensätzlichkeit zwei Seiten ein und derselben Münze verkörpern. Es ist ein subtil inszenierter Film über die verschütteten und plötzlich wieder aufflackernden Gefühle von Menschen mittleren Alters, die nicht fähig sind, ihre Gefühle auszuleben, und wenn sie es tun, wie Sally, führt es nur zu Tod und Verzweiflung. David, der nächtliche Radio-Monologist, redet nur noch über seine Emotionen, aber lebt sie nicht mehr.

Diese Rolle war Nicholsons bis dahin größte darstellerische Leistung. Entgegen seinen bisherigen Charakteren spielte er nun einen äußerst verschlossenen, ja gehemmten Menschen, ein Wesen der Nacht, die Augen hinter einer Brille versteckt. *The King of Marvin Gardens* beginnt mit einer vier Minuten langen Einstellung von Nicholsons Gesicht, vom Dunkel eines zu-

---

22 »Marvin Gardens« ist eine Prachtstraße im amerikanischen Monopoly-Spiel

J. N. (mit Brille) in ›Der König von Marvin Gardens‹ (›The King of Marvin Gardens‹) Rechts: Bruce Dern

nächst undefinierbaren Raumes halb verdeckt. Erst als ein rotes Licht aufleuchtet, wird man gewahr, in einem Radiostudio zu sein. Nicholson spielte den David Stabler noch intensiver als den Robert Eroica Dupea in Rafelsons *Five Easy Pieces*. Seine ungeheure Disziplin und Zurückhaltung sichern seiner Darstellung eine höchst überzeugende Glaubwürdigkeit und attestieren dem Schauspieler Nicholson eine bewundernswerte Sensibilität und ein bemerkenswertes Verständnis seines darzustellenden Charakters.

Es war im übrigen eine Rolle, die ihm erlaubte zu spielen, was ihm normalerweise nicht angeboten wurde. Grund genug für ihn, statt der angemessenen Gage von circa einer halben Million Dollar nur das von der Schauspielergewerkschaft *Screen Actors Guild* angesetzte Minimum für drei Monate Arbeit zu verlangen. *The King of Marvin Gardens* war überdies eine Gelegenheit, wieder mit vielen Freunden zusammenzuarbeiten, unter ihnen die Mannschaft der BBS, vor allem aber mit Kameramann Laszlo Kovacs und Bruce Dern, dessen Starvehikel der Film werden sollte. Der Mißerfolg des Films warf Dern in seiner Karriere ein wenig zurück, während Nicholson, der im übrigen die überzeugendere Leistung bot, kaum von seinem Weg zum Starruhm abbrachte. Nicholson selbst schätzte seinen Freund Dern hoch ein: »Er ist mein einziger wirklicher Konkurrent, und der Typ auf dem Hügel – Marlon Brando.«[23] In nur wenigen Jahren sollte es ihm auch gelingen, an der Seite seines Idols Brando zu spielen, in Arthur Penns *Missouri Breaks* (1976).

VI. »Bad Ass« und Anjelica in Chinatown

Allmählich wurden ihm nun auch Hauptrollen in großen Prestige-Projekten angeboten. So sollte er die Titelrolle in Jack Claytons *The Great Gatsby* (Der Große Gatsby, 1973) übernehmen, dessen Autor Francis Ford Coppola war, der ihm schon 1971 die Rolle des Michael Corleone in *The Godfather* (Der Pate, 1971) angetragen hatte, durch die dann Al Pacino weltberühmt wurde. Auch sollte er an der Seite von Paul Newman in *The Sting* (Der Clou, 1973) unter der Regie von George Roy Hill spielen, doch lehnte er beide Rollen als seiner kreativen Zeit unwürdig ab. An seiner Stelle spielte dann Robert Redford in Claytons und Hills Filmen und wurde beide Male für einen »Oscar« nominiert. Doch Nicholson wußte genau, was er tat, als er diese Rollen ablehnte. Er kannte die Gesetze des Marktes und plante seinen nächsten Karriereschritt sehr genau.

Seit einiger Zeit schon hatte ihn der Roman »The Last Detail« von Darryl Ponicsan interessiert, doch wußte er anfangs keinen Regisseur für diesen Stoff. Die künstlerisch zwar befriedigenden, doch nur wenig publikumswirksamen Filme der BBS besaßen in einer Zeit des wiederaufkommenden Erzählkinos keine Zukunft – BBS machte denn auch kurz darauf bankrott. Nicholson suchte einen Regisseur, dessen kommerzielles Gespür noch nicht fest umrissen, aber schon erkennbar war. Seine Wahl fiel

23 Braithwaite. a.a.O., S. 23

auf Hal Ashby, der mit seine Filmen *The Landlord* (Der Hausbesitzer, 1969) und vor allem *Harold and Maude* (1971) als ein vielversprechendes Talent aufgefallen war. Wie Nicholson selbst befand sich auch Ashby auf dem Weg in die Spitze von Hollywood. Ihr gemeinsamer Film *The Last Detail,* zu dem Nicholson-Freund Robert Towne das Drehbuch schrieb, war für alle ein gewaltiger Schritt in diese Richtung. Nicholson wurde endlich in die Lage versetzt, sich Regisseure und Stoffe aussuchen zu können; Ashby, früher der Cutter von Norman Jewison und in dieser Funktion »Oscar«-Preisträger (*In the Heat of the Night;* In der Hitze der Nacht; 1966), avancierte zu einem der »heißen« Regisseure der Filmmetropole, während Towne in der Folge der höchstbezahlte Drehbuchautor mit mehr als 300.000 Dollar Gage pro Film wurde.

The Last Detail beginnt in der Marine-Basis von Norfolk. Zwei Berufssoldaten, Billy »Bad Ass« Buddusky (Nicholson) und der Schwarze »Mule« Mulhull (Otis Young), werden beauftragt, den achtzehnjährigen Matrosen Larry Meadows (Randy Quaid) in ein Militärgefängnis zu bringen. Meadows hatte während einer Wohlfahrtsveranstaltung der Kommandanten-Frau vierzig Dollar gestohlen. Mit Auto, Bus und Bahn sollen die beiden den ungelenken, schüchternen und kleptomanisch veranlagten Meadows, ein wahres Riesenbaby, nach Portsmouth, New Hampshire, überführen. Nur widerwillig treten sie ihre Aufgabe an, wissen anfangs auch nichts mit ihrem Gefangenen anzufangen.

Nach einiger Zeit aber entdecken Buddusky und Mulhall ihr Mitgefühl für den Jungen und wollen ihm ein paar schöne Tage auf der Reise bieten. Buddusky, der quirlige Hans-Dampf-in-allen-Gassen, organisiert einen Aufenthalt in New York mit Sauferei und Schlägerei. Der linkische, schüchterne Meadows beginnt aufzutauen, ist dankbar für das Interesse der beiden. In Boston besuchen sie ein Bordell, damit er seine ersten sexuellen Erfahrungen machen kann, bevor er für Jahre in den Knast kommt. Das auf der Reise entstandene Zusammengehörigkeitsgefühl indes ist nur von begrenzter Dauer. Buddusky und Mulhall liefern ihren Gefangenen im Gefängnis ab, doch gleichgültig läßt sie dies nicht mehr. Denn die Reise mit Meadows wurde auch zu ihrer eigenen Entdeckungsreise und am Ende wird vage die Möglichkeit angedeutet, daß ihre Marine-Zugehörigkeit

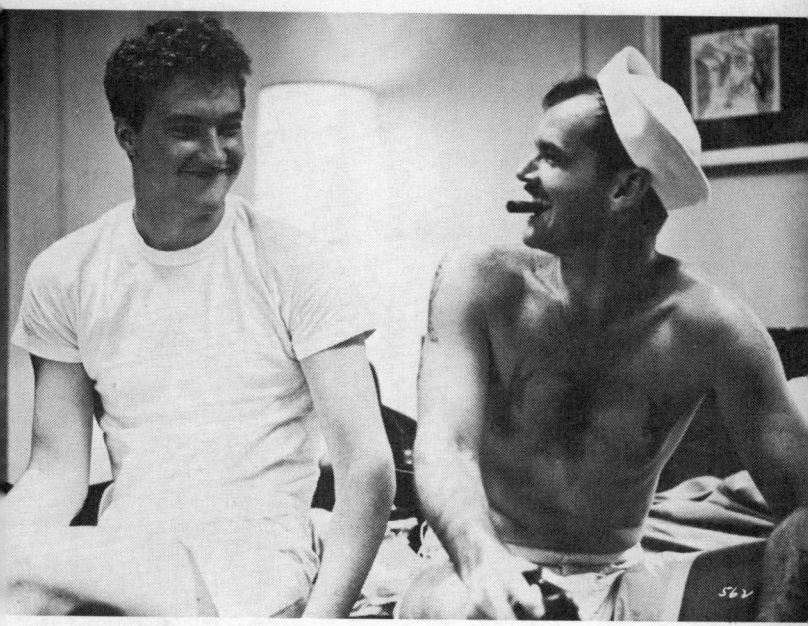

J. N. (rechts) in ›Das letzte Kommando‹ (›The Last Detail‹)

vielleicht nicht von lebenslanger Dauer sein wird, dies vielleicht ihr »letztes Kommando« war.

Mit diesem Ende war Nicholson anfangs nicht einverstanden. »Das war nicht der Schluß, den ich ursprünglich wünschte. Ich wäre lieber dem Buch und seinem Ausgang gefolgt, der eine völlige Umwälzung darstellt (die zwei Matrosen erschießen ihren Gefangenen, mit dem sie sich auf dem Weg ins Gefängnis angefreundet haben). Ich war schon in einer Reihe von Filmen mit offenem Ende und wollte etwas versuchen, von dem ich dachte, daß es befriedigender für das Publikum sei. Aber der gewählte Schluß (der Gefangene kommt ins Gefängnis) war glaubhafter. So wäre es auch im wirklichen Leben geschehen. Und ich hatte einfach unrecht.«[1]

1 Gene Siskel. Jack Nicholson: Still just a promising beginner? In: The Sunday Sun, Baltimore, 15. Juni 1980

›Das letzte Kommando‹ (›The Last Detail‹)

Ohne falsches Pathos erzählt Ashby die Story dieser seltsamen Männerfreundschaft, deren Ton ein bitter-trauriger, manchmal pessimistischer ist. Hier findet sich keine Romantik mehr bei den »männlichen« Unternehmungen der drei, denen Buddusky lautstark voranschreitet. Die Welt, wie Ashby sie zeigt, ist kalt und unfreundlich (es herrscht Winter), die Bars sind unpersönlich und abweisend.

The Last Detail ist aber auch ein komischer Film, wofür vor allem Nicholson zuständig ist. Hüpfend, grimassenschneidend ist er der Clown, der nur über die Reaktion der Umwelt auf seine gelegentlich handfest obszönen Späße seine Existenz wahrnimmt. Wenngleich der Film in den USA, vor allem wegen seiner impliziten Kritik am Militär, nur verhaltene Besprechungen bekam, so wurde doch die Leistung Nicholsons hoch geschätzt. »Jack Nicholson schafft es, seine Gefühle durch seine Haut kommen zu lassen, wie Anthony Quinn es versteht, uns an dem Gefühl teilhaben zu lassen, daß ihn schwitzen macht. Andere Schauspieler mögen einen Gedanken oder eine Emotion nur mit einer ökonomischen Geste vermitteln, aber Nicholson macht dies mit seinem ganzen Körper, als wäre er elektrisch geladen, und wenn wir ihn sehen, wissen wir nicht, ob wir auf einen Gedanken oder ein Gefühl reagiert haben oder auf seine

J. N. (Matrose) in ›Das letzte Kommando‹ (›The Last Detail‹)

großartigen Wendungen. Nicholson ist verwirrend.«[2] Seine Darstellung brachte ihm die nach *Easy Rider* und *Five Easy Pieces* dritte »Oscar«-Nominierung ein; 1974 gewann er bei den Filmfestspielen in Cannes die Goldene Palme als bester männlicher Hauptdarsteller.

The Last Detail machte aus Nicholson tatsächlich einen der großen Hollywood-Stars, der indes das Äußere der frühen Jahre beibehielt. »Er sieht trotz seiner Millionen-Dollar-Gagen meist aus wie jemand, der die Nacht in einer Bushaltestelle verbracht hat: zerzauste Haare, ein schläfriger Blick hinter halbgesenkten Lidern, unrasiert, in Klamotten, die bessere Zeiten gesehen haben.«[3] Etwas änderte sich doch in seinem Privatleben. Auf einer Party bei Andy Warhol lernte er die 21jährige Anjelica Huston kennen, Tochter des großen Regisseurs John Huston und von Beruf Fotomodell. Es war Liebe auf den ersten Blick.

Nicholson nennt sie »Tootsie« und Anjelica ihn »The Hot Pole«. Ihre Beziehung blieb nicht ohne Turbulenzen. Nicholson, der sich nicht an das Leben eines treuen Hausmannes gewöhnen konnte und gelegentliche Affären (so mit Faye Dunaway) hatte, nahm es mit der Treue nicht allzu genau. Anjelica Huston rächte sich einmal, als Schlagzeilen von seinen Eskapaden mit irgendwelchen Modellen, unter ihnen die abweisende Lauren Hutton, während der Public Relations-Tour zu *One Flew Over the Cuckoo's Nest* (1975) erschienen, mit einer stürmischen Beziehung zu Ryan O'Neal. Nach mehrmaligen Anrufen von Reportern war sie aus dem gemeinsamen Haus ausgezogen und wurde fortan in Begleitung des Charmeurs O'Neal gesehen.

Als Nicholson, der vor dem Rummel geflüchtet war und kein Wort über diese Affäre hatte verlauten lassen, schließlich in sein Haus zurückkehrte, lebte Anjelica Huston allein in einem Apartment in Beverly Hills. 23 Jahre alt und sehr sensibel, wurde sie mit ihrer Rolle an der Seite eines Weltstars nicht fertig. Denn entgegen den Erwartungen, die man an sie als Tochter einer Hollywood-Größe stellte, war Anjelica im Grunde ge-

2 Pauline Kael. Nicholson's High. In: Reeling. New York 1977, S. 368/69
3 Helmut Voss (SAD). Die neuen Helden von Hollywood. Jack hat eine Meise – und das liebe ich an ihm. In: Funkuhr

J. N. (rechts) in ›Das letzte Kommando‹ (›The Last Detail‹)

nommen schüchtern und leicht verletzbar. Ihre Kindheit hatte
sie in der Abgeschiedenheit des väterlichen Schlosses in Irland
verbracht. Nun wollte sie schlicht Vergeltung. Es kostete Nicholson große Überredungskunst, sie zur Rückkehr zu bewegen; die Wunden der Affäre aber verheilen nur langsam. In
einem Interview beschrieb Nicholson die Problematik ihrer Beziehung. »Sie ist sicherlich die Liebe meines Lebens, ..., wir haben uns um eine redliche, ehrliche und reife Beziehung bemüht, ..., wobei sie die härtere Arbeit zu leisten hatte, weil über
mich so leicht geklatscht wird. (...) Ich lebe mit Anjelica und
doch gibt es andere Frauen in meinem Leben, die einfach nur
meine Freundinnen sind.«[4]

Während er meist immer mit Freunden zusammenarbeitete,
die er infolge seines Starruhms allerdings wesentlich seltener

4 Peter Lester. Hollywood Heavyweight Jack Nicholson unloads on
   drugs, marriage and Polanski. In: People. 28 Juli 1980

traf, zog er nun eine Arbeit unter ganz anderen Bedingungen vor. Einen Film mit Michelangelo Antonioni zu machen, die Auseinandersetzung mit diesem eigenwilligen italienischen Star-Regisseur bedeutete eine neue Herausforderung für ihn. »Mit Antonioni zu arbeiten, war eine ungeheure Erfahrung. Es war eine sehr harte Arbeit, und manchmal gab es zwischen uns Spannungen, aber das ist normal bei dieser Art von Arbeit. Und natürlich ist Antonioni immer der Meister. Bei einigen jungen Filmemachern glaubt man, daß die Filme durch irgendeinen Zufall zustandegekommen sind, das Kritiker vielleicht Dinge gesehen haben, die nicht vorhanden sind. Aber bei Antonioni ist der Gehalt der Filme genau das, was er auch in sie hineingelegt hat. Er verdient seine Stellung und die mit ihm arbeiten, akzeptieren es. Er ist kein Diktator, sondern in vielerlei Hinsicht sehr offen. (...) Antonionis grundsätzliche Einstellung zu Schauspielern ist: ›Spiele nicht, sage nur die Sätze und mache die Bewegungen.‹ Er macht keine dramatische Konstruktionen, sondern Konfigurationen. Und je einfältiger man ist, desto klarer wird die Konfiguration.«[5] Das Ergebnis beider Zusammenarbeit, der 1973 entstandene *Professione: Reporter* indes überzeugt nicht völlig.

»Nie war Antonioni, selbst da, wo er ganze Häuserzeilen anpinseln ließ, offen künstlicher als in diesen Film. Bei bestimmten Bildern hat es den Anschein, als träten sie auf mit einer Aura, mit einem dicken Strich um sich herum, der besagt: ich stehe für, ich repräsentiere. Dadurch wird auf irritierende Weise der Bezug, wie er üblicherweise im Erzählfilm hergestellt wird, der vom filmischen Zeichen auf die Realität, umgekehrt. Die Zeichen sind der Realität um so adäquater, je weniger sie vorgeben, real zu sein.«[6] Die Story des Films ist dabei nur von oberflächlicher Bedeutung. Vage in den äußeren Rahmen eines Thrillers gebunden, gewissermaßen intellektuell da aufgeblasen, wo Hitchcock ironisch ist, beschreibt der Film den Versuch des Fernsehjournalisten David Locke (Nicholson), eine andere Identität anzunehmen – ein altes Antonioni-Thema. Auf der Suche nach Guerillas im Tschad, über die er eine Reportage

5 John Russell Taylor. Profession: Actor. a.a.O., S. 151
6 Frieda Grafe. Von Schwarz geblendet. In: Süddeutsche Zeitung. 20./ 21.9.1975

drehen will, findet er im Hotel seinen Zimmernachbarn namens
Robertson tot auf. Eine gewisse Ähnlichkeit mit dem Toten ver-
hilft ihm zu einer neuen Persönlichkeit: er fälscht den Paß und
nimmt Robertsons Papiere an sich. In dessen Taschenkalender
findet er verschiedene Treffpunkte aufgeführt. Als er versucht,
sie einzuhalten – niemand erscheint –, wird er in ein diffuses

J. N. mit Maria Schneider in ›Beruf: Reporter‹ (›Professione: Reporter‹)

Komplott verwickelt. Denn Robertson, getarnt als biederer Geschäftsmann, war ein Waffenschieber. In einer Nebenhandlung erzählt Antonioni von der Suche der Frau Lockes (Jenny Runacre) nach ihrem Mann. Locke/Robertson lernt derweil in Barcelona eine Architekturstudentin (Maria Schneider) kennen und setzt mit ihrer Hilfe seine Reise, die immer mehr zu einer Flucht wird, fort. Auf ihre Frage, wovor er fliehe, antwortet er: »Ich bin vor allem davongelaufen, vor Frau, Haus, Kind, nur nicht vor meinen schlechten Angewohnheiten.«

Mittlerweile wird er nicht mehr nur von seiner Frau und der spanischen Polizei verfolgt, sondern auch von zwei Agenten jenes afrikanischen Staates, an dessen Opposition Robertson Waffen verkauft hat. Seine Fluchtbewegung findet ihr Ende in einem ähnlich schäbigen Hotelzimmer, von dem aus sie ihren Anfang nahm. In einer siebenminütigen, extrem langsamen Kamerafahrt von den Füßen des liegenden Locke auf ein vergittertes Fenster, durch das man auf einen großen leeren Platz sieht, auf dem sich nach und nach alle beteiligen Personen einfinden, zwischen zwei Gitterstäben hindurch auf diesen Platz und in einer großen Kreisbewegung wieder zurück auf das Fenster, um von außen durch die Gitter in das Zimmer hineinzublicken, wo Locke regungslos, vermutlich tot liegt, faßt Antonioni in einer der traumhaftesten Kamerafahrten der Filmgeschichte noch einmal seinen Film in einer Art Kurzform zusammen. Auf ähnlich prägnante Weise hatte er schon zu Beginn die Gefühlslage seines Protagonisten gekennzeichnet, als er diesen in der Wüste mit seinem Land Rover in den Sand fahren und ein resignierendes »Shit! I don't care« rufen ließ.

Wie immer man den Inhalt des Films beurteilen, wie weit man seinen Pessimismus nachvollziehen mag, die formale Meisterschaft seines Regisseurs bleibt unbestritten. Nicht selten drängt sich dabei der Verdacht auf, daß eben jene formale Ebene, die ungeheuer subtil angelegt ist, keine anderen Leistungen zuläßt. Tatsächlich wirkt Nicholson in seiner Rolle seltsam gehemmt, hat wenig Gelegenheit, sein darstellerisches Vermögen zu offenbaren. So erscheint es kaum verwunderlich, daß der Film nur ein äußerst bescheidener Erfolg bei Kritik und Publikum gleichermaßen war. Doch einmal mehr hatte Nicholson bewiesen, wie wichtig ihm die Zusammenarbeit mit einem bedeutenden Regisseur ist. Dieser Erfahrung opfert er nicht selten Projekte,

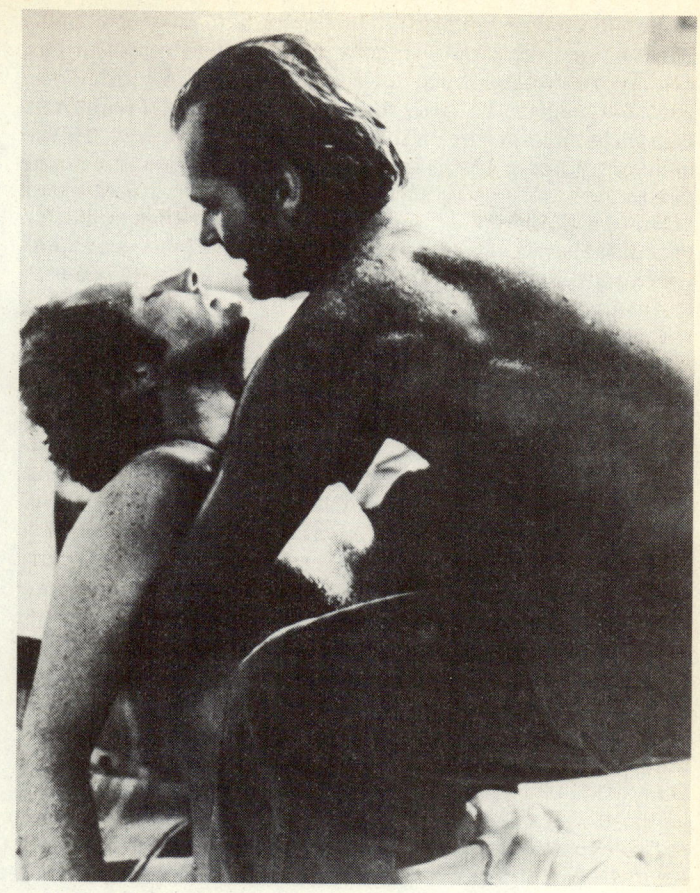

J. N. (rechts) in ›Beruf: Reporter‹ (›Professione: Reporter‹)

die seiner Karriere vielleicht dienlicher gewesen wären.

Sein nächster Film indes vereinte beide Kriterien auf eindrucksvolle Weise: Roman Polanskis *Chinatown* war anspruchsvoll, dabei aber immens erfolgreich und machte Nicholson zum wirklichen Super-Star. Wie es zu dem Film kam, erzählt der Produzent Robert Evans: »Es begann eines Nachts mit

Robert Towne und mir beim Dinner in Dominic's. Er erzählte mir von seiner Idee und seinem Wunsch, dieses Projekt für Jack machen zu wollen. Mich interessierte es für Ali (McGraw, Evans' damaliger Frau, d. A.). Wir wollten eine Mann-Frau-Geschichte und begannen mit dem Gedanken an Jack. Er war immer im Kopf und von Anfang an dabei.«[7] Evans unterstützte den zu dieser Zeit völlig abgebrannten Towne finanziell, indem er ihn das Drehbuch schreiben ließ. In seiner Eigenschaft als Produktionschef der Paramount durfte er fünf Filme als alleiniger Produzent herstellen, von denen *Chinatown* der erste werden sollte.

Evans, schon seit *Rosemary's Baby* (1968) mit Roman Polanski gut befreundet, dachte sofort an den exilpolnischen Regisseur für diesen Film. Gemeinsam mit Nicholson suchten sie eine weibliche Hauptdarstellerin, nachdem Evans von McGraw geschieden war und ihr die Rolle nicht mehr anbot. Man einigte sich rasch: Faye Dunaway war die einzig mögliche Besetzung. Anjelicas Vater John Huston spielte die dritte Hauptrolle, eine Referenz vor dem Regisseur des Detektivfilm-Klassikers *The Maltese Falcon* (Die Spur des Falken, 1941).

Auf einem authentischen Fall von Bodenspekulation und Umweltskandal basierend, wurde der Film im Los Angeles der dreißiger Jahre angesiedelt, in jener Zeit, in der auch die berühmten Romane der *hard boiled*-Klassiker Dashiell Hammett und Raymond Chandler angesiedelt waren. Nicholson spielt den Privatdetektiv J.J. Gittes (eine Anspielung auf seinen Freund, den Produzenten Harry Gittes) – eine Mischung aus Sam Spade und Philip Marlowe, wie ihn Humphrey Bogart so unübertrefflich verkörperte, aber doch ohne ihn zu kopieren –, der in einen unübersichtlichen Korruptionsskandal mit Mord gerät. Es beginnt damit, daß er einer Klientin, Mrs. Mulwray, Fotos besorgt, die ihren Mann in einer verfänglichen Situation zeigen. Als er anderntags diese Fotos in einer Zeitung publiziert sieht und kurz darauf auch die echte Mrs. Mulwray (Faye Dunaway) in seinem Büro erscheint, will Gittes den Schwindel aufdecken. Mulwray (Darrell Zwerling) wird wenig später in einem Wasserkanal ertrunken aufgefunden, merkwürdig genug bei der großen Wasserknappheit, die in Los Angeles herrscht. Git-

7 Crane/Fryer. a.a.O., S. 119

tes entdeckt ein Komplott um den Bau eines Staudammes und merkt, daß die Wasserknappheit aus Spekulationsgründen herbeigeführt wurde. Bei seinem Untersuchungen gerät er mit zwei Killern zusammen, von denen der kleinere, fast zwergische (Polanski) ihm die Nase aufschlitzt. Fortan muß er mit verbundener Nase umherlaufen. Dennoch macht Gittes weiter und bringt in Erfahrung, daß der tote Mulwray der Schwiegersohn eines gewissen Noah Cross (Huston) ist, mit dem er gemeinsam früher Besitzer des Wasserwerkes war, bevor dieses in öffentlichen Besitz überging.

Mrs. Mulwray setzt Gittes eine Belohnung für die Ergreifung

J. N. mit Faye Dunaway in ›Chinatown‹

der Mörder ihres Mannes aus, ebenso Noah Cross. Stück für Stück trägt Gittes die Indizien zusammen und hält anfangs Mrs. Mulwray für die Mörderin ihres Mannes. Doch sie erzählt ihm die Wahrheit: Sie versteckt ihre Tochter, die Gittes für Mulwrays Freundin hielt, vor ihrem Vater Noah Cross, weil dieser nicht nur der Großvater, sondern auch der Vater des Mädchens ist. Als sie fünfzehn Jahre alt war, hatte Cross seine eigene Tochter vergewaltigt. Gittes gelingt es, Cross als den eigentlichen Drahtzieher von Wasserknappheit und Mord zu entlarven, doch dessen hochgestellte Position schützt ihn vor Konsequenzen. Im furiosen Finale in Chinatown schießt Mrs. Mulwray auf ihren Vater und versucht zu fliehen, wird dabei aber von einem Polizisten erschossen. Während Cross lächelnd seine Tochter/ Enkelin in die Arme nimmt, bleibt Gittes gebrochen und fassungslos zurück. Sein Assistent führt ihn mit den Worten »Forget it, Jake, it's Chinatown« vom Schauplatz des Geschehens fort.

»Chinatown ist der Ort, an dem die herkömmlichen Regeln der bürgerlichen Gesellschaft, die Gesetze, *law and order,* außer Kraft gesetzt sind. ›Chinatown‹ ist auch Chiffre für die soziale Herkunft und die unrühmliche Vergangenheit Gittes', die er fast vergessen und verdrängt hat, die ihn aber in der realen Chinatown wieder einholt. Polanski ließ am Schluß seines Films die reale und die allegorische Ebene zusammenfallen, indem er des *Showdown* in die Chinatown verlegte.«[8] Dieser Schluß, der Noah Cross am Leben läßt, differiert vom ursprünglichen Ende Townes, der Cross sterben lassen wollte. Darüber kam es zum Zerwürfnis mit Polanski, dessen Schlußversion aber in der Tat glaubwürdiger, wahrscheinlicher ist. »Ich wollte, daß der Film total tragisch endet, daß also nur Faye Dunaway stirbt, völlig sinnlos, und ihr Vater, mit dem sie um ihr gemeinsames Kind kämpft, davonkommt, wie alle Bösewichter meist in der Wirklichkeit.«[9]

Chinatown ist, obwohl er in den dreißiger Jahren spielt, zur Zeit des *New Deal*, in der auch ein Privatdetektiv in Maßanzügen herumlaufen kann, ein Film über die siebziger Jahre in

8 Paul Werner. Roman Polanski. Frankfurt am Main 1981, S. 163
9 Der Inzest ist aufregend. Interview mit Roman Polanski. In: Der Spiegel Nr. 51/1974

J. N. (Mitte) in ›Chinatown‹

J. N. (rechts) mit Regisseur Roman Polanski (›Chinatown‹)

Amerika, das in jenen Jahren von der Watergate-Affäre erschüttert wurde, die ein viel größeres Maß an Korruption enthüllte als es der Film vorführte. Nicholsons J. J. Gittes ist ein moderner Don Quichotte im Kampf mit der Politik. Er besitzt keine Chance, und seine Niederlage, sein Scheitern, sind nur folgerichtig. Gittes bleibt als gebrochener Mann zurück. Nicholson spielte die Rolle des Privatdetektivs nuancenreich und überzeugend zynisch. »Gittes ist ein Strizzi, glatt, ironisch, manchmal zynisch. Sein Gesicht bekommt leicht einen brutalen oder gemeinen Zug, einen Erfolg auf der Pirsch verrät ein breites, fieses Grinsen: ein Hallodri mit der rüden Herzlichkeit eines Straßenbengels und der beunruhigend-sanften Freundlichkeit eines Killers. Dann, das ist ganz behutsam angedeutet, zeigen sich Erstaunen, Irritation und eine Spur Anteilnahme in seinen Mienen.«[10]

Berühmt wurde Nicholsons verbundene Nase, die er fast den halben Film über trägt. Polanski, der seitdem mit ihm eng befreundet ist und ihn später in einen publicity-trächtigen Skandal verwickelte[11], zeigte sich begeistert über die problemlose Zusammenarbeit mit seinem Star. »Ihm ist es einfach gleichgültig, wie er aussieht. Ich machte einen Verband auf seine Nase während der Hälfte von *Chinatown,* und er hatte nichts dagegen einzuwenden. Bei Jack zählt nur das Ergebnis.«[12]

Chinatown, ein Film, der Nicholson die erste romantische Rolle bot (das Verhältnis zu Dunaway), etablierte ihn tatsächlich als einen Superstar, bei Kritik und Publikum gleichermaßen. Er wurde einer der größten Kassenerfolge für Nicholson. Überdies nominierte man ihn zum vierten Male für einen »Oscar«. Daneben erhielt er als bester Schauspieler Preise von der New Yorker Filmkritik, der *National Society of Film Critics,* der *British Society of Films and Television Arts,* den *All American Press Associates* und den begehrten *Golden Globe.*

Einmal mehr zeigte sich bei *Chinatown,* daß Nicholson sich gerne mit alten Freunden und Bekannten bei Dreharbeiten umgibt. So spielte Dianne Ladd, die Ex-Frau von Bruce Dern, die

10 Wolf Donner. Jackie in der Unterwelt. Roman Polanskis Film *Chinatown.* In: Die Zeit, Nr. 52, 20.12.1974
11 Polanski soll am 10.3.1977 während Nicholsons Abwesenheit in dessen Haus eine Dreizehnjährige vergewaltigt haben.
12 Time. The Star with the Killer Smile. a.a.O.

schon in *Rebel Rousers* mitgewirkt hatte, die Rolle der Ida Sessions, die sich als Mrs. Mulwray ausgibt. Richard Sylbert war wie schon in *Carnal Knowledge* der *Production Designer,* während seine Frau Anthea für die Kostüme verantwortlich zeichnete. Beide arbeiteten auch bei *The Fortune* (1974) mit, dem nächsten größeren Projekt Nicholsons, ebenso wie Kameramann John A. Alonzo, der nach dem Film zu einem der gefragtesten seiner Branche in Hollywood avancierte.

Doch bevor man mit den Dreharbeiten zu dem Nichols-Film *The Fortune* begann, übernahm Nicholson eine kleine Rolle in einem Film des britischen Regie-Exzentrikers Ken Russell: *Tommy* ist die Visualisierung der gleichnamigen *Who*-Rockoper über einen blinden und taubstummen Jungen (Roger Daltrey), der gegen Pinball Wizard (Elton John) in einer der bemerkenswertesten Szenen des Films zum Flipper-Champion aufsteigt und später, als er geheilt ist, zum Pop-Messias avanciert

›Tommy‹

und den Flipper-Automaten zum Götzenbild macht. Jack Nicholson spielt in einem zweieinhalbminütigen Auftritt »The Specialist«, einen Arzt, den Tommys Eltern (Ann-Margret, Oliver Reed) wegen ihres Sohnes konsultieren.

In Russells Film wird kein einziges Wort gesprochen, sondern nur gesungen. So kam auch Nicholson zu seinem ersten Song auf der Leinwand, nachdem man sein Stück in *On A Clear Day You Can See Forever* herausgeschnitten hatte. Mit einer überraschenden angenehm-melodiösen Stimme singt er Diagnose und Therapieempfehlungen. Durch sein Verhalten und die Art, wie er sich Ann-Margret nähert, bekommt sein Song einen ungemein erotischen und zum Teil anzüglichen Charakter. Als Ann-Margret ob der Hoffnungslosigkeit von Tommys Krankheit ohnmächtig wird, kniet sich Nicholson neben sie, nimmt ihre Hand und singt »No machine can give the kind of *stimulation,* needed to remove his inner block«. Wessen innere Hemmungen da gemeint sind, macht sein lüstern-versprechender Blick überdeutlich. Nur drei Tage brauchte er für seine Rolle, die ihm offensichtlich großen Spaß gemacht hat. Andere Glanzszenen des ansonsten eher farblosen Films sind jene mit Eric Clapton als Priester eines Marilyn-Monroe-Kultes und mit Tina Turner als »Acid Queen«. In die USA zurückgekehrt, begann Nicholson sofort mit den Dreharbeiten zu *The Fortune*.

Von den Namen der Beteiligten her hätte es ein großer Film werden müssen, doch *The Fortune* erwies sich in jeder Beziehung als ein Reinfall. Regisseur war Mike Nichols, seit seinen Kassenerfolgen Ende der sechziger Jahre einer jener Regisseure, denen alle Türen offenstanden. Man billigte ihm die Creme von Hollywood zu.

Carol Eastman (= Adrien Joyce), schon so etwas wie die Haus-Autorin Nicholsons, war wieder die Drehbuchautorin. Co-Star des Films war Warren Beatty, mit dem Nicholson seitdem eng befreundet ist. Nach *Bonnie and Clyde* (1968; Regie: Arthur Penn) galt Beatty als einer der absoluten Superstars von Hollywood. Während und nach den Dreharbeiten wurden beide ihrem Ruf als den heißesten Liebhabern Hollywoods gerecht. Ihr sogenanntes »skunk-spotting« machte die Runde. Andauernd waren beide auf der Suche nach neuen Frauen unterwegs. »Die Genesis der Freundschaft ist Eifersucht. Warren würde gerne Jack sein, weil Warren weiß, daß er eine große Persön-

J. N. (rechts) in ›Mitgiftjäger‹ (›The Fortune‹). Links: Warren Beatty

lichkeit und Jack ein großer Schauspieler ist. Jack würde gerne Warren sein, vor allem wegen Warrens Erfolgen bei den Frauen«, beschreibt eine anonyme Quelle das Verhältnis der beiden.[13]

The Fortune spielt in den »Goldenen Zwanzigern«. Gemeinsam mit ihrem Liebhaber Nicky Stampo (Beatty) und dessen etwas begriffsstutzigen Freund Oscar Sullivan (Nicholson) flieht die reiche Erbin Fredericka »Freddie« Quintessa Bigard (!) (Stockard Channing) nach Kalifornien. Zuvor aber muß sie Oscar heiraten, da Nick noch nicht geschieden ist und eine Frau wegen eines Gesetzes zur Unmoral (Mann-Act) die Staatsgrenze nicht in Männerbegleitung überschreiten darf. Nick gibt sich als der Bruder der Braut aus. In Kalifornien zieht man in ein Hotel, wo Oscar plötzlich sein Bedürfnis nach Erfüllung der ehelichen Pflichten entdeckt. Darüber kommt es mit »Freddie« und

13 zit. n. Dickens. a.a.O., S. 105

Nick zum Streit, bei dem sich herausstellt, daß »Freddie« das Vermögen ihres Vaters nicht erben wird. Nur die Mutter hinterläßt ihr etwas.

Die erschrockene Reaktion der beiden zeigt »Freddie«, daß sie es nur auf ihr Geld abgesehen hatten. Sie will daraufhin alles der Wohlfahrt vermachen. Nick und Oscar beschließen ihre Ermordung. Doch alle Versuche schlagen fehl. So etwa ist die Giftschlange schon tot, bevor sie Unheil anrichten kann. Schließlich gelingt es beiden, »Freddie« ins Meer zu werfen, doch als sie zurückkehren, um das Auftauchen der »Wasserleiche« zu verhindern, läuft diese vergnügt und munter durch die Gegend. Nick und Oscar aber werden in Handschellen abgeführt.

Was eine spritzige Komödie im Stil der *screwball comedies* der dreißiger Jahre hätte werden sollen, entpuppt sich als eine ziemlich schwerfällige und wenig komische Klamotte, in der Beatty und Nicholson (mit gelocktem Haar) als ein flügellahmes Slapstick-Team à la *Laurel and Hardy* so überzogen und albern agieren, daß es als eine hochgradige Verschwendung ihrer beiden Talente anzusehen ist. Der sardonische Ton des Drehbuchs konnte von Nichols nicht in eine schwarze Komödie übertragen werden, es fehlen dem Film völlig jene Sensibilität und Subtilität, die Nichols in seinen früheren Arbeiten bewiesen hatte. *The Fortune* wurde ein Mißerfolg und ließ seinen Regisseur in Vergessenheit geraten. Heute arbeitet Nichols wieder sehr erfolgreich am Broadway.

Für Nicholson und Beatty war es nur ein Intermezzo in ihren Karrieren, die sich separat entwickelten, aber 1981 wieder zusammenführen sollten. Die eigentliche Entdeckung des Films, Stockard Channing, die beide Stars glatt an die Wand gespielt hatte, setzte ihre Film-Karriere entgegen den Erwartungen nicht weiter fort.

VII. Einer flog über Hollywood

1962, dem Jahr, in dem Nicholson seine ersten LSD-Experimente durchführte, erschien ein unter LSD-Einfluß geschriebener Roman des unbekannten Schriftstellers Ken Kesey: »One Flew Over the Cuckoo's Nest«. Mehr als 12 Jahre sollten verge-

J. N. im Gespräch mit dem deutschen Filmjournalisten Florian Hopf (links)

J. N. (links) in ›Einer flog über das Kuckucksnest‹ (›One Flew Over the Cuckoo's Nest‹)

hen, bis die oftmals versuchte Verfilmung dieses Bestsellers der Beat-Generation tatsächlich zustande kam. Es handelt sich bei dem Roman um »ein Schlüsselwerk der amerikanischen Gegen-Kultur, ..., in penetranter Schwarzweißmanier und effektvollem Stil geschrieben, voll von hippiesker Trivialsymbolik und naiven Identifikationsmustern, von Anti-Intellektualismus und Misogynie.«[1]

Als erster war Hollywood-Mime Kirk Douglas an diesem Stoff interessiert und hatte die Rechte für nur 20.000 Dollar von Kesey erworben. Douglas spielte die Hauptfigur des Romans allein auf der Bühne, zu einer Verfilmung kam es nicht. Als die Bühnenversion wegen mangelnden Zuschauerzuspruchs abgesetzt wurde, verschwand der Stoff für einige Jahre in der Schublade. Bis dann Douglas-Sohn Michael, bekannt geworden durch die TV-Serie *Die Straßen von San Francisco*, seinem Vater die Rechte abkaufte. Schallplatten-Produzent Saul Zaentz (Fantasy Records) wollte gerade ins Filmgeschäft investieren und wurde von Douglas zu *One Flew Over the Cuckoo's Nest* überredet. Regie führen sollte der Exil-Tscheche Milos Forman, der nach seinen gesellschaftskritisch-satirischen Filmen einen guten Ruf besaß und mit seinem ersten in den USA gedrehten Streifen *Taking-Off* (1971) gleich einen der wichtigsten amerikanischen Filme der frühen siebziger Jahre inszeniert hatte. Forman schien der geeignetste Regisseur für die tragikomische Darstellung amerikanischer Obsessionen. Gedreht wurde im Oregon State-Hospital in Salem.

Randy P. McMurphy (Nicholson), wegen Körperverletzung, Trunkenheit und versuchter Vergewaltigung verurteilt, was er stolz zugibt, wird in eine Nervenheilanstalt eingewiesen, wo man herausfinden soll, ob er seinen Irrsinn nur simuliert. Von Anfang an sieht sich McMurphy dem stumpfsinnigen Anstaltsalltag unter der herrischen Schwester Ratched (Louise Fletcher) ausgeliefert. Mit kleinen Aktionen versucht er den Trott zu unterlaufen. Er führt ein pornographisches Kartenspiel und Gewinne in Form von Zigaretten ein, ermuntert die anderen apathischen Patienten zum Widerstand gegen die Anstaltsordnung und organisiert gar einen Angelausflug. Da erfährt er, daß alle Patienten sich freiwillig in der Anstalt aufhalten und nur er von

1 Wolf Donner. Irrenhaus als Zirkus. Milos Formans »Kuckucksnest«. In: Die Zeit. Nr. 13, 19. März 1976

der Beurteilung durch Schwester Ratched abhängig ist. McMurphy dreht durch und bekommt ebenso wie der stumme Indianer Chief Bromden (Will Sampson) eine Elektroschock-Behandlung verpaßt. Der Indianer offenbart McMurphy, in Wirklichkeit nicht stumm zu sein, sondern sich aus der Welt des weißen Mannes nur zurückgezogen zu haben. Von der »Behandlung« genesen, organisiert McMurphy als erstes eine Party, zu der er zwei Mädchen in die Anstalt einschleust.

Auch später veranstaltet McMurphy noch einmal eine Party – es soll sein Abschiedsfest werden. Doch schiebt er seine Flucht auf, um den jungen, unter sexuellen Schwierigkeiten leidenden Billy (Brad Dourif) den ersten Kontakt mit einer Frau zu ermöglichen. Am nächsten Morgen findet Ratched die Saal-Insassen schlafend auf dem Boden. Billy wird wegen seines »Vergehens« von Ratched psychisch regelrecht terrorisiert und bringt sich kurz darauf um. McMurphy dreht erneut durch und springt

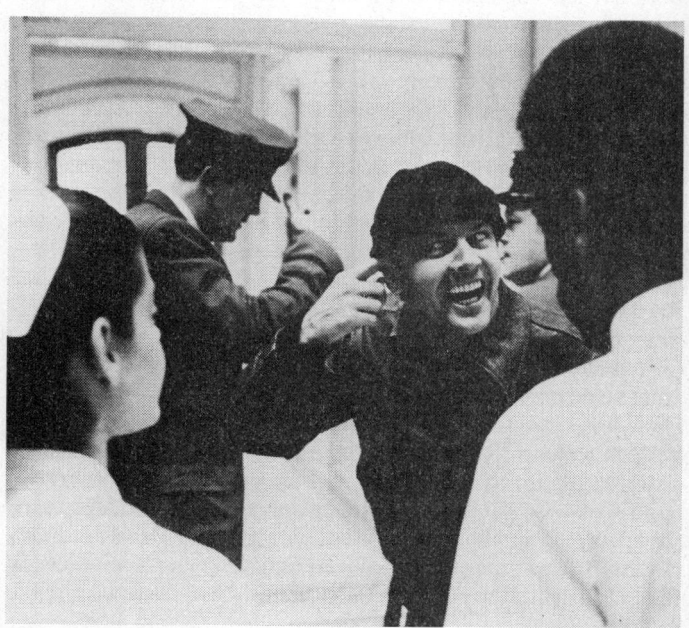

›Einer flog über das Kuckucksnest‹ (›One Flew Over the Cuckoo's Nest‹)

Ratched an die Kehle. Doch bevor er sie erwürgen kann, schaffen ihn andere Pfleger fort. Nach einer Gehirnoperation kehrt er Wochen später völlig apathisch zurück. Der Indianer, nun bereit zur Flucht mit ihm, hat Mitleid mit McMurphy und erstickt ihn mit einem Kissen, bevor er aus der Anstalt ausbricht und in die Freiheit verschwindet.

Zur Vorbereitung auf seine Rolle verbrachte Nicholson einige Wochen in Nervenheilanstalten, auch in Salem, wo er den Tagesablauf, Patienten und Behandlung beobachtete und die umstrittene Elektroschock-Methode studierte. Jene Szene zählt denn auch zu den Höhepunkten seiner darstellerischen Leistung im Film. In einem Interview berichtet Nicholson von seinen Beobachtungen vor und während der Dreharbeiten, bei denen echte Anstaltsinsassen mitwirkten, ebenso wie der Leiter von Salem, Dr. Dean R. Brooks als Dr. Spivey. »Es war sehr hart zu beobachten, wie die Männer Stromstöße bekamen. Bevor ich hierher (nach Salem) kam, dachte ich, daß es die Schockbehandlung nicht mehr gäbe, aber die Angestellten erzählten mir, daß es die einzige Weise sei, Kontakt zu Patienten herzustellen, die ungeheuer gewalttätig sind. (...) Ich saß in der Halle und wartete darauf, daß die Patienten aus ihren Zellen kommen würden. Darunter waren einige Mörder und andere gewalttätige Leute. Als sie mich entdeckten, dachten sie, daß ich ein Neuer sei. Einer der Typen, die mit mir sprachen, war besonders freundlich. Er war blond, stattlich und sah wie fünfzig aus, obwohl er erst dreißig war. Später fand ich heraus, daß er drei Wochen zuvor einen Gefängniswärter umgebracht hatte. Er hatte den Mann überhaupt nicht gekannt, war einfach auf ihn losgegangen und hatte 28mal auf ihn eingestochen.

Nach einer Stunde im Hof gingen die Männer in den Essensraum. Alle glaubten, daß ich wirklich verrückt sei, weil ich nur den Pfannkuchen aß. Das war das Verrückteste, das sie diesen Morgen sahen.«[2] Um die Mitglieder der Filmcrew von den Insassen zu unterscheiden, bekamen die meisten von ihnen spezielle Ausweise. Keinen der Mitwirkenden ließ die Atmosphäre unberührt. Vor allem Nicholson, der ganz in der Rolle von McMurphy aufging, hatte gelegentliche Schwierigkeiten, sich nach Drehschluß wieder mit der Realität des Alltages zurecht-

2 Bob Lardine. a.a.O.

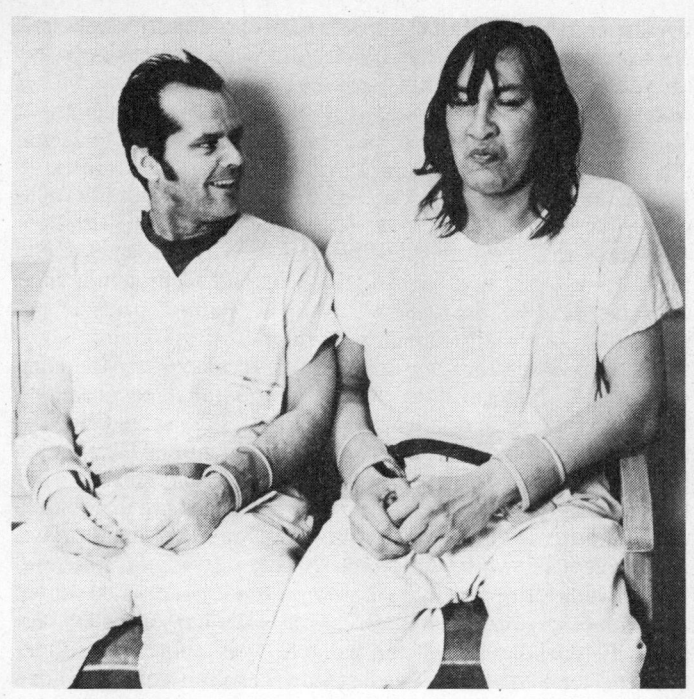

›Einer flog über das Kuckucksnest‹ (›One Flew Over the Cuckoo's Nest‹)

zufinden. »Nicholson hörte auf zu existieren«, erzählt Regisseur Forman. »Wenn er bei den Dreharbeiten vor die Kamera trat, wurde er voll und ganz McMurphy, legte seine innersten Gefühle bloß. Am Ende wußte man nicht mehr, ob er nun normal war oder nicht. Kein anderer Schauspieler hätte diese Illusion so schaffen können.«[3]

Nicholson hatte in *One Flew Over the Cuckoo's Nest* viel Gelegenheit zu glänzen und nutzte sie auch voll aus. Etwa in jener Szene mit dem (richtigen) Anstaltsarzt, wo er nach seiner Meinung über seine Krankheit befragt wird – eine Szene, die von

3 Helmut Voss (SAD). Der Verrückte von Hollywood. In: Hamburger Abendblatt, 17.4.1976

beiden Darstellern hundertprozentig improvisiert wurde und eine der authentischsten des ganzen Films ist. Oder jene, in der McMurphy nach einer Abstimmungsniederlage um die Übertragung eines Baseballspiels im Fernsehen einen imaginären Spielablauf packend kommentiert und die anderen, resignierten Patienten zum Mißfallen von Schwester Ratched aufmuntert.

One Flew Over the Cuckoo's Nest ist aber auch Film der Klischees, vor allem das Verhalten der Anstaltsinsassen und die Autorität des Personals betreffend. Da werden einfache Schwarzweiß-Zeichnungen aufgemacht und nicht selten trägt der Film seine Komik auf dem Rücken der Patienten aus, an deren realer Lage wahrlich nichts Komisches ist.

Für Nicholson aber wurde der Film zu einem persönlichen Triumph. Endlich gewann er 1976 seinen ersten, langverdienten »Oscar« als bester männlicher Hauptdarsteller. Seine Gage betrug circa 1,2 Millionen Dollar und eine prozentuale Beteiligung brachte ihm nach dem sensationellen kommerziellen Erfolg des Films bislang 10 Millionen Dollar ein. Überdies bot man ihm in jenem Jahr eine Gage von 2 Millionen Dollar für eine Fortsetzung von *Chinatown*, was Nicholson selbstredend ablehnte. Mittlerweile hatte er durch einen winzigen prozentualen Anteil an *Chinatown* immerhin schon 1 Million Dollar zusätzlich verdient. Finanziell hatte er nun keine Sorgen mehr. »Ich gehöre nicht zu den Schauspielern, die ihre Gagen mit vollen Händen ausgeben. Ich habe mein Geld gut und gewinnbringend angelegt. Um meine Zukunft mache ich mir keine Sorgen mehr.«[4]

Den Status, den er durch Formans Film erreichte, ließ ihn seinen Marktwert für Projekte einsetzen, die ihm wichtig erschienen. So wollte er mit Tony Richardson einen Film mit dem Titel *The Body Guard* drehen, mit dem französischen Star Jeanne Moreau dachte er an ein Projekt *Une larme, un sourire,* doch beides zerschlug sich vorerst. Ebenso der »mystische« Western *Moontrap* nach einem Roman von Don Barry. Ein Studio nach dem anderen lehnte die Finanzierung dieses Projektes ab, vor allem aus einem Grund: Jack Nicholson wollte nur Regie führen und selbst nicht auftreten. Nur United Artists erklärte sich einverstanden, mit zwei bis drei Millionen Dollar ein solches Pro-

4 Eckard Presler. Meine Karriere ist reine Glückssache. In: Sonntagsblatt, 25.4.1976

jekt finanzieren zu wollen. Doch Nicholson benötigte ein höheres Budget und suchte weiter. United Artists war daraufhin bereit, das Budget aufzustocken – unter der Voraussetzung seiner Mitwirkung. Nach einem Jahr ergebnisloser Verhandlungen, während derer er sich keinem anderen Projekt widmen konnte, gab Nicholson *Moontrap* auf und wechselte zu Paramount, die kurz darauf die Western-Komödie *Goin' South* ankündigten – von und mit Jack Nicholson. Sobald entschieden war, daß Nicholson der Star seines eigenen Films werden würde, billigte man ihm bereitwillig ein Sechs-Millionen-Dollar-Budget zu, eine immer noch geringe Summe. Aber nach dem finanziellen Desaster mit *Drive, He Said* wollte man nicht mehr riskieren. Die Dreharbeiten wurden schließlich für 1978 angesetzt.

Zuvor aber warteten neue Rollen auf Jack Nicholson. Das Vertrauen in seine Anziehungskraft als Star schien nahezu unbegrenzt. Er könne heutzutage eine taubstumme Greisin spie-

›Einer flog über das Kuckucksnest‹ (›One Flew Over the Cuckoo's Nest‹)

J. N. (rechts) mit Michael Douglas

len und dabei zwei Stunden regungslos in einer Ecke hocken, und jeder Produzent würde glücklich sein, dies finanzieren zu dürfen, umschrieb er einmal seinen Stellenwert. Das ist sicherlich übertrieben, zumal die Einspielergebnisse seiner Filme, sicherster Anzeiger über den aktuellen Marktwert, wellenförmig verliefen, wobei die Täler begannen tiefer zu werden.

VIII. Der Cowboy im Overlook-Hotel

Die erste Rolle nach seinen langen Bemühungen um einen Geldgeber für den eigenen Film war gleich eine auf den ersten Blick äußerst attraktive. Für wenigstens eine Million Dollar sollte er an der Seite seines früheren Idols (»The man at the top of the hill«) Marlon Brando spielen, dessen Nachbar er inzwischen war. Nun also sollte er mit ihm unter der Regie von Arthur Penn (*Bonnie and Clyde*, 1967; *Little Big Man*, 1969) in dem Western *Missouri·Breaks* gemeinsam vor der Kamera stehen.

Montana um 1880. Die Präriebarone nehmen im Kampf mit den Viehdieben das Recht in eigene Hände. David Braxton (John McLiam) hatte gerade einen jungen Mann aus der Bande von Tom Logan (Nicholson) hängen lassen. Mit dem Geld aus einem Zugüberfall kauft Logan zur Tarnung eine Ranch, die zufällig neben der von Braxton liegt. Nachdem dieser seinen Vormann erhängt aufgefunden hat, läßt er den Regulator Robert Lee Clayton (Brando) kommen, der mit dem Banditenwesen endgültig aufräumen soll. Clayton gelingt es auch, Logans Bande zu entlarven und einen nach dem anderen auf hinterhältige Weise umzubringen. Zwar stürmt Logan in Braxtons Haus, wo Clayton gerade in der Badewanne sitzt, aber er kann ihn nicht erschießen. Als er der letzte seiner Gang ist, entschließt er sich zu handeln. Auf ähnlich hinterhältige Weise, im Schlaf, tötet er Clayton. Dann reitet er zu Braxton, mit dessen Tochter Jane (Kathleen Lloyd) er inzwischen ein Liebesverhältnis begonnen hatte, und erschießt den Rancher.

Missouri Breaks ist ein Western, der nicht wie gemeinhin im Genre gewohnt, die Pionierzeit idealisiert. Auch der Spät-Western, der vorgab, den Mythos des Westens zu hinterfragen, schuf ihn ja letztlich wieder neu. Der Film beginnt mit einer Idylle. Langsam nähern sich auf einer blühenden Wiese drei Reiter, von denen einer die Schönheit der Landschaft preist. Sie erreichen eine Versammlung von Wagen, offensichtlich Bürger bei einem Ausflug. Plötzlich erkennt man den wahren Grund dieser Versammlung: sie alle wohnen einer Hinrichtung bei.

Missouri Breaks ist ein Film über den brüchigen Glanz der Mythen vom Westen. Eigentlich eine klassische Western-Geschichte, entpuppt sie sich bei näherem Hinsehen als ihre genaue Umkehrung. Das Duell, ein klassischer Topos des Genres, findet nicht mehr statt. Der Miet-Killer tötet aus dem Hinterhalt – er will sein Leben bewahren. Tom Logan, der Outlaw, lebt noch in den tradierten Normen vom fairen Duell. Erst zum Schluß, als seine Bande vernichtet ist, begreift er den Wandel der Zeit. »Weißt du, warum du gerade wach geworden bist?« fragt Nicholson den erwachenden Brando. »Weil dir gerade die Kehle durchgeschnitten worden ist.« Doch der Sieger dieses Duells ist in Wahrheit auch der Verlierer. Sein Glauben an die alten Werte existiert nicht mehr, und, obwohl ein Bandit, war er die menschlichste aller Figuren. Doch diese Menschlichkeit ist abhanden gekommen. Übrig bleibt ein resignierter, aber gefährlicher Charakter.

Aus dem Duell der beiden Stars Brando und Nicholson ging Brando als Sieger hervor. »Es ist faszinierend: trotz seiner vielfach publizierten ›Verachtung‹ fürs Filmschauspielern kann Brando nicht anders als gewinnen. Sein Ruf als Filmstar geht ihm einfach voraus; er mag vielleicht glauben, sein Talent einfach zu seinem eigenen Vergnügen einzusetzen, aber er kann nicht verhindern, daß es uns ebenso berührt. Dabei läßt er das Szenario des Films entgleisen. Wir sehen nicht Brando gegen Nicholson, sondern Brando gegen Tom Logan. Es ist kein Wettbewerb. Nicholson ist immer noch, grundsätzlich, ein großartiger Charakter-Schauspieler (ihm geht kein ›Ruf‹ voraus), und er ist hier besonders großartig. Brando (aber) ist Brando.«[1] Regisseur Arthur Penn war mit Brando seit einem gemeinsamen früheren Film (*The Chase*, 1965) befreundet und so erstaunt es nicht, daß Brando die besseren Szenen hat.

Marlon Brando spielte diesen Regulator als einen recht exotischen Menschen, der es liebt, durch sein Fernrohr nicht nur die Vögel zu beobachten, sondern auch die verheerende Wirkung seiner gezielten Schüsse aus dem Hinterhalt. Des Nachts hält er Zwiegespräche mit seinem Pferd (»die Lippen von Salome, die Augen von Kleopatra«) oder verkleidet sich als Großmutter, um ein Mitglied der Logan-Bande brutal zu ermorden. Dann sagt er zu sich selbst: »Jetzt geht die müde Oma schlafen.« Er kostümiert sich wie im Karneval, liebt Schaumbäder und Parfüm, ist mordlustig, dem Wahnsinn nahe. Viele haben Brando bewußt übertriebenes Agieren im Stile des *Grand Guignol* als Exaltierung seiner hinlänglich bekannten darstellerischen Makken abgetan – zu Unrecht, denn diese Brechungen machen aus dem Regulator einen grausamen, unheimlichen Amokläufer.

1 Charles Michener on *Missouri Breaks*. In: Film Comment, Juli/August 1976, S. 41

›Duell am Missouri‹ (›Missouri Breaks‹)

Nicholson dagegen spielt verhalten, fast ehrfurchtsvoll, vor allem in den gemeinsamen Szenen der beiden. In einem Interview beschrieb Arthur Penn die Schwierigkeiten Nicholsons. »Es ist eine Art Hommage, mit Brando einfach nur zu arbeiten. Immer wieder wurde Jack frustriert von dem, was Marlon machte. Er war aber seiner Frustration gegenüber aufgeschlossen und konnte sie als ein guter Darsteller verwenden. Aber immer wieder ergriff sie ihn, unerwartet.«[2] Sicherlich ist es keine schlechte Leistung von Nicholson, doch ohne diese Hemmungen hätte er zweifellos eine überzeugendere Darstellung bringen können, eine, die nicht wieder seine rebellische Außenseiter-Attitüde aus den vorherigen Filmen aufgriff. Mit *Missouri Breaks* war er denn auch nicht einverstanden. »Ich war sehr betroffen. Der Film war fürchterlich uneinheitlich, was ich auch sagte. Na ja, von einem Schauspieler erwartet man nicht, daß er sich darum kümmert. Arthur Penn redet nicht mehr mit mir, weil ich ihm sagte, daß mir der Film nicht gefalle. Der Film hätte im Schneideraum gerettet werden können, aber keiner hörte zu.«[3]

Nach Abschluß der Dreharbeiten verklagte Nicholson den Produzenten Elliott Kastner auf Zahlung einer weiteren Million, da er über die vereinbarte Zeit hinaus gearbeitet habe. Der Film indes wurde trotz der Anstrengung aller Beteiligten ein kommerzieller Reinfall.

Bevor er sich endgültig an die Vorbereitung seines eigenen Films, ebenfalls einen Western, begab, übernahm Nicholson 1976 neben vielen anderen Weltstars eine kleine Rolle in Elia Kazans Comeback-Versuch *The Last Tycoon*. Auch Hal Ashby hatte ihn für eine Rolle vorgesehen, in seinem Vietnam-Heimkehrer-Epos *Coming Home* (1977). Nicholson sollte einen gelähmten Vietnam-Veteranen spielen, eine Rolle, die dann Jon Voight übernahm. Die zweite männliche Hauptrolle neben dem weiblichen Star Jane Fonda wurde Nicholsons Freund Bruce Dern übertragen. Doch die Arbeit unter einem so berühmten Regisseur wie Elia Kazan, der schon Marlon Brando in *On the Waterfront* (Die Faust im Nacken, 1954) zum Star gemacht hatte

2 What Is A Western? Arthur Penn interviewed by Stuart Byron/Terry Curtis Fox. In: Film Comment. a.a.O., S. 42
3 Leo Janos. a.a.O.

J. N. und Marlon Brando in ›Duell am Missouri‹ (›Missouri Breaks‹)

und Mitbegründer des Actor's Studio war, versprach reizvoll zu
werden.

The Last Tycoon ist die vage an der Geschichte des legendären MGM-Produzenten Irvin Thalberg orientierte Verfilmung
des gleichnamigen Romanfragments von F. Scott Fitzgerald, in
dem dieser seine bitteren Erfahrungen mit Hollywoods Filmindustrie und seine insgeheime Bewunderung für Thalberg verarbeitet hatte. Das Drehbuch von Harold Pinter indes legte den
Akzent mehr auf die unglückliche Liebesgeschichte der Hauptfigur, des Produzenten Monroe Stahr (!). Ursprünglich sollte
Mike Nichols diesen Stoff mit Dustin Hoffman in der Titelrolle
verfilmen, doch in Kazans Film spielt Robert de Niro den Monroe Stahr, der im Studio Alleinherrscher ist, aber in der Liebe

ein Versager. Stahr verliebt sich in ein unbekanntes Mädchen (Ingrid Boulting), in die er seine verstorbene Frau projiziert. Aber dieses Mädchen spielt in seinem privaten Liebesfilm nicht mit und zieht es vor, einen anderen zu heiraten. Nach einer durchzechten Nacht wird Stahr am nächsten Morgen von Studioboß Bradly (Robert Mitchum) aufgefordert, das Studio für eine Weile zu verlassen. Über die leeren, halbdunklen Ton-Bühnen erfolgt sein Abgang ins Nichts.

Regisseur Elia Kazan versuchte auch bei diesem Stoff seiner privaten Obsession vom äußerlich erfolgreichen, aber innerlich verkümmerten Amerikaner gerechtzuwerden, doch wirkte dies bei Fitzgeralds Story aufgesetzt und falsch. Unentschlossen schwankt der Film zwischen Liebesgeschichte und Hollywood-Kritik hin und her, ohne sich für eines von beiden zum Wohle des Films zu entscheiden. »Damit ist der Film nun selbst zu einem mut- und ratlosen Fragment zerfallen, der vom zynischen Glanz und menschlichen Elend Hollywoods ebensowenig enthält wie er die Psyche eines genialen und gebrochenen Einzelgängers enthält.«[4]

Bemerkenswert aber die darstellerischen Leistungen der prominenten Besetzung, die der Film in den Nebenrollen aufbot, daruter Robert Mitchum, Jeanne Moreau, Tony Curtis, Ray Milland und Donald Pleasance. Den nachhaltigsten Eindruck aber hinterließ Jack Nicholson als kommunistischer Gewerkschaftsführer Brimmer, der in einer Auseinandersetzung über die Rechte der Autoren mit Monroe Stahr aneinandergerät. In winzigen Rollen waren auch Nicholsons früherer Schauspiellehrer Jeff Corey (als Doktor) und seine Lebensgefährtin Anjelica Huston (als Edna) zu sehen. Mit ihr hatte Nicholson sich nach ihrer Affäre mit Ryan O'Neal wieder versöhnt, und es blieb nicht das einzige Mal, daß beide in einem Film gemeinsam auftraten.

Bevor sich Nicholson endgültig der Herausforderung seines zweiten, in eigener Regie gedrehten Films zuwendete, gab es wieder Krach zwischen ihnen, und Anjelica Huston ging vorerst eigene Wege. Um so heftiger stürzte sich Nicholson auf sein Projekt *Goin' South*. Nachdem das Budget durch Paramount

4 Wolfgang Limmer. Verarmter Traum-Fabrikant. In: Der Spiegel. Nr. 13/21.3.1977

gesichert war, mußte er eine Partnerin finden. Dachte er anfangs an Darstellerinnen wie Jane Fonda und Candice Bergen, die aber beide beschäftigt waren, entschloß er sich schließlich, einer Unbekannten die weibliche Hauptrolle zu geben. Unter den vielen Bewerberinnen, die das New Yorker Büro der Paramount im Gulf and Western-Gebäude am Central Park überströmten, war auch eine junge, etwas scheue Dame, die nicht so aufgeputzt wie ihre Konkurrentinnen ausschaute: Mary Steenburgen. Das lag vor allem an ihren Haaren, einer widerspenstigen Krause, die nicht zu bändigen war. Zierlich und unscheinbar verdiente sie ihren Lebensunterhalt als Kellnerin eines Crépe-Lokals. Nicholson war ebenso wie sein Freund Warren Beatty, der selber nach einem jungen, unbekannten Gesicht

›Der letzte Tycoon‹ (›The Last Tycoon‹)

suchte, von der jungen Schauspielerin ohne Job begeistert. Nach einer zweistündigen Lesung engagierte Nicholson sie »vom Fleck weg«. Bereits 1981 gewann die talentierte Nachwuchsschauspielerin den »Oscar« für die beste weibliche Nebenrolle in Jonathan Demmes *Melvin and Howard* (1980). In *Goin' South* wurde sie als die einzige Entdeckung gefeiert. Nicholson, selbst ein »Mega-Star«, war nun nicht mehr nur Darsteller, Produzent, Autor oder Regisseur, er war auch ein Star-Macher, eine Rolle, in der er sich sehr zufrieden fühlte.

Drehort war Durango in Mexiko, von den Einwohnern »La Tierra del Cine« genannt, weil dort bereits mehrere Western gedreht wurden, so unter anderem *Chissum* (1969; Regie: Andrew V. MacLaglen) mit John Wayne, in dessen Kulissen *Goin' South* nun hergestellt wurde. Als Produzent fungierten die beiden Nicholson-Freunde Harold Schneider und Harry Gittes, der Cut-

J. N. mit Mary Steenburgen in ›Der Galgenstrick‹ (›Goin' South‹)

144

›Der Galgenstrick‹ (›Goin' South‹)

ter war Richard Chew *(Chinatown)*. *Goin' South* beginnt, wo normale Western eigentlich enden: mit einer Hinrichtung. Unter dem Galgen steht der Pferdedieb Harry Moon (Nicholson) und wartet darauf, erhängt zu werden. Die ganze Bevölkerung des texanischen Städtchens Longhorn schaut zu, ebenso Harrys Kumpane, die sich aber nicht trauen einzugreifen.

Der Sheriff (Richard Bradford) informiert noch über ein Gesetz, das die Freilassung eines Verurteilten vorsieht, wenn eine ledige, steuerzahlende Frau ihn zu heiraten verspricht. So hofft man, die Verluste des Bürgerkrieges auszugleichen. Gerade als die Frist zu verstreichen droht und Moon schon keine Hoffnung mehr hat, meldet sich ein altes Mütterchen, die Harry außer sich vor Freude so herumwirbelt, daß sie ihren Geist aufgibt. Schon steht Harry wieder unter dem Galgen, als zur Überraschung aller und zum Ärger des Sheriffs und seiner beiden Gehilfen

(John Belushi, Christopher Lloyd) die junge Julia Tate (Steenburgen) den »Galgenstrick« heiraten will. Moon kann sein
Glück noch gar nicht glauben, als er mit ihr auf die Ranch ihres
Vaters zurückkehrt. Doch statt der erhofften Hochzeitsnacht
muß er im Schweinestall campieren. Denn Julia denkt gar nicht
daran, ihn als Ehemann zu nehmen, sondern schickt ihn in eine
Mine, wo sie hofft Gold zu finden, bevor die näherrückende Ei-
senbahn das Gelände enteignet.

Vergeblich versucht Moon, Eindruck auf Julia zu machen und
vergewaltigt sie später. Dann flieht er, wird aber vom Sheriff
wieder eingefangen und von Julia erneut aufgenommen. Wieder muß Moon in die Mine, doch dieses Mal findet er Gold. Da
erscheint auch seine alte Gang samt seiner früheren Freundin
Hermine (Veronica Cartwright) und will sich am neuen Reichtum beteiligen. Julia erwischt Harry und Hermine »in flagranti«
und will fortan nichts mehr von ihm wissen.

Um wenigstens ein bißchen von seiner Heirat zu profitieren,
überfällt Harry mit seiner Gang die Bank, auf der Julias Gold
liegt, nur um festzustellen, daß sie bereits mit ihrem Vermögen
verschwunden ist. Während sich seine Bande noch mit dem Sheriff und seinen Gehilfen herumschießt, findet Moon Julia doch
noch und überredet sie, mit ihm in den Süden zu gehen.

Mehr noch als *Missouri Breaks* ist *Goin' South* eine Western-
Komödie, der Nicholson in seiner ungehemmten Inszenierung
den Charakter einer Burleske gegeben hat. Das gibt dem
Hauptdarsteller Nicholson ausreichend Gelegenheit, die eigene
Person in Szene zu setzen. Die Kritik fiel manches Mal hart aus.
»Regisseur Nicholsons Hauptstrapaze besteht darin, seinen
Hauptdarsteller Nicholson Grimassen schneiden zu lassen. Das
ist furchterregend, das beweist wieder, daß Stars, sobald sie sich
selbst in Szene setzen, aus der Selbstkontrolle geraten. Sie chargieren auf Deubel komm raus.« [5] Tatsächlich übertreibt es Nicholson häufig genug, aber er beweist auch, daß er ein exzellen-
ter Komiker sein kann, der überdies viel von anderen Schauspielern gelernt hat. »Für meine Rolle benutzte ich jeden von
Gabby Hayes bis Spencer Tracy. Tracy ist mein Lieb-
lingskomiker.«[6] *Goin' South* ist ein ausgelassener, komischer

5 Klaus Hebecker. Rauhbein im Westernsand. In: Die Welt, 15.6.1979
6 Glenys Roberts. Jack Nicholson Crosses the Border. In: Times,
    4.2.1978

J. N. (Mitte) in ›Der Galgenstrick‹ (›Goin' South‹)

Film und wurde ähnlich wie *Missouri Breaks* ein Mißerfolg. Nicholsons Regie-Ambitionen dürfte dies vorerst eine Ende gesetzt haben.

Bei den Dreharbeiten hatte er sich als Perfektionist erwiesen, der seine Schauspieler, so Mary Steenburgen, einen Satz bis zu 16mal wiederholen ließ. Wenig später sollte er selbst mit einem der größten Perfektionisten des Kinos zusammenarbeiten: Stanley Kubrick. Der erste Kontakt war bereits 1969 zustandegekommen. Kubrick hatte gerade *Easy Rider* gesehen und war von Nicholsons Leistung beeindruckt. »Stanley rief mich in Los Angeles an und sagte: ›Hier ist Stanley Kubrick.‹ Es war zehn Uhr morgens und ich, unnötig zu sagen, schlief noch fest und fragte: ›Wer ist da?‹ Und er fuhr fort ›Hier ist wirklich Stanley Kubrick! Ich will mit Ihnen über ein Projekt reden.‹«[7] Es han-

7 Eleanor Ringel. a.a.O.

delte sich dabei um einen Film über Napoleon. Nicholson war interessiert, gab auch seine Zusage, doch die veranschlagten Kosten wuchsen bei der Detailbesessenheit Kubricks ins Unermeßliche. Das für dieses Projekt recherchierte Material ging dann später in *Barry Lyndon* (1978) ein.

Erst zehn Jahre nach ihrem ersten Kontakt kam es zur Zusammenarbeit. 1979 begannen in London die Dreharbeiten zu *The Shining*. Die Produktionsgesellschaft mietete für ihren Star ein großzügiges, luxuriöses Haus mit vier Schlafzimmern, ebensovielen Bädern und Wohnräumen, das 2.000 Dollar die Woche kostete. Aber Nicholson mußte ja einige Monate in London verbringen, wo er Gerüchten zufolge eine kurze, aber heiße Affäre (in einer Herrentoilette) mit Margaret Trudeau hatte, der Ex-Frau des kanadischen Ministerpräsidenten. Ein derart ungewöhnlich langer Aufenthalt zu Dreharbeiten erklärt sich nur aus der Besessenheit eines Regisseurs, der manche Szenen bis zu sechzigmal wiederholen ließ und nicht nur Nicholsons Partnerin Shelley Duvall an den Rand der Hysterie trieb.

Auch Nicholson hatte Probleme mit Kubrick. »Er ist besessen, fordernd und flexibel. Ich glaube, daß jeder, der mit Stanley gearbeitet hat, von ihm inspiriert wurde. Er kann einen wahnsinnig machen – wie jeder Besessene –, aber er ist der Regisseur, und deshalb ist er verantwortlich und nicht man selbst.«[8]

Nicholson spielt Jack Torrence, einen erfolglosen Schriftsteller, der sich zur Arbeit an einem Buch mit seiner Frau Wendy (Duvall) und seinem Sohn Danny (Danny Lloyd) in das menschenleere Overlook-Hotel zurückzieht. Danny besitzt das »shining«, das zweite Gesicht, eine Gabe, die ihn in Vergangenheit und Zukunft blicken läßt, wie auch der schwarze Hotelkoch (Scatman Crothers), der den Jungen eindringlich vor den Gefahren des Overlook-Hotels warnt. Auch Jack Torrance wird gewarnt. Der Hotelmanager klärt ihn über die düsteren Geschehnisse in der Vergangenheit des Hotels auf, in der schon einmal ein Hausverwalter in der winterlichen Einsamkeit seine Familie abgeschlachtet hatte. Torrance nimmt dies auf die leichte Schulter, doch das drohende Unheil ist allenthalben zu spüren. Schon Torrances Vorstellungsgespräch weist auf eine ge-

8 Eleanor Ringel. a.a.O.

Shining

störte Psyche hin. Das Verhalten von Jack wird schließlich auch immer merkwürdiger, und seiner Frau Wendy wird langsam unheimlich zumute. Einer der erschreckendsten Szenen des Films, ohne die üblichen Horrormätzchen inszeniert, ist jene, in der Wendy entdeckt, daß ihr Mann in den vergangenen Wochen Hunderte von Seiten mit nur einem Satz beschrieben hat: »All work and no play, makes Jack a dull boy.« Vor ihren Augen (und denen der Zuschauer) entwickelt sich Jacks Wahnsinn zur Raserei, die schließlich zur bestialischen Mordlust wird.

Mit dem graduell zunehmenden Horror des Films steigert sich auch Nicholsons darstellerische Leistung. Sein Gesicht spiegelt dabei genau seine Gefühle, seinen zunehmenden Irrsinn wider. Sein »Killer Smile« wird immer mehr zur diabolischen Fratze, Ausdruck der Gefühlsumkehrung, die in seinem Inneren stattfindet.

Nichsolson portraitiert einen Amokläufer mit einer unglaublichen Vielzahl von schauspielerischen Ausdrucksmöglichkeiten, er wird zur Inkarnation des lebenden Terrors. Als er mit einem teuflischen Grinsen, die Axt schwingend, die Badezimmertür, hinter der sich Wendy versteckt, zertrümmert und den Kopf durch das Loch steckt, ist sein Ruf »Heere's Johnny!« wahrhaft furchterregend. Seine Darstellung wurde zu Unrecht von der Kritik negativ besprochen; viele sahen in Nichsolsons Jack Torrance einen auf die Spitze getriebenen Randy P. McMurphy. In der um dreißig Minuten gekürzten deutschen Version wird nämlich die Vorgeschichte von Jack Torrance verschwiegen, die ihn als einen gewalttätigen Alkoholiker charakterisiert.

Über seine Rolle besaß Nicholson eine bestimmte Vorstellung; er wollte die Intention des Films bereits in seiner Darstellung verwirklichen. »Ich spielte sie so, als wäre es eine sehr reale, klassische Psychose männlicher Unzulänglichkeit und ihrer Übertragung auf seine Familie in einer pathologischen Weise. (...) Ich sehe Torrance als einen Mann, dessen Bestreben seine Fähigkeiten übersteigt. Er ist ungewöhnlich insofern, als er deswegen emotional so verwirrt ist.«[9] So ist *The Shining* im Grunde genommen auch kein Horrorfilm im üblichen Sinne, sondern ein übersteigertes Familiendrama, ausgelöst nicht allein durch

9 Eleanor Ringel. a.a.O.

J. N. (links) in ›Shining‹

J. N. mit Shelley Duvall und Danny Lloyd in ›Shining‹

die plötzliche Isolation im Overlook-Hotel und den Wahnsinn von Torrance, sondern auch durch das hysterische Verhalten und die erschreckende Banalität von Wendy. Mag die Geschichte des Films einige Ungereimtheiten aufweisen, die Technik ist dagegen um so perfekter, vielleicht sogar zu perfekt.

Nicht selten geschieht es in den Filmen Kubricks, daß die formale Brillanz den Gehalt des Stoffes überlagert. Noch nie sah man im Kino derartig entfesselte Kamerafahrten. In rasender Geschwindigkeit scheinbar mühelos alle Hindernisse überwindend. Die Kamera schafft einen eigentümlichen Sog, und wie Jack Torrance wird auch der Zuschauer von einem Labyrinth magisch angezogen, aus dem es kein Entkommen mehr gibt. Ermöglicht wurde dies durch das »Steadycam«-Verfahren, eine Art Schulterstativ, bei dem die Kamera frei und vor allem erschütterungslos bewegt werden kann. Kubrick war der erste Regisseur, dem die Demonstration des ästhetischen Reichtums dieser Technik in atemberaubender Weise gelang. *The Shining,* von seinem Regisseur als der erschreckendste Horrorfilm in der Geschichte des Kinos apostrophiert, hielt die in ihn gesetzten Erwartungen nicht. Es wurde ein nur mittelmäßiger kommerzieller Erfolg, ebenso wie der folgende Film, der Jack Nicholson in einer Hauptrolle sah.

IX. Der Tramp, der Dichter und der Grenzer: die Wende?

Wieder einmal arbeitete er mit seinem Freund Bob Rafelson zusammen, der in den vergangenen Jahren im Gegensatz zu Jack Nicholson keine Erfolge mehr hatte. Seit geraumer Zeit dachten beide an eine erneute, die insgesamt vierte Verfilmung des berühmten Kriminalromans von James M. Cain »The Postman Always Rings Twice« (Die Rechnung ohne den Wirt). Bereits drei Filme waren nach diesem Stoff gedreht worden: 1939 in Frankreich unter der Regie von Pierre Chenal, 1942 die bislang beste Adaptation, *Ossessione* von Luchino Visconti, und wenig später, 1946, die noch vom Moralkodex des Hays-Office (einer Hollywood-Zensurbehörde) geprägte, aber dennoch sublimerotische Version von Tay Garnett mit Lana Turner und John Garfield. Cains Roman erschien 1934, seine Sprache ist stakka-

J. N. (rechts) bei den Dreharbeiten zu ›Wenn der Postmann zweimal klingelt‹ (›The Postman Always Rings Twice‹)

toartig hart. Angesiedelt in der Zeit der Depression, erzählt er die Geschichte eines Verbrechens aus Leidenschaft, einer *amour fou* und einer Gerechtigkeit, die nur auf Umwegen zu ihrem Recht kommt, eben wenn »der Postmann zweimal klingelt«, wie es ein amerikanisches Sprichwort sinngemäß ausdrückt.

Frank Chambers (Nicholson) ist ein *drifter,* ein unstet Herumreisender, der eines Tages an die Raststätte des Griechen Nick Papadakis (John Colicos) kommt, wo er nach einem freien Essen zu arbeiten anfängt. Der Entschluß, in dieser trostlosen Einöde namens Twin Oaks Tavern zu bleiben, wird ausgelöst durch Nicks Frau Cora (Jessica Lange), eine junge blonde Frau mit großer erotischer Ausstrahlung. Zwischen Frank und Cora kommt es zu einem leidenschaftlichen Verhältnis, das mit einem sexuellen Gewaltakt auf dem Küchentisch inmitten des Brot-

153

teigs seinen Anfang nimmt. Schon bald beschließen beide zu fliehen, aber Frank verspielt unterwegs das Reisegeld, und beide kehren zurück. Sie fassen den Plan, Nick umzubringen, doch der Anschlag mißlingt. Während Nick im Krankenhaus liegt, steigert sich die Leidenschaft beider füreinander. Nach Nicks Rückkehr unternehmen sie in Form eines fingierten Autounfalls einen zweiten Mordversuch, diesmal erfolgreich. Sofort fällt der Verdacht auf sie. Im Krankenhaus liegend, läßt sich der verletzte Frank zu einem Geständnis bewegen, das Cora des Mordes beschuldigt. Wütend will daraufhin auch Cora aussagen. Ihrem cleveren Anwalt gelingt es, Schlimmeres zu verhüten und außerdem ein Geschäft mit Nicks Versicherung abzuschließen, das Cora und Frank viel Geld einbringt. Nach Twin Oaks zurückgekehrt, ist ihr weiteres Leben zunächst von gegenseitigem Mißtrauen bestimmt. Als Cora dann ihre Mutter besuchen fährt, macht sich auch Frank wieder auf die Reise und landet bei Madge (Anjelica Huston), einer Löwenbändigerin im Zirkus. Doch noch vor Cora kehrt er nach Twin Oaks zurück. Cora gesteht ihm schwanger zu sein, und zum ersten Male kommt so etwas wie Glück und Liebe auf. Als dann aber während Franks Abwesenheit Madge auftaucht und Cora von Franks Zwischenspiel erfährt, ist das alte Mißtrauen wieder vorhanden, doch Frank schlägt ihr vor, sie zu heiraten. Auf dem Weg in die Stadt aber verunglücken sie, und Cora wird aus dem Auto geschleudert. Tot bleibt sie am Straßenrand liegen, wo Frank weinend, den Kopf gesenkt, neben ihr hockt. Cains Roman allerdings führte die Geschichte zu einem überraschenden Ende fort. Frank wird darin wegen Mordes an Cora zum Tode verurteilt.

Mit einem Elf-Millionen-Dollar Budget ausgestattet, gelang es Rafelson, die dreißiger Jahre wieder aufleben zu lassen. Sorgfältig recherchiert, protzt der Film nicht mit seiner Kulisse sondern führt sie eher beiläufig vor. Doch Rafelson und sein Drehbuchautor David Mamet lassen die gesellschaftlichen und sozialen Bezüge der Zeit außer acht, reduzieren die Charaktere auf reine Triebfiguren, während etwa Visconti auch die sozialen Zwänge als Auslöser des Verbrechens heranzog, weshalb sein Film sofort verboten wurde. Waren Rafelsons Filme bislang Allegorien eines gebrochenen Amerikas, schuf er mit der Figur des Robert Eroica Dupea in *Five Easy Pieces* einen modernen

Anti-Helden, der Amerikas ständige Suche nach seinen Ursprüngen und die Flucht vor der Festlegung versinnbildlichte, so ist *The Postman Always Rings Twice* nur noch ein schwacher Schatten der früheren Rafelson-Werke, an denen Jack Nicholson ja immer beteiligt war. In mancher Hinsicht erscheint der Film wie ein Versuch, alte Zeiten wieder aufleben zu lassen.

Die Verfilmung von Tay Garnett, mit John Garfield in der Hauptrolle, dem Nicholson übrigens in der Rolle sehr ähnelt, entstand in der Zeit des *film noir* und war geprägt vom Fatalismus dieser Filme. Rafelson indes kreierte einen bemerkenswerten Realismus und ließ mit seinem Schluß keinen Fatalismus aufkommen. So reduziert sich der Stoff tatsächlich »nur« auf eine, für manchen enttäuschende Beschreibung einer hitzig-triebhaften Liebesgeschichte. Die allerdings profitiert von den darstellerischen Leistungen Langes und Nicholsons.

J. N. mit Jessica Lange ›Wenn der Postmann zweimal klingelt‹
(›The Postman Always Rings Twice‹)

Mit Jessica Lange in ›Wenn der Postmann zweimal klingelt‹ (›The Postman Always Rings Twice‹)

Jessice Lange war zuvor nur in zwei Filmen aufgetreten, als »weiße Frau« in dem Remake von *King Kong* (1976; Regie: John Guillermin) und in Bob Fosses *All That Jazz* (1979; Hinter dem Rampenlicht). Nicholson kannte sie bereits von einem *screen-test* für *Goin' South*. Lange spielte die von unerfüllter Sexualität und hemmungsloser Leidenschaft getriebene Cora voller Gefühl und wahrhaft überzeugend. Vor allem in den Lie-

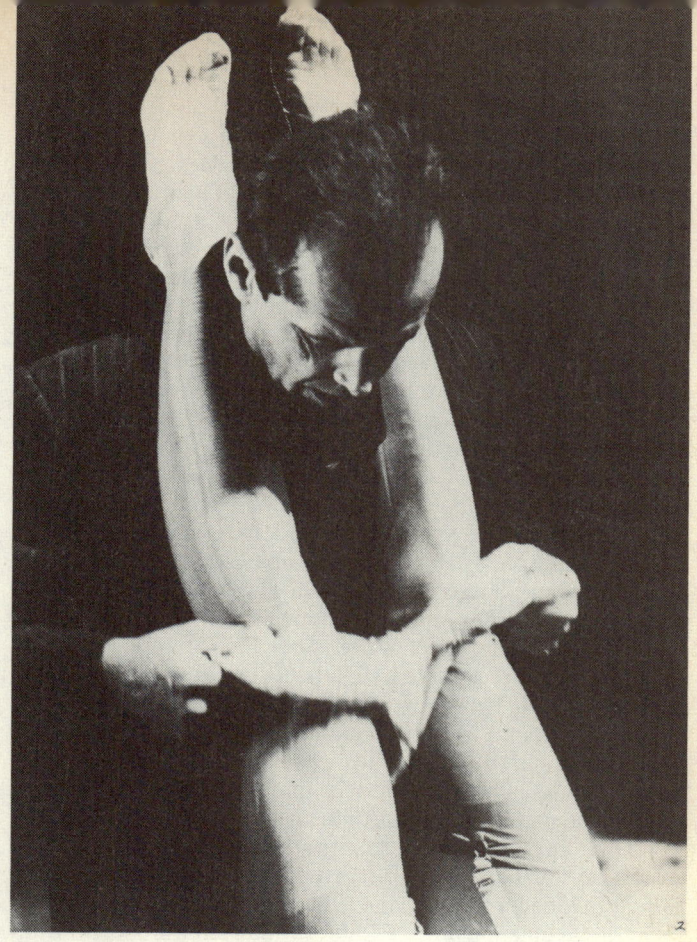

›Wenn der Postmann zweimal klingelt‹ (›The Postman Always Rings Twice‹)

besszenen der beiden ist ihr Spiel von Leidenschaft gekennzeichnet, was in der Werbung dann als ein echtes Gefühl für Nicholson propagiert wurde. In Boulevardblättern und Illustrierten erschienen große Artikel von einer angeblich realen Liebesszene auf dem Küchentisch, die nicht ohne Folgen geblieben sei. Zufällig wurde Jessica Lange in der Zeit Mutter, als der Film in die Kinos kam. Vater des Kindes war Michail Barischnikow.

Neben der verhältnismäßig unbekannten Lange verstand es natürlich auch Nicholson, darstellerisch zu glänzen. »Nicholsons Frank geht durch mehrere Phasen: von der frechen Schläue des verhärteten Landstreichers über die Betroffenheit angesichts der Stärke der Liebe, die er ausgelöst hat, bis zu der Nichtigkeit eines mittleren Alters, wo man bereit ist, sich mit Kind und Kegel niederzulassen. Da findet sich im Schaupieler so wenig der Wunsch, den eigenen Glanz zu bewahren, daß er nun, wie Elisha Cook, nach nichts aussieht. Das Haar ist dünn und die Gegend um die Augen dunkel vor Vernachlässigung und schlechtem Leben. Aber als er endlich die Aussicht, Vater zu werden, akzeptiert, kann er uns eine durchaus normale Fröhlichkeit zeigen, die immer schon Nicholsons Zauber war. Ein Superstar ja, aber auch ein Charakterschauspieler.« [1] Als Darsteller ist Nicholson in jeder Rolle, ohne Eigennutz, einsetzbar. Sein Aussehen interessiert ihn dabei kaum, eine Eigenschaft, die Bob Rafelson als Regisseur an ihm besonders schätzt, ihm aber als Freund Sorgen macht. »Bei *Five Easy Pieces* lichtete sich bereits sein Haar, und ich richtete es und sagte, daß ich seine kahle Stelle nicht sehen wolle. Aber Jack fühlt sich wohl bei dieser Haltung des Hauptdarstellers. Er bringt sich nicht in eine so gute Form wie Newman oder de Niro. Man sieht dasselbe bei Orson Welles und Marlon Brando: an einem gewissen Punkt kümmern sie sich überhaupt nicht mehr darum. Jack ist von seiner Outlaw-Qualität beeindruckt und will sie einfach durchscheinen lassen.« [2] Diese Einstellung bestimmt auch Nicholsons Verhältnis zu Nebenrollen, die er immer wieder ohne Rücksicht auf seinen Starstatus spielte. »Ich möchte mir diesen Weg offenhalten. In kleinen Rollen kann man bestimmte Dinge verwirklichen, die in einem ganzen Film nicht möglich wären. Ein Blinder mit schottischem Akzent, der hinkt und ein Jojo-Champion ist, wäre nicht für 311 Szenen, aber für drei wäre er vielleicht interessant.« [3]

1 David Thomson. Raising Cain. In: Film Comment. März/April 1981, S. 27
2 Bob Rafelson interviewed by David Thomson. In: Film Comment. März/April 1981, S. 32
3 Mel Gussow. Easy Actor's Road Was Hard Riding. In: The New York Times, 2.1.1976

›Reds‹

In Warren Beattys sich über mehrere Jahre hinziehenden und 1981 schließlich fertiggestellten Epos *Reds* spielt er einmal mehr eine kleine Rolle, die des berühmten Dramatikers Eugene O'Neill. Daß er auch solche Rollen nahezu besessen vorbereitet, beweist seine Lektüre von mehr als 6000 Seiten von und über den Literaten, einem Freund des sozialistischen Journalisten John Reed, dessen Verwicklung in die russische Oktober-Revolution der Film schildert.

Mit 33 Millionen Dollar ausgestattet, gelang Beatty, der auch die Titelrolle spielte, eine überzeugende Mischung von Geschichte und filmischer Fiktion, von Revolutin und Romantik. Der mehr als dreistündige Film ist von epischer Monumentalität und in seiner Hollywood-gemäßen Sentimentalität der *Dr. Schiwago* der achtziger Jahre. Denn nicht die politischen, historisch belegten Ereignisse drängen in den Vordergrund, sondern die stürmische, bewegende Liebesgeschichte zwischen John Reed und Louise Bryant (Diane Keaton). Großen Wert legte Beatty überdies auf die Einrichtung seiner Interieurs, in denen der Film meistens spielt, und auf die darstellerischen Auseinandersetzungen der Akteure, wobei vor allem die Szenen zwischen der Keaton und Nicholson in ihrer unterschwellig knisternden und zurückgehaltenen Sexualität herausragen.

Nicholson spielt Eugene O'Neill, bekannt für seine Vorliebe zu Bourbon, als einen sarkastischen, gelegentlich zynischen Menschen, der scharf analysierend den Hang amerikanischer Intellektueller zu revolutionären Bewegungen als gefährliche Schwärmerei abtut. Seine Spielweise ist dabei, wie sich schon in *The Postman* andeutete, verhaltener geworden; nun übt er da Zurückhaltung, wo er in früheren Filmen gelegentlich outrierte. Gerade in der Stille seiner Darstellung liegt ihre Faszination, die in nichts der aus *Five Easy Pieces* oder *The King of Marvin Gardens* nachsteht. So ist es nicht erstaunlich, daß er 1982 erneut für einen »Oscar« – für die beste männliche Nebenrolle – nominiert wurde. Während er aber leer ausging, wurde der Film unter anderem für die beste Regie ausgezeichnet.

Nur wenige Monate nach *Reds* kam ein weiterer Film mit Jack Nicholson in die Kinos; *The Border,* vom britischen Regisseur Tony Richardson inszeniert, mit dem Nicholson bereits einige Jahre zuvor ein Projekt realisieren wollte. Die schlechteste Szene des Films ist gleich zu Beginn. Ein Erdbeben in Mexico macht die Bewohner eines Städtchens obdachlos, unter ihnen die junge Maria (Elpidia Carrillo) mit ihrem Baby. Die einzige Hoffnung der Menschen ist, durch den »Tortilla Vorhang« in die USA zu schlüpfen. Für einen sozialkritisch so engagierten Regisseur wie Tony Richardson, in den sechziger Jahren Mitbegründer des realistischen *New Cinema,* ist dies eine enttäuschende Erklärung der Massenbewegung von Süd nach Nord. Doch dann gewinnt der Film an Kontur.

Charlie Smith (Nicholson) ist Polizist in Los Angeles, wo er mit seiner Frau Marcy (Valerie Perrine) in einem Wohnwagen mehr schlecht als recht haust. Marcy aber stellt Ansprüche an das Leben, die sich vornehmlich in Konsum ausdrücken, und überredet Charlie, eine Stelle bei der »Border Patrol« in El Paso/Texas anzunehmen, wo auch Cat (Harvey Keitel), der Mann ihrer Freundin, arbeitet. Mit Cat zusammen bildet Charlie schließlich ein Team. Er merkt, daß alle seine Kollegen korrupt sind und an dem Riesengeschäft mit illegalen Arbeitskräften mitverdienen. Cat drängt ihn in das Geschäft einzusteigen, was Charlie auch akzeptiert, da ihn die Wünsche seiner Frau viel Geld kosten. Immer wieder stößt er bei seiner Arbeit auf Maria. Als man ihr Baby entführt, um es an reiche Amerikaner zu verkaufen, beschließt Charlie aus einem Rest von Menschlichkeit, ihr zu helfen. Damit stellt er sich gegen seine Kollegen und seinen Boß Red (Warren Oates). Trotz Morddrohungen gibt er die Suche nach Marias Baby nicht auf und bringt es, als er es findet,

›Grenzpatrouille‹ (›The Border‹)

zurück. Nun aber bleiben Cat und Red nicht mehr länger untätig. Sie wollen Charlie beim Grenzübertritt erledigen. Im finalen *Showdown* lassen aber beide ihr Leben.

Tony Richardson zeigte in den meisten Teilen seines Films ein Gespür für stimmige Details, mit denen er seine Charaktere definiert. Es sind durchschnittliche Menschen, die mehr aus einem gesellschaftlichen Zwang in die Kriminalität gleiten, obwohl sie die Gesetzeshüter sind. Es ist ein unprätentiöser Film, zuweilen spektakulär in seiner Action, aber doch um Seriösität bemüht. So auch die Darstellung Nicholsons. Äußerst diszipliniert, ohne

›Grenzpatrouille‹ (›The Border‹)

J. N. (Mitte) in ›Grenzpatrouille‹ (›The Border‹)

auf sein »Killer Smile« zu verzichten, porträtiert er den Polizisten Charlie Smith als einen Menschen, der unter den Verhält-
nissen, in denen er gefangen ist, leidet, der aber versucht, sich
wenigstens persönlich einen Rest an Menschlichkeit zu bewahren und sich nicht vom Strom der Korruption mitreißen zu lassen.

Nicholson dominiert den Film, trotz so hochkarätiger Besetzung mit Harvey Keitel oder Warren Oates, der kurz danach
verstarb; in fast jeder Szene ist Nicholson präsent. *The Border*
ist vielleicht nur ein mittelmäßiger Film, doch die Leistung von
Jack Nicholson ist eine seiner besten. Für die Zukunft verspricht
sie einiges.

Man spürt die Kehrtwendung des Schauspielers, seinen Versuch, den Erwartungen des Publikums entgegenzuwirken. Das
macht ihn sympathisch, aber vielleicht nicht so publikumsattraktiv. Einmal mehr demonstriert er seine bemerkenswerten
Fähigkeiten als Charakterschauspieler und verzichtet auf jegli-

che Starmätzchen. Nicholson war immer ein Darsteller, der das Risiko in seinem Beruf nicht scheute, der sich nicht wie viele andere an ein bestimmtes Image klammerte und dieses bis aufs Äußerste vermarktete. Auf seine weiteren Filme, darunter vielleicht auch ein erneuter in eigener Regie, darf man interessiert hoffen. Jack Nicholson hat im Laufe seiner Karriere schon mit einigen Drehungen überrascht, und noch hat er nicht alle Trümpfe aus dem Ärmel geschüttelt.

X. Versoffener Astronaut und verliebter Killer

Zwei Jahre machte Jack Nicholson nach *Reds* Pause. Keine Zeit des Müßiggangs aber, sondern eine Phase intensiver Arbeit. Drehbücher mußten gelesen, Rollenangebote geprüft, eigene Filmprojekte vorangetrieben werden. Nicholson, immer darauf bedacht, sich auf keinen Rollentypus festlegen zu lassen, entschloß sich dann – nach *Reds* – eine weitere Nebenrolle anzunehmen. »Es war das menschlich ansprechendste Buch, das ich seit Jahren gelesen hatte. Ich wußte einfach, daß es erfolgreich sein würde. Warum? Weil es einen gewissen Unterschied gab. Für einen Studioboß, der immer weit vorausplanen muß, erscheint ein solcher Unterschied gefährlich. Aber für einen wie mich, der einen Schritt zurück ist, ist es genau das, wonach man gesucht hat.«[1] Drehbuchautor war James L. Brooks, dem breiten Publikum weithin unbekannt, den Brancheninsidern indes wohl ein Begriff. Als Erfinder der überaus erfolgreichen Fernsehserien *Taxi*, *Lou Grant* und *Mary Tyler Moore Show* genoß Brooks einen guten Ruf. Ihm eine Spielfilmregie anzuvertrauen, so weit wollten die Studios aber dann doch nicht gehen. Allenfalls 7 ½ Millionen Dollar war man schließlich bereit auszugeben, vor allem, da Shirley MacLaine zugesagt hatte, die Hauptrolle in *Terms of Endearment* zu übernehmen. Doch 7 ½ Millionen Dollar waren nicht genug; das Projekt drohte zu

1 The Bird Is On His Own. Jack Nicholson interviewed by Beverly Walker. In: Film Comment, June 1985

scheitern, als es die Finanzpartner des TV-Stars Mary Tyler Moore wagten, in James Brooks zu investieren. Eine Investition, die sich mehrfach auszahlen sollte.

Terms of Endearment wurde einer der erfolgreichsten Filme des Kinojahres 1983/84, mit fünf »Oscars« außerdem geradezu überhäuft. »Willkommen im Club« telegraphierte der Hollywood-Altmeister Frank Capra, der als erster Regisseur mit insgesamt fünf (der wichtigsten) »Oscars« für einen Film ausgezeichnet worden war.

Vier Jahre waren vergangen, bevor *Terms of Endearment* in Produktion ging. Glücklicherweise hatte Brooks abweichend von Larry McMurtrys Romanvorlage einen Charakter hinzuerfunden, den des versoffenen Ex-Astronauten Garrett Breedlove, der sich mit einem Mal als verständnisvoller Liebhaber erweist. »Das entwickelte sich aus den Nachforschungen heraus« erzählt Brooks. »Viele Frauen über 50 sind einsam, und wenn man mit ihnen zusammensitzt, etwas trinkt, dann wollen sie einen länger dabehalten, weil ihre Tage so langweilig sind. Sie sind so fühlbar einsam, daß es langsam auf einen selbst abfärbt. Und dann möchtest du etwas Optimistisches über ihre Lage sagen, daß sie nicht immer dauere, nicht mit Kompromissen gefüllt sein müsse. Über diese Gruppe von Frauen in diesem Land wollte ich irgend etwas Optimistisches ausdrücken. Und das ging am besten durch eine glaubhafte Romanze.«[2]

Terms of Endearment erzählt die Geschichte einer wechselvollen Mutter-Tochter-Beziehung. Aurora Greenway (MacLaine) ist Witwe und lebt in Texas. Ihre Tochter Emma (Debra Winger) wird flügge, heiratet, bekommt drei Kinder und zieht aus Texas fort. Beider Beziehung besteht meist aus Streitereien, immer wieder aber auch Zuneigung. Ihr Verhältnis ist geprägt durch gegenseitige emotionale Abhängigkeit und die Angst, diese einzugestehen. Während Emma mit ihrem Mann Flap (Nomen est Omen!/Jeff Daniels) eine Ehe mit Höhepunkten und Niederlagen durchlebt und -leidet, schart ihre Mutter Aurora in ihrem plüschigen Puppenhaus einige Verehrer um sich, verliebt sich dann aber in ihren Nachbarn, den vulgären Astronauten Garrett (Nicholson), der nichts lieber tut, als junge Mäd-

2 On His Own »Terms«. James L. Brooks interviewed by Kenneth Turan. In: Film Comment, April 1984, S. 22

165

chen aufzureißen oder laut prustend in seinem Swimmingpool umherzukraulen. Tragik kommt auf, als sich herausstellt, daß Emma unheilbar an Krebs erkrankt ist und bald sterben wird. In tränenreichen Gesprächen bereinigt Emma ihr Verhältnis mit ihrer Mutter und Flap, ihrem Versager-Ehemann. Dann bestimmt sie, daß ihre Kinder zur Großmutter kommen. Der Astronaut, der sich für eine Weile von Aurora getrennt hatte, um über seine Gefühle zu ihr Klarheit zu erlangen, taucht wieder auf und erweist sich als moralische Stütze. Die Kinder, so weiß man, werden in ihm einen guten Vater haben.

Die Geschichte des Films ist im Grunde unerträglich rührselig, dabei so verlogen und unrealistisch wie sonst nur die unsäglichen »Soap Operas« des Fernsehens. Wie diese Serien hangelt sich auch *Terms of Endearment* von einer Episode zur anderen, synthetisch, ohne Kontext zur sozialen Realität und ohne eine Entwicklung seiner Charaktere vorzuführen. »Die Krebs-Schmonzette am Ende repetiert das Erfolgsmuster der ›Love Story‹ – die Sterbende ist burschikos, die Familie leidet stumm, und das Publikum schluchzt stellvertretend für soviel erlittenes Schicksal. Die Flutwarnung ist berechtigt, Rührung und feuchte Augen sind unvermeidlich in diesen Szenen. Der Film menschelt nach Herzenslust und badet in sentimentalen Gefühlen.«[3]

Sehenswert wird *Terms of Endearment* allein durch seine Stars. Debra Winger spielt Emma glaubhaft als erdhafte, leicht überforderte, auch etwas einfältige Tochter und Ehefrau. Sie ist eindrucksvoll, direkt und emotional. Man merkt der jungen Darstellerin die Identifikation mit ihrer Rolle an. Kein Wunder, daß es häufiger zu persönlichen Auseinandersetzungen mit Shirley MacLaine kam, deren Verkörperung von Aurora geprägt ist von ironischer Distanz und einem erstaunlichen Mut zur Lächerlichkeit. Immer in der Schwebe zur Comicfigur balancierend, vermittelt MacLaine ihrer Rolle durchaus etwas Tragisches, Menschliches. Ihre besten Szenen allerdings sind jene zusammen mit Jack Nicholson. Als Garrett Breedlove, der Astronaut, dominiert er den Film immer, wenn er auftritt. Etwas bis zur Mitte muß man darauf warten, so lange entwickelt sich *Terms of Endearment* recht zäh und droht in Langeweile zu versinken.

3 Wolf Donner. Auroras Puppenheim. In: Tip-Magazin 3/84

Shirely MacLaine und Jack Nicholson in ›Zeit der Zärtlichkeit‹ (›Terms of Endearment‹)

Nicholson bringt das schmerzlich vermißte komische Element in Brooks' Film, der an Fahrt gewinnt, an ironischer Schärfe und sogar Sarkasmus. »Wind in den Haaren und Stahl in der Hose« ruft der Astronaut, bevor er im hohen Bogen ins Wasser fliegt und dreinschaut wie ein begossener Pudel. Augenrollend, zwinkernd, aufgedunsen, mit dickem Bauch, sein »Killer Smile« andeutungsweise aufblitzend, anzüglich, direkt und vulgär – Nicholson führt sein ganzes Repertoire vor, eine Paraderolle, die ihm zu Recht einen »Oscar« als bester männlicher Nebendarsteller einbrachte. Die anderen Academy Awards wurden verliehen für den besten Film, die beste Regie, das beste Drehbuch und die beste weibliche Hauptrolle (MacLaine).

Für Jack Nicholson war dies ein persönlicher Triumph, der

durch die überraschenden Einspielergebnisse des Films noch unterstrichen wurde. Vehement nämlich zieht er gegen den momentan herrschenden Trend der Industrie zu Felde, im Kino nur noch technische Gimmicks vorzuführen, den Film zur Spielwiese zahlloser Special-Effects-Techniker verkommen zu lassen und darüber zum Beispiel so etwas wie eine durchdachte, gehaltvolle Story zu vergessen. Er hat kein Interesse an den Kid-Movies mit ihren schwachsinnigen, immer gleichen Geschichten und ist überzeugt von der Renaissance des Erzählkinos. Wie es sich etwa im Western präsentiert, der mit Lawrence Kasdans *Silverado* unlängst Wiederauferstehung feierte. Nicholson selbst hegt seit Jahren Pläne für einen eigenen Western *(Moon Trap)*, den er am liebsten nur als Regisseur drehen würde. »Es ist ein Western, den ich schon immer machen wollte und vielleicht auch machen werde. Als ich mit dem Drehbuch begann – was vor fast zehn Jahren war –, sagte ich zu der beteiligten Produktionsfirma: ›Laßt mich nicht den ganzen Sommer schreiben, wenn ihr den Film doch nur mit mir als Darsteller machen wollt.‹ Es gibt zwei Figuren im Film, und ich sollte ihrem Wunsch nach die jüngere spielen, wofür ich mich zu alt hielt. Außerdem hatte ich eine Liste mit Leuten, die diese Rolle spielen sollten. Jon Voight stand darauf, Dustin (Hoffman, d. A.), auch John Travolta, bevor er einen Film gemacht hatte, und Tommy Lee Jones, Richard Gere, Frederic Forrest. George C. Scott und Lee Marvin wollten beide den Älteren spielen. Dem Studio aber gefiel das nicht, und so ließ ich alles fallen. Aber seitdem ich das Material wieder besitze und ich auch langsam so alt bin, daß ich den Älteren selbst spielen kann, kann ich den Film vielleicht doch noch machen.«[4]

Konkretere Gestalt nahm derweil ein anderes Projekt an: *Two Jakes,* eine Art Fortsetzung von Nicholsons großem Erfolg *Chinatown,* dessen Drehbuchautor Robert Towne war. »Wir hatten immer die Idee, drei Filme zu machen, aber zu der Zeit, als *Chinatown* in die Kinos kam (1974), hielt die Branche nicht viel von Fortsetzungen. Die erste Story begann 1937 – dem Jahr meiner Geburt – und folgte meiner Rolle elf Jahre später, nachdem er im Krieg war. Das ist 1948. Und die Geschichte endet et-

4 The Bird Is On His Own. a. a. O., S. 58

Killer Charley in Ausübung eines Auftrags

wa zu der Zeit, als Robert Towne und ich uns trafen. Anders ausgedrückt, es ist ein literarischer Kunstgriff, ein 18-Jahres-Projekt. Wir wollten ein Projekt realisieren, bei dem man die tatsächliche Zeit zwischen den einzelnen Geschichten abwartet, bevor man fortfährt. Deshalb redeten wir nie über eine Fortsetzung, deshalb handelten wir einen Vertrag aus, nach dem man keinen weiteren Film ohne einen von uns machen konnte – nicht mal eine Fernsehserie. Ich muß meine Haare für *Two Jakes* nicht grau färben, weil ich elf Jahre älter geworden bin, die Rolle schon einmal gespielt habe und heute eben so aussehe. Filmisch funktioniert das. Statistisch gesehen dauern die Karrieren von Leuten nicht 18 Jahre. Ein Projekt über 18 Jahre zu planen ist verrückt. Aber wir haben's fast geschafft. Der nächste Film, der 1953 angesiedelt sein wird, kurz bevor Robert und ich uns trafen, wird in etwa fünf Jahren gemacht werden. Es geht darin um die Natur: Luft, Land, Wasser, Feuer. Ich bin an allem beteiligt. Bob schreibt …, aber wir sind Partner. Ich bin das Vehi-kel. Unser Risiko ist, daß niemand den dritten Film sehen will. Aber man muß halt ein bißchen Vertrauen haben.«[5]

Vor dem zweiten Teil des J. J. Gittes-Tryptichons, wie Ni-cholson das Vorhaben nennt, war er das Vehikel eines anderen, ebenso risikoreichen Unternehmens. John Huston, der Regie-Altmeister Hollywoods, unablässig neue Filme drehend, künst-lerisch wie kommerziell höchst unterschiedlich erfolgreich, dachte an die Realisierung eines Mafia-Films. Nach dem Erfolg der *Godfather*-Filme und zahlreicher Nachfolger kein sonder-lich originelles Unterfangen, dessen kommerzielle Aussichten ebensowenig vielversprechend schienen. Nicholson, dem Cop-pola die Hauptrolle in *Godfather* angeboten hatte und die dieser mit dem Argument, nicht unbedingt einen Italiener spielen zu wollen, abgelehnt hatte (die Rolle bekam dann Al Pacino), war nun interessiert daran, einen italienischstämmigen, in Brooklyn wohnenden Mafia-Vollstrecker darzustellen, in einem Film überdies ohne Blutvergießen. Und dies nicht nur, weil er seine Meinung geändert hatte, eher wohl wegen der Aussicht, endlich mit Huston zusammenarbeiten zu können (ein langgehegter Wunsch) und auch mit Anjelica, seiner Lebensgefährtin und Hustons Tochter.

Ein Familienfilm also. »Ich hatte etwas Angst davor«, meint Jack Nicholson. »Ich habe immer versucht, nur das Beste zu ma-chen und nicht das, was angenehm schien. Die Besorgnis vor dem Film war sehr groß, weil das Geschäft schwierig abzuwik-keln und die Situation reichlich kompliziert war. Aber nachdem alles geklärt war, bekam es wirklich den Charakter eines Fami-lienunternehmens.«[6]

Natürlich erleichterte die Besetzung mit Nicholson und Kath-leen Turner, der quasi über Nacht zu Starruhm gelangten Fem-me Fatale des US-Kinos, die Realisierung des Films. Für Hu-ston aber waren wohl noch andere Gründe ausschlaggebend. »Ästhetisch dürfte Huston gemerkt haben, daß Nicholsons übli-che schweräugige Verschlagenheit und sein listiges, gedehntes Sprechen, mit ein klein wenig Übertreibung, das Verhalten

5 ebda., S. 61
6 ebda., S. 59

eines dümmlichen Kerls exakt träfe; finanziell wußte er sicher, daß sein Name in der Besetzungsliste mit dazu beitragen würde, dieses exzentrische Projekt ins Laufen zu bringen. Und persönlich mag er die Hoffnung gehegt haben, daß die Anwesenheit von Nicholson, dem langjährigen Begleiter von Anjelica Huston, es ihm irgendwie leichter machen würde, aus seiner Tochter die Darstellung herauszukitzeln, die er brauchte.«[7]

Nach einem Roman von Richard Condon gedreht, erzählt *Prizzi's Honor* die Geschichte von Charley Partanna (Nicholson), einem Mitglied der Mafia-Familie der Prizzis. Charley, wenngleich ein wenig dümmlich, ist der Vollstrecker der Prizzis. Auf der Hochzeitsfeier für eine Enkelin des Paten Don Corrado (William Hickey) lernt Charley die aufregende Irene Walker (Kathleen Turner) kennen und verliebt sich sofort in sie. Doch während eines Tanzes wird sie zum Telephon gerufen und bleibt verschwunden. Noch in der gleichen Nacht wandert Charley für kurze Zeit ins Gefängnis, wegen eines Mordes, den er während der Hochzeit begangen haben soll. Später erreicht ihn ein Anruf aus Kalifornien. Es ist Irene. Charley fliegt zu ihr und macht ihr einen Heiratsantrag, dem sie zustimmt. Danach kehrt Charley zurück, um im Auftrag der Prizzis einen Mann zu töten, der die Familie um 720.000 Dollar erleichtert hat. Er führt seinen Auftrag aus, sucht aber vergeblich das Geld. Da taucht Irene auf, in Wahrheit die Ehefrau des Betrügers. Sie tischt Charley eine Geschichte auf, nach der sie nur gekommen war, um die Scheidung zu besprechen und anschließend ihn, Charley, zu heiraten. Sie kennt auch das Versteck des Geldes, doch es ist nur die halbe Summe. Charley, verliebt, glaubt Irene die wirre Geschichte und fliegt zurück nach New York, wo die Prizzis ihm den Auftrag erteilen, das restliche Geld zu suchen. Von seinem Vater Angelo (John Randolph) erfährt Charley, daß Irene eine Profikillerin ist und im Auftrag der Familie einen Mord während der Hochzeit ausgeführt hat. Mit der Heirat seines Sohnes aber ist er einverstanden. Dazu wird Charley auch von Maerose (Anjelica Huston) geraten, der verstoßenen Tochter Dominic Prizzis (Lee Richardson). Sie ist Charleys Jugendfreundin und sollte

7 Terrence Rafferty. House Odds. In: Sight and Sound, Autumn 1985, S. 256

ihn einst heiraten, brannte dann aber mit einem anderen Mann nach Mexiko durch. Damit sie wieder in die Familie aufgenommen wird, muß Charley verheiratet sein. Doch Maerose hat weiterreichende Pläne. Geschickt versteht sie es, Charley und Irene zu desavouieren, während Charley mit seiner Frau zusammen gerade den betrügerischen Direktor einer Prizzi-Bank kidnappt, wobei eine Polizistenfrau erschossen wird. Die Polizei verlangt daraufhin ein Opfer. Don Corrado indes teilt die Rachegelüste seiner Enkelin nicht und will Charley gar zum »Unterboß« machen. Maeroses Vater Dominic aber engagiert Irene, ohne von ihrer Verbindung zu Charley zu wissen, seinen verhaßten Neffen umzubringen. Und Don Corrado besteht Irene gegenüber auf Rückgabe des gestohlenen Geldes zusätzlich einer 50prozentigen Strafe. Denn mittlerweile wissen die Prizzis, daß Irene die Drahtzieherin des dreisten 720.000-Dollar-Coups war. Charley, der von den Ereignissen um ihn herum wenig begreift, aber die Veränderungen spürt, ruft seinen Vater zu Hilfe. Und der entwickelt einen Plan, bei dem Charley die Prizzis unter Druck setzen kann, ohne deren Ehre zu zerstören. Einziger Tribut, so stellt sich am Ende heraus, ist Irene. Sie wird der Polizei geopfert. Eigenhändig tötet Charley seine Frau. Danach ruft er Maerose an und verabredet sich mit ihr.

Prizzi's Honor gilt als ein spätes Meisterwerk John Hustons und wird bereits auf eine Ebene gestellt mit seinem Regiedebüt *The Maltese Falcon*. Tatsächlich spricht einiges für diesen Vergleich, etwa die leise Ironie, die den ganzen Film durchzieht, die verwickelte Geschichte, deren Plot zurücktritt gegenüber der Entwicklung der Figuren oder dem Herausstellen des Stars, dem Huston keinerlei Weisungen gegeben zu haben scheint und dessen natürliche Reaktionen und dessen Spieltrieb er schlicht einfängt. Hustons Prinzip der Schauspielerführung beruht auf einer »Laissez-faire«-Haltung, die es Nicholson wie Bogart erlaubte, ihre charakteristischen »Tricks« in ihre Rollengestaltung einzubringen. »Es kommt genug von der natürlichen Intelligenz des Schauspielers durch – trotz einer gepolsterten Oberlippe, eines schweren Brooklyn-Akzentes und des widerlichen gelben Sportjackets, das er in der ersten großen romantischen Szene trägt –, um Charley Partanna davon abzuhalten, nur ein gewalttätiger Clown zu sein und den Film, die Grenze zwischen ironischem Märchen und grellem Cartoon zu überschreiten. Nichol-

Kathleen Turner und Jack Nicholson in ›Die Ehre der Prizzis‹ (›Prizzi's Honor‹)

sons Darstellung scheint dem Film seinen kennzeichnenden und befriedigenden Rhythmus zu geben.«[8] Nicholson, der bekannte, seine Rolle nicht begriffen zu haben, nutzte sein Nichtverstehen und brachte es in sein Spiel ein: Charley Partanna ist ein etwas begriffsstutziger, ja einfältiger Killer, nicht sadistisch, aber clever genug bei der Durchführung seiner Aufträge. Seine Bildung bezieht er aus Magazinen, sein Auftreten hat er aus dem Kino, doch eine Witzblattfigur ist er keineswegs. In der langen Reihe der Nicholson-Porträts stellt Charley Partanna einen weiteren Höhepunkt, einen stark »Oscar«-verdächtigen übrigens (was bei Manuskriptabgabe noch nicht bekannt war).

Weltweite Beachtung fand Jack Nicholson, als er am 13. Juli 1985 in Philadelphia die Eröffnung des amerikanischen Teils des in zahlreiche Länder direkt übertragenen Rock-Spektakels »Live Aid« moderierte. Besonderen Spaß schien ihm zu machen, die britische Rock-Legende »The Who« anzusagen – Symbol jener Zeit, die auch für Nicholson – damals noch kein Superstar – zu der fruchtbarsten zählte. Passion und Reminiszenz gingen bei seiner Moderation eine glückliche Synthese ein.

8 ebda., S. 255—56

Ich hab' den besten Job der Welt

Jack Nicholson ist seit seinem Durchbruch in *Easy Rider* eine der schillerndsten Schauspielerpersönlichkeiten unserer Zeit. Bevor sein Film *Wenn der Postmann zweimal klingelt* 1981 in Cannes gezeigt wurde, traf ihn der deutsche Filmjournalist Bodo Fründt zu einem ausführlichen Interview in London.

– Ich habe nachgezählt, daß Sie in 23 Jahren 40 Filme gedreht haben. Sind Sie ein workoholic?

Jack Nicholson: Es ist schon erstaunlich. Ich habe neulich selbst mal gezählt und kam auf 19 Filme seit *Easy Rider*. Das hat mich selbst überrascht. Ja, ich arbeite wohl ganz schön viel. Es macht mir Spaß. Und – ich kann die Sachen machen, die ich gerne machen möchte.

– Heute können Sie sicherlich eher Ihre Drehbücher, Ihre Arbeit selbst auswählen. Wenn man Ihre Karriere zweiteilt – bis *Easy Rider,* der Sie weltweit bekannt machte, und nach diesem Film – dann gefällt Ihnen die zweite Hälfte Ihrer Karriere vermutlich besser?

J.N.: Nun, ich sollte nicht derjenige sein, der die Entscheidung trifft, welche Arbeiten besser waren. Natürlich war es so, daß ich ab *Easy Rider* selbst aussuchen konnte, was ich machen wollte.

– Es mag ein dummes Vorurteil sein, aber oft ist es doch sicher so, daß in kleinen billigen Produktionen – also eher Ihre Filme vor *Easy Rider* – die Freiheit für die Filmemacher größer ist, eben weil nicht soviel Geld auf dem Spiel steht.

J.N.: Weniger Geld – mehr Freiheit? Ich weiß nicht. Wenn manche Leute wüßten, was manche Filme gekostet oder eben nicht gekostet haben, dann würden sie sie sicherlich mit ganz anderen Augen betrachten. Andererseits weiß ich schon, wovon Sie sprechen. Aber heute kommt es sicher der Realität näher – jedenfalls für die Person, die den Film macht –, daß mehr Geld mehr Freiheit bedeutet. Dann kann man eher wirklich das realisieren, was man will. Geld sollte bei einer Filmproduktion reichlich vorhanden sein. Die Definition wäre: Man sollte genug haben, um zu machen, was man will.

Nun habe ich inzwischen auch nicht mehr die rechte Beziehung zu diesen Problemen. Meine eigene finanzielle Situation ist seit langen Jahren derart gesichert – und ich verhandele auch bei Filmen nicht mehr groß –, daß es dieses Problem bei mir nicht mehr gibt. Das Nette an dieser Situation ist, wenn ich bei einem Film mitmache, dann hat auch der Filmemacher automatisch genug Geld, um den Film zu machen.

– Ihr Name ist also die Garantie?

J.N.: Ja, der Regisseur hat dann freien Zugang zu allen Mitteln. Und das ist gut so.

– Wenn das also die Situation ist und Ihnen heute jemand ein Drehbuch vorlegt – Sie erhalten sicherlich viele …

J.N.: Ja.

– ... was läßt Sie dann entscheiden, daß dies das richtige Drehbuch für Sie ist?

J.N.: Nichts Besonderes. Das hängt davon ab, was ich gerade
vorher gemacht habe. Das hängt davon ab, was ich darüber denke, was jetzt gerade auf der Welt an Wichtigem geschieht. Es
hängt davon ab, wieviel Zeit dieser Film wohl in Anspruch nehmen wird, vor allem aber davon, wie gut die Geschichte ist. Ich
habe in meinem Leben viele Drehbücher gelesen. Ich bilde mir
deshalb ein, daß ich ein gutes auf Anhieb erkenne. Ich habe
auch schon sehr gute Drehbücher abgelehnt. Man weiß, daß es
gut ist, aber es ist nicht das, was man gerade machen will. Das
Wort Herausforderung ist für mich sehr wichtig. Wenn ein
Drehbuch etwas verspricht, das ich noch nicht getan habe, wenn
ich denke, das möchtest du gerne mal ausprobieren – oder wenn
es etwas verspricht, das ich zwar schon getan habe, aber das ich
gerne noch einmal versuchen möchte, besserzumachen ... eben
eine Herausforderung für mich muß es geben. Das Hauptkrite-
rium ist im übrigen für mich stets der Name des Regisseurs bei
einem Projekt. Das Buch kommt erst danach. Oft macht man
auch einen Film, weil man gerade ein gutes Team beisammen-
hat, um einen guten Film zu drehen. Dann hofft man darauf,
daß man für dieses Team das richtige Material finden wird, während man das Projekt vorbereitet. Das ist nicht gerade eine ideale Situation, aber es passiert gelegentlich.

– Wieweit spielt Freundschaft bei Ihnen mit? In Ihrer Karriere
tauchen manche Namen immer wieder auf, etwa Rafelson,
Henry Jaglom ...

J.N.: Ja, die tauchen auf. Mit Rafelson und mir ist das eine spezielle Sache. Wir haben ja gemeinsam ein Drehbuch geschrieben. Das war zu der Zeit, als ich die Schauspielerei schon dran-
geben wollte, weil ich damit nicht so recht vorwärtskam. Ich verdiente als Schauspieler zwar meinen Lebensunterhalt, aber es
lief nicht so toll. Ich hoffte damals darauf, einmal Regie führen
zu können. Andererseits ist es heute so, daß es in den USA
kaum einen Regisseur gibt, den ich nicht kenne. Ich brauche mir
also meine Freunde nicht zu suchen zum Filmemachen, sondern
es ist eher schwierig, sie zu vermeiden. (Er lacht.) Dazu kommt,
daß Bob (Rafelson) eben auch ein sehr guter Regisseur ist. Mit
ihm möchte jeder Schauspieler gerne arbeiten. Beim »Post-

J. N. mit Jessica Lange in ›Wenn der Postmann zweimal klingelt‹
(›The Postman Always Rings Twice‹)

mann« war es eine sehr gute Ausgangsposition. Jessica Lange
hatte ich bei den Vorbereitungen für meinen Film *Der Galgenstrick* einmal getestet. So arbeite ich mit vielen Leuten, mit denen ich gerne arbeiten wollte. Etwa auch dem Drehbuchautor
David Mamet. Schon vor Jahren hatte mich Bob einmal auf ein
Theaterstück von ihm aufmerksam gemacht, das in New York
aufgeführt worden war. Also beim »Postmann«, da kam viel zusammen.
– Wollte nicht einmal Hal Ashby bereits vor Jahren den »Postmann« mit Ihnen drehen?
J.N.: Ja, das stimmt. Das liegt acht oder zehn Jahre zurück. Der
Stoff hat mich schon immer fasziniert. Bob hatte immer gesagt,
er wolle erstens keine Remakes drehen und zweitens niemals
einen Thriller. Deshalb schickte ich damals Hal das Buch. Mich
hatte das Buch fasziniert. Später erst fiel mir auf, daß in dem
Buch viele Aspekte steckten, die in den alten Filmfassungen
nicht herauskamen. Einerseits sind in dem Roman von James
M. Cain Dinge, die früher schon aus Filmzensurgründen unbe-

178

rücksichtigt blieben. Andererseits glaubten aber immer auch alle, daß man einem Kinopublikum nicht alles zumuten könne. Sehen Sie, die offene sexuelle Konfrontation, die in der Geschichte steckt – man könnte glauben, das sei gerade eine sehr kommerzielle Zutat für einen Film. Aber das kann auch ins Gegenteil von kommerziell umschlagen.

Wenn man das Sexuelle aus dem imaginären Bereich des Buches herausführt, wenn man die Bilder auf der Leinwand real werden läßt, mit echtem Fleisch, ja dann wird das ein ganz schön harter Film. Um wirklich kommerziell zu sein, hat Bob zuviel Ehrlichkeit in den Film gelegt. Nun ist es die Geschichte zweier Charaktere, die eine sexuelle Pathologie haben. Ich meine, diese beiden sind nun wirklich nicht mehr der berühmte Junge und das berühmte Mädchen von »nebenan«. Im Filmgeschäft gibt es ja immer diese Tendenz, aus fast jedem – von Dracula bis Jack the Ripper – jemanden zu machen, der genauso ist wie der Typ von nebenan – nur ein klitzeklein wenig anders. Ich habe das nie so gesehen. Ich glaube, es gibt Unterschiede. Mord ist nicht dasselbe wie Wut, die man auf die Spitze treibt. Mord und Wut, das kommt aus zwei verschiedenen Charakteren. Nicht jeder löst seine Probleme mit Mord. Und genau das ist es, was hier im »Postmann« die Charaktere definiert. Davon handelt die Story. Außerdem hat es mich immer interessiert, das sexuelle Element in die Schauspielerei mit einzubringen. »Postmann« war das ideale Vehikel dazu. Sex ist das Zentrum dieser Geschichte, vom Sex her entwickelt sich diese Geschichte. Es geht nicht um die sexuelle Beziehung, die irgendwo hinter einer Geschichte steckt, sondern hier ist es die Geschichte.

– Es gab einigen Reklamerummel, der nicht sonderlich viel mit dem Film, aber mit Ihnen und Jessica Lange zu tun hatte. Auf der einen Seite ist Ihre seriöse Arbeit als Schauspieler, auf der anderen Seite geht es plötzlich nur noch darum, ob Sie im wirklichen Leben mit Jessica Lange geschlafen haben. Stört Sie so etwas oder interessiert Sie das überhaupt nicht?

J.N.: Ja, das ist alles ein Alptraum. Ich weiß nicht, was man da macht. Das gibt es immer wieder. Man kann wenig oder nichts dagegen tun. Da wird man dann allmählich immun. Erfreulich ist das nie, aber andererseits ist Publicity eben Publicity. Ich selbst spreche eigentlich viel zu gerne über die technischen, handwerklichen Seiten des Filmemachens. darüber, was ich mir

J. N. mit Jessica Lange in ›Wenn der Postmann zweimal klingelt‹ (›The Postman Always Rings Twice‹)

als Ziel gesteckt habe und was ich davon erreicht oder nicht erreicht zu haben glaube. Das aber taugt nicht für eine bestimmte Art von Zeitung oder Zeitschrift. Das kann man eigentlich nur für spezielle Filmzeitschriften machen. Andererseits steckt man eben im Filmgeschäft und man versucht natürlich, Interesse an dem Film zu wecken. Und da geht's halt von der Zeitschrift »Positiv« bis zur letzten Schundzeitung.

– Am Ende des Films *Wenn der Postmann zweimal klingelt* ist Jessica Lange verunglückt, und Sie beginnen zu weinen. Das Seltsame ist, daß man dabei Ihr Gesicht nicht sieht. Sie haben es von der Kamera abgewendet. Welche Absicht liegt dahinter?

J.N.: Ich habe da wohl nicht richtig aufgepaßt. Die Szene war schwierig. Sie ist in einer Einstellung aufgenommen.

180

– Aber das kann doch nicht Zufall sein. Ich finde es ungewöhnlich, das Gesicht nicht zu sehen. Und ich habe den Eindruck, daß Sie das Ungewöhnliche bevorzugen.

J.N.: Nun ja. Das gilt besonders für Kameraeinstellungen. Wenn es ein Bild gibt, das der Zuschauer erwartet – in dieser Szene wäre das die frontale Kameraposition –, dann bevorzuge ich einen Kamerawinkel, der nicht haargenau so ist, wie er sein sollte. Bob (Rafelson) mag da vielleicht heute anderer Ansicht sein, aber letztlich ist es ja er gewesen, der bestimmt hat – und wahrscheinlich existieren auch noch andere Aufnahmen von dieser Szene.

– Wenn Sie heute in einem Film wie »Postmann« arbeiten, diskutieren Sie dann viel mit dem Regisseur? Rafelson kennen Sie ja auch schon sehr lange.

J.N.: Ja, wir haben an vielen Filmen gemeinsam gearbeitet. Unseren ersten Film *Head* schrieben und produzierten wir gemeinsam. Die Zusammenarbeit mit Bob ist immer sehr gut. Das war ja eine der tollen Sachen beim »Postmann«: Wir haben eine gemeinsame Vergangenheit, wir hatten zusammen gearbeitet, wir kennen uns lange, wir haben Zugang zueinander. Kein Wunder, nach *Head, Five Easy Pieces, Der König von Marvin Gardens* ist das ja auch schon unser vierter Film.

– Sie sagen, Sie haben *Head* zusammen produziert. In den USA bedeutet das nicht, daß es auch Ihr Geld war, das in dem Film steckte.

J.N.: Nein, das Geld kam damals von der Columbia. Das bedeutet nur, daß wir die Arbeit getan haben.

– Kommen wir zur Show. Als durchschnittliche Leute könnten wir jetzt in der nächsten Kneipe ein Bier trinken gehen, uns dabei unterhalten. Nun haben Sie aber als berühmter Filmschauspieler ein Image. Können Sie überhaupt noch in einer normalen Kneipe ein Bier trinken? Werden Sie dabei gestört? Hat Ihre Bekanntheit Ihr Leben bis zu diesem Bier verändert?

J.N.: Mich stört man zum Glück nicht so viel. Natürlich kann ich immer noch in eine Kneipe gehen. Das muß man auch können, sonst wird man schnell verrückt. Aber im Lauf der Zeit werden diese einfachen Dinge natürlich komplizierter. Mit der Zeit gibt es weniger Orte, an die man in Ruhe gehen kann. Ich bin jetzt seit 12, 15 Jahren eine bekannte Person. Wenn ich in ein Restaurant gehe und dort sind 20 Leute, dann sind 19 im allgemeinen völlig o.k., aber der zwanzigste, der will etwas machen, der hat ein Gefühl für dich, der mag dich oder haßt dich. Das ist kein riesiges Problem, noch kann ich damit umgehen. Das ist auch noch nicht so schlimm wie bei Fernseh-Persönlichkeiten. Als Filmer hat man etwas mehr Raum. Die Leute sind noch nicht daran gewöhnt, dich nach Belieben tagtäglich an- und auszuknipsen. Bei Filmleuten ist die Distanz zum Publikum etwas größer als bei den Fernsehmenschen.

– Und Sie haben ja auch kaum Fernsehauftritte in den USA gehabt?

J.N.: Richtig. Als ich es nicht mehr unbedingt zu meinem Lebensunterhalt brauchte, habe ich sofort damit aufgehört.

– Was halten Sie von den neuen Medien, Video, Kabel-TV, Bildplatten etc.?

J.N.: Das wird nicht aufzuhalten sein. Das wird keiner stoppen können. Aber selbst wenn eines Tages die Bildschirme größer sein werden als heute und selbst wenn diese Groß-Bildschirme weit verbreitet sein werden, selbst dann wird das Fernsehen immer noch etwas anderes sein als der Film. Wir beide wissen, daß die Seherfahrung eine andere ist, und doch werden wir es nicht stoppen können. Schon wegen der wirtschaftlichen Seite der Sache nicht. Im TV-Geschäft steckt zu viel Geld. Das Kabelfernsehen wird eines Tages alles dominieren, ob wir wollen oder nicht. Für mich besteht nicht die Frage, was besser ist, natürlich der Film, kein Zweifel. Das Kino habe ich immer geliebt – von der Zeit, von der ich als Kind Filme gesehen habe, bis heute, da ich im Film arbeite.

– Sehen Sie heute noch viele Filme?

J.N.: Ich habe in den letzten drei Jahren viel gearbeitet und deshalb nicht so viele Filme gesehen wie ich normalerweise sehe. Ich habe nur das gesehen, was so im normalen Verleih im Lande läuft. Und da ist die Auswahl nicht riesengroß, wenn man nicht gerade in Los Angeles oder in New York ist. Das gilt besonders für ausländische Filme.

– Sie sind ja auch am europäischen Kino immer sehr interessiert gewesen?

J.N.: Ja, schließlich habe ich auch sehr viel mit europäischen Regisseuren gearbeitet – von Milos Forman über Stanley Kubrick, Tony Richardson, Antonioni, Ken Russell ...

– Wir sprachen schon davon, daß für Sie das Wort Herausforde-

›Five Easy Pieces‹

rung im Zusammenhang mit Ihrer Karriere besonders wichtig ist. Die Kinogänger denken natürlich immer zuerst an Jack Nicholson, den Schauspieler, aber Sie haben ja auch Regie geführt, Drehbücher geschrieben, Filme produziert. Wie sehen Sie sich selbst? Gibt es neben der Schauspielerei noch etwas, was Ihnen sehr wichtig ist?

J.N.: Ja, ich werde jetzt erst mal Ferien machen, weil ich zuviel gearbeitet habe. Dann, würde ich denken, wird es mich am meisten interessieren, wieder als Regisseur zu arbeiten. Das ist die Richtung, die ich für meine eigene Entwicklung, meine Interessen einschlagen möchte. Wenn ich dann da keinen passenden Stoff finde, und wenn ich dann doch wieder arbeiten möchte, dann ist es für mich das Normale, daß ich wieder Schauspieler bin. Denn ein Projekt zu finden, bei dem ich Regie führen kann, das ist ganz klar, das ist für mich schwieriger.

– Warum?

J.N.: Das ist die Realität. In dem einen Gebiet halte ich Ausschau, in dem anderen halten die anderen nach mir Ausschau, da ist es mit der Schauspielerei einfacher.

– Sie haben den Roman von Cain, den »Postmann«, irgendwann Bob Rafelson in die Hand gedrückt. Zehn Jahre nachdem dasselbe Projekt mit Ashby gescheitert war. Ist diese Hartnäckigkeit typisch für Sie? Schließlich testeten Sie ja auch Jessica Lange für *Der Galgenstrick* und nahmen sie dann später für den »Postmann«.

J.N.: Ich wollte *Einer flog über das Kuckucksnest* 1963 als Produzent machen, die Rechte erwerben. Damals war ich zu jung, um die Rolle zu spielen. 1975 habe ich den Film dann als Schauspieler gemacht.

– Sie sollten einmal bei Kubrick Napoleon spielen, später spielten Sie bei Kubrick in *Shining*. Sie sind also schon sehr hartnäckig?

J.N.: Ja, das bin ich. Wenn mich etwas interessiert, dann bleibe ich auch interessiert. Wie etwa bei *Der Galgenstrick*. Das Drehbuch hatte ich sechs oder sieben Jahre daliegen. Das hatte ein früherer Schauspielschulkollege von mir geschrieben.

– Ist das ein Teil Ihres Erfolgsgeheimnisses? Hartnäckig zu bleiben, selbst wenn etwas nicht zu funktionieren scheint?

J.N.: Nun, ein großer Teil von dem, was so Erfolg ist, kommt irgendwie aus dem Nichts. So war z. B. die Finanzierung des »Kuckucksnests« noch nicht endgültig gesichert, und wir waren schon beim Drehen. Die Produktionsfirma mußte erst mal ein Stück Film sehen, bevor sie begriff, was sie da in den Händen hatte. Das war dann ein Teil des Finanzerfolges für die Filmemacher. Weil wir so lange gewartet hatten, konnten wir dann einen besseren Vertrag als üblich abschließen. Außerdem ist es

›Einer flog über das Kuckucksnest‹ (›One Flew Over the Cuckoo's Nest‹)

eben auch so, wenn ein Stoff einen wirklich interessiert, dann kommt man irgendwann wieder darauf zurück. Fast jeder Filmemacher, den ich kenne, hat irgendein Lieblingsprojekt. Sie arbeiten daran – dann ist es gerade nicht die richtige Zeit für den Stoff oder Sie haben das Gefühl, Sie haben es noch nicht hundertprozentig im Griff. Irgendwann kommen Sie dann wieder darauf zurück. Das ist ganz normal bei solcher Arbeit.
– Für Außenstehende sind Sie der Glückspilz, der Geld hat, der

185

berühmt ist, etc. Gibt es aber etwas, das Sie persönlich gerne hätten, etwas, das Ihnen fehlt, das Sie gerne noch machen möchten?

J.N.: Einerseits, wie Sie sagen, habe ich dies und das, und was ich tue, dabei bin ich relativ erfolgreich. So gibt es also nichts, was ich unbedingt erzwingen muß. Andererseits möchte ich schon gerne als Regisseur soweit kommen wie ich glaube, daß ich als Schauspieler gekommen bin. Dann hätte ich nämlich die Art von kreativer Balance, die ich gerne hätte. Was sonst einzelne Dinge angeht: Nein. Ich habe meine Arbeit immer eher als eine Art Gesamtwerk betrachtet. Ich wollte schon immer lange Jahre arbeiten, wollte schon immer eine Menge guter Sachen machen – nicht nur eine einzelne Sache erreichen. Mir gefallen alle meine Filme. Das hört sich vielleicht fürchterlich an, wenn man das über sich selber sagt, aber da ich die Auswahl hatte, habe ich eben auch die Resultate gemocht. Mehr kann man doch eigentlich von seiner Arbeit nicht verlangen.

– Als Sie anfingen, mit 17, 18, da gab es natürlich viele Dinge, die Sie hätten anfangen können. Wollten Sie von Anfang an ins Filmgeschäft, war das der Traum des Jack Nicholson?

J.N.: Wie bei den meisten Schauspielern, bin ich bis zu einem gewissen Grad einfach reingerutscht. Heute weiß ich eigentlich gar nicht mehr so genau, was ich damals für Gefühle hatte. Das liegt so lange zurück. Heute habe ich das Gefühl, ich schwebte damals so herum und war dann glücklich genug, ins Filmgeschäft zu fallen. Andererseits mag ich ja unterbewußt die ganze Zeit schon in diese Richtung marschiert sein. Ich denke nach wie vor, daß Filmschauspieler der beste Job ist, den man heute haben kann. Ich denke, ich habe den besten Job, den man bekommen kann.

– Sie haben den besten Job in dieser heutigen Zeit. Was für Gefühle haben Sie über unsere heutige Zeit?

J.N.: Über unsere Welt?

– Viele Leute sind mit den heutigen Zeiten nicht so ganz glücklich.

J.N.: Ich werde es Ihnen sagen: Ich habe das Gefühl, daß ich von den Gefühlen der Leute in dieser Welt leicht entfernt bin. Ich weiß nicht, was ich davon halten, daraus machen soll. Was ich weiß, ist das, was während meines Lebens in dieser Welt geschehen ist. Und die Prioritäten, die Meinungsgegensätze der

Leute haben sich in dieser Zeit permanent geändert. Dieselben Leute, die dich einmal in Vietnam gewollt haben, wollen dich dann wieder aus Vietnam heraus haben. Dann geht's wieder anders herum. Einmal sollst du für die Menschenrechte sein, dann wieder dagegen, weil es dann nämlich gerade mal wieder als naiv betrachtet wird, für die Menschenrechte zu sein. Ich spüre die Turbulenzen dieser Veränderungen und Reaktionen, aber ich weiß nicht, wie wirklich, wie real diese Turbulenzen sind. Ich weiß nie: Ist das gerade nur wieder eine neue Mode, Angst um den Frieden, Versagung von Vergnügen oder aber eine allgemeine Unzufriedenheit, die es immer gibt, in dieser industrialisierten, geschäftorientierten Kultur, in der wir leben. Ich weiß es nicht.

– Aber Sie waren doch eine Zeitlang stark politisch engagiert, haben Wahlkampagnen für George McGovern unterstützt.

J.N.: Das stimmt. Und ich kümmere mich schon noch um diese Dinge. Aber genau das sage ich ja auch: Die Leute, die einmal

›Die wilden Schläger von San Francisco‹ (›Hell's Angels on Wheels‹)

für McGovern waren oder für die Friedensbewegung, die sind heute schon wieder für etwas anderes. Ich habe mich nicht so sehr verändert. In der Tat, eine der führenden amerikanischen politischen Persönlichkeiten, mit der ich immer noch direkt zu tun habe, ist Gary Hart, der Senator von Colorado. Und der war einst der Kampagne-Manager von McGovern. Also, ich habe mich nicht so sehr verändert. Aber diese ganze Friedensbewegung wurde damals in Amerika verdrängt. Leute wie Frank Church, McGovern usw., all diese Leute wurden bei der letzten Wahl geschlagen. Es gibt in den USA so etwas wie ein traumähnliches Verlangen, noch einmal in ein Vietnam einzumarschieren. Ich selbst fühle mich schon mal unzufrieden, aber dann weiß ich nicht so genau, woran es eigentlich liegt. Ich weiß, daß hungernde Menschen nicht glücklich sind, daß gefolterte Menschen unglücklich dran sind ... Unzufriedenheit bei uns dagegen scheint mehr so ein allgemeines Gefühl zu sein. Man weiß nicht mehr so genau, worum es eigentlich geht. Wir wissen es nicht mehr. Die Probleme scheinen unlösbar. Man bekommt allerdings heute auch nur noch vermittelten Zugang, verzerrten Zugang zu vielen Problemen. Andere interpretieren sie bereits vorher für uns. Der nächste Kommentator ist lediglich an einem ungewöhnlichen Standpunkt seines Kommentars interessiert und nicht mehr am Problem.

– Noch einmal »Postmann«. Dieser Film ist ja in erster Linie ein Schauspieler-Film, d. h. nicht wie etwa *Das Imperium schlägt zurück* in erster Linie ein technisches Spektakel, die heute eher in Hollywood in Mode zu sein scheinen.

J.N.: Ich glaube, gerade weil das so ist, haben Bob und ich diesen Film machen wollen. Es ist zu diesem Zeitpunkt ein ungewöhnlicher Film. Spektakel und technische Spezialeffekte sind einerseits das, was man im Fernsehen so nicht machen kann. Und der einzige Grund, weshalb dieser unser Schauspieler- und Regisseurfilm nichts für das Fernsehen ist, besteht darin, daß ich eben nicht im TV arbeite. Ich bin in diesem Fall also gewissermaßen der Effekt, den man im TV nicht zu sehen bekommt. Und außerdem: Ich versuche immer etwas zu machen, was sich von dem unterscheidet, was gerade so in Mode ist.

– Das Kinopublikum, und das wohl fast überall auf der Welt, ist ein junges Publikum geworden. Über Dreißigjährige sind eine Seltenheit im Kino. Aber wir, die Kritiker, die Schauspieler

J. N. mit Jessica Lange in ›Wenn der Postmann zweimal klingelt‹ (›The Postman Always Rings Twice‹)

etc., wir werden immer älter, d.h. wir bewegen uns weiter weg von denen, für die wir eigentlich arbeiten. Ist das ein Problem für Sie?

J.N.: Ja, ich habe schon das Gefühl, daß man sich in diesem Sinn vom Publikum entfernt. Das ist ein Gefühl, das aber jeden betrifft, der älter wird. Aber ich entferne mich nicht von meinen Ansichten darüber, wie man einen Filmstoff zu behandeln hat. Und dabei verhalte ich mich wie bei jedem Produkt, das mir auch persönlich gefallen soll. Man muß versuchen, auf Qualität zu setzen. Das klingt heute leicht anachronistisch. Heute hält

189

man die Effizienz der Produktion, die Effizienz des Marketing für das wichtigste. So war ich nie, und so werde ich nie sein. In diesem Sinne fühle ich mich also nicht im »mainstream«. Meine Kriterien sind eben andere als die eines extrem jungen Publikums. Andererseits habe ich das Gefühl, daß ich Filme mache, die jedem Spaß machen können. Meine Filme haben immer auch jungen Leuten gefallen. Aber ich hoffe – das denke ich gerne –, daß den jungen Leuten vielleicht meine Filme aus anderen Gründen gefallen haben als Ihnen andere Filme gefallen. Meine Filme haben ja immer gute Kasse gebracht, und das tun sie nicht, wenn sie nicht auch das junge Publikum ins Kino ziehen. Natürlich, diesen unmittelbaren, direkten Kontakt zu den ganz Jungen, den habe ich, wie alle Menschen, die älter werden, nicht mehr. Man schwebt langsam von dannen. Natürlich kann man auch dann noch Einblicke haben, Dinge anderen nahebringen.

– Kritiker neigen dazu, Dinge zusammenzufassen, auf einen Nenner zu bringen. Wenn man nun Ihre Karriere betrachtet, dann haben Sie viele verschiedene Dinge getan und als Schauspieler immer unterschiedlichste Menschen dargestellt. Andererseits ist der Mensch, den wir da sehen, immer auch Jack Nicholson. Woher nehmen Sie alle diese unterschiedlichen Charaktere?

J.N.: Sie haben ja schon gesagt, Kritiker sagen oft: Ach, das ist ja alles dasselbe. Und beim nächsten Mal sagen sie dann plötzlich: Jetzt hat sich die Arbeit *total* geändert.

– Also John Wayne ist im Film immer John Wayne. Wie ist das bei Ihnen?

J.N.: Richtig. Ich mag mich nicht gerne einsperren lassen, festlegen lassen. Und dann die Frage, woher nehme ich die verschiedenen Charaktere. Nun, es ist eher so, daß sie mich nehmen. Ich betrachte diese Vielfalt als ein Plus, als etwas, das ich meiner Persönlichkeit hinzufüge. Ich gebe mich also nicht auf, um ein anderer zu werden, sondern ich addiere diese andere Persönlichkeit zu meiner.

– Die Vielzahl der Rollen, die Sie im Laufe der Jahre gespielt haben, hat die Sie auch im privaten Bereich verändert?

J.N.: Sicher, die Schauspielerfahrung ist eine Erfahrung, die man selbst macht, und die wird einen in diese oder jene Richtung verändern. Und das ist ja gerade das Wünschenswerte, das

Gute daran, wenn man Schauspieler ist. Es motiviert einen, offen zu sein, neue Wege zu seinem Leben, zum Leben im allgemeinen zu finden. Es ist ein stimulierender Job. Wenn man über verschiedene Typen von Schauspielerei spricht, spricht man immer über bekannte Leute. Man kann für sie sein, gegen sie sein, aber man kennt sie, und daß man sie kennt, spricht für ihren Erfolg, und das wiederum bedeutet, daß sie auf jeden Fall ein ziemlich gutes Gefühl bei der Arbeit hatten, die sie machten. Schauspielerei, das ist ein guter Job.

– Wenn ein Kritiker über Sie etwas schreibt, was Ihnen nicht gefällt, trifft Sie das in irgendeiner Weise?

J.N.: Das ist ein universelles Phänomen bei Interviews. Das ist so, als wenn man Ihr Portrait zeichnet. Meist sagen die Leute dann immer: Das sieht mir nicht ähnlich, oder: Das sieht mir ähnlich, ganz egal, ob das die Absicht des Portraits ist oder ob es um etwas ganz anderes geht. Natürlich reagiert man auf solche Dinge. Und ich habe das Gefühl, mit so einem Interview kann mich in einem Artikel überhaupt niemand erfassen so wie ich bin. Und ich bin meist sehr enttäuscht, wenn jemand versucht, über meinen Charakter zu schreiben: »Und dann setzte sich Mr. Nicholson im Sessel zurück und antwortete in seiner typisch lakonischen Art bla bla.« Das stimmt nie. Das ist nie präzise genug. Und dann ist es ja auch so: In vielen solcher Interviews unternehme ich noch nicht einmal den Versuch, mich so zu präsentieren wie ich wirklich bin. Ich habe ja schon gesagt, daß ich da auch sehr auf die Art der Zeitschriften eingehen kann, denen ich gerade ein Interview gebe. Da kommt zum Beispiel gestern so eine Lokalreporterin von einer Klatschzeitung zu mir und sagt: »Alles, was interessiert, ist Sex. Sie wollen den Film verkaufen, ich die Zeitung. Platz für Filmanalysen haben wir nicht, also reden wir über Sex.« Dann kann es mich natürlich hinterher nicht überraschen, wenn in dem Artikel nichts über mich drin steht, das mich besonders interessieren würde.

– Was Sie wirklich sagen wollten, haben Sie ja schon auf der Leinwand gesagt.

J.N.: Mehr oder weniger.

– Sind Sie in diesem speziellen Fall, »Postmann«, mehr oder weniger zufrieden?

J.N.: Wenn ich jetzt nicht gerade diese Tour machen würde, wäre er schon Bestandteil meiner Vergangenheit, und ich würde

eher an das nächste Projekt denken. – Sind Sie zufrieden mit
sich selbst?

J.N.: Wie jeder andere, würde ich mit niemand anderem tau-
schen. Mir tut eigentlich sogar jeder leid, der nicht Jack Nicholson ist.

Was andere über
Jack Nicholson sagen

Monte Hellman (Regisseur): Er wußte immer, wohin er ging. Er glaubte an sich als Star, der er jetzt ja auch ist, aber er änderte seinen Glauben nie. (...) Alles, was er jetzt ist, war er auf einem niedrigeren Niveau auch früher schon. Gewisse Aspekte seiner Persönlichkeit bildeten eine Art Hornhaut, und heute vermißt er sie. Ich glaube, er besitzt eine bestimmte Naivität und Verletzlichkeit, die durch sein Leben wohl verdeckt werden sollen. Gewöhnlich war er an der Oberfläche zynisch, darunter aber vertrauensselig. (...) Er braucht es, im Mittelpunkt der Aufmerksamkeit zu stehen. Er ist nervös, wenn er nicht im Rampenlicht steht. (Norman Dickens. a.a.O., S. 42)

Harry Gittes (Produzent von Goin' South): Zu einem Teil ist seine Persönlichkeit sicherlich gewöhnlich; er ist ein Typ, der gerne zu den Basketball-Spielen der Lakers geht und die Gegner stört oder in den schummrigen Bars am Santa Monica Boulevard herumlungert. Der andere Teil ist die Showbiz-Berühmtheit, die um die Welt jet-settet, überall präsent ist und sich mit aufregenden Frauen vergnügt. (In: Cosmopolitan, 12/76)

Arthur Penn (Regisseur): Jack besitzt eine phantastische Disziplin und bereitet alles übergenau vor. Zur gleichen Zeit fehlt ihm Starrheit, besitzt er das Vermögen, Eingefahrenes mit neuen Einsichten zu versehen. Ich hatte nicht erwartet, daß er so humorvoll sein würde. (In: Seventeen, 4/76)

Bob Rafelson (Regisseur): Etwas Merkwürdiges widerfuhr Jack auf seinem Weg zum Regisseur; beinahe zufällig wurde er ein Star. (In: Atlanta Constitution, 14.6.80)

Anonym: Wenn nur die Hälfte der Schauspielerinnen, mit denen er eine Affäre hatte, bei den *Academy Awards* für ihn stimmt, wird er allein durch ihre Stimmen gewinnen. (In: New York Sunday News, 6.4.1975)

Nicholsons Schwager »Shorty«: Ich glaube, Jack haßt Frauen. (In: Time, 12.8.1974)

Sam Spiegel (Produzent von The Last Tycoon): Nur selten findet man einen amerikanischen Schauspieler, dem es gleichgültig ist, ob er die Hauptrolle spielt oder die zweite, dritte oder vierte

Filmprogramm zu ›Der Galgenstrick‹ (Goin' South). Jack Nicholson, der Regie führte, und Mary Steenburgen

Nebenrolle, der einzig seinem professionellen Können und seinem Stolz gerechtwerden will. So ist Jack. (In: Seventeen, 4/76) **William Tepper** *(Hector in Drive, He Said):* Eine der besten

Eigenschaften von Jack als Regisseur ist seine sehr sensible Reaktion auf die Probleme der Schauspieler. Immer ist er damit
beschäftigt, Leben auf die Leinwand zu bringen, ..., und würde
deshalb (immer) eine Atmosphäre schaffen, in der ein Schauspieler arbeiten kann. (In: Crane/Fryer. a.a.O.)

Dustin Hoffman (Schauspieler): Jack hat im Film schon alles gemacht, vom Schreiben über Schauspielen bis zum Schnitt und
der Regie. (...) Jack und ich haben uns lange Zeit über das
Schauspielen unterhalten. Er sagte, daß er es leid sei, sechzig
Prozent von sich einem Regisseur zu geben, der nichts damit anzufangen weiß und den Schauspieler bekämpft, weil er den Verdienst am Film für sich allein einstreichen will. Keiner weiß besser eine Szene mit Jack zu schießen oder seine Darstellung zu

›Das letzte Kommando‹ (›The Last Detail‹)

schneiden als er selbst. Ich würde sofort in einem seiner Filme
mitspielen, weil er das beste Filmverständnis in der Branche
hat. (In: Cosmopolitan, 12/76)

J.N. und Faye Dunaway in ›Chinatown‹

Roman Polanski (Regisseur): Zum einen ist er sehr professionell, zum zweiten ist es sehr leicht für ihn, das zu tun, um das er gebeten wird. Ich glaube, er verdirbt Regisseur und Drehbuchautor, weil jeder Satz bei ihm richtig klingt, auch wenn sie schrecklich sind oder schlecht geschrieben. Wenn er etwas sagt, klingt es authentisch. (In: Penthouse)

Hal Ashby (Regisseur): Grundsätzlich denke ich, daß bei Jack eine gewisse Ehrlichkeit zu spüren ist. (...), die Leute fühlen eine Art von Elektrizität, die Anziehungskraft seiner Person; ihm zuzuschauen und ihn bei dem, was er macht, zu beobachten. Das ist es, was meiner Meinung nach an ihm fasziniert. (...) Jacks Aufrichtigkeit ist seine große Anziehungskraft bei den Leuten, weil sie glauben, ihn dadurch richtig zu kennen. (Crane/Fryer. a.a.O.)

Richard Sylbert (Production Designer, Chinatown): Jack besitzt jene Art von Bestimmung, die wir nur selten erleben. Man kennt Robert Redford oder Paul Newman, die sehr angenehm wirken. Deren Art ist mehr physisch als charakterlich; Jack ist niemals langweilig, auch im Leben nicht. Er ist intuitiv und doch sehr professionell in seinem Verhalten. Jack unterscheidet sich sowohl von Bogart wie Cagney dadurch, daß der durchschnittliche Hollywood-Star der dreißiger und vierziger Jahre hart an der Außen- und weich an der Innenseite war. Jack ist gerade das Gegenteil. (Norman Dickens. a.a.O.)

Dennis Hopper (Regisseur/Schauspieler): Er ist eine Persönlichkeit wie Cary Grant, Clark Gable. Er genießt Hollywood; er genießt die Parties, das Leben, alles. Und er gibt es zu und verbringt eine gute Zeit. (...) Nicholson liebt es, akzeptiert es und sollte auch dort sein. (Crane/Fryer. a.a.O.)

Henry Jaglom (Regisseur): Er wurde ein Star, was nicht allein auf seinem enormen Talent beruhte, sondern mehr auf seinem Charisma, seinem Stil. Er gehört zu dieser altmodischen Sorte von Stars wie Gable und Brando, von denen es heute nur noch wenige gibt. (Crane/Fryer. a.a.O.)

Mike Nichols (Regisseur): Er wird einer der größten Filmstars aller Zeiten. (In: New York Sunday Times, 6.4.1975)

Filmographie

THE CRY BABY KILLER
Produktion: Allied Artists (Roger Corman) USA 1958
Regie: Jus Addiss
Drehbuch: Leo Gordon und Melvin Levy nach einer Story von
Leo Gordon
Kamera: Floyd Crosby
Schnitt: Irene Morra
Musik: Gerald Fried
Darsteller und ihre Rollen: Harry Lauter (Porter), JACK NI-
CHOLSON (Jimmy), Carolyn Mitchel (Carole), Brett Halsey
(Manny) sowie Lynn Cartwright, Ralph Reed, John Shay, Bar-
bara Knudson, Jordan Whitfield, Claude Stroud
Länge: 62 Minuten, schwarzweiß

Der siebzehnjährige Jimmy Walker (Jack Nicholson) wird von
Manny Cole und zweien seiner Freunde brutal zusammenge-
schlagen, weil Manny sich an Jimmy's Mädchen heranmachen
möchte. Arg lädiert taucht Jimmy in »The Hut«, einem Teen-
ager-Treff, auf, um Carole zurückzuholen. Er provoziert Manny zu einem Kampf, doch seine Leibwächter gehen auf Jimmy
mit Schlagringen los. Einer von ihnen zieht eine Pistole, doch sie
fällt zu Boden. Jimmy greift sie sich und schießt auf Manny. Die
Polizei will Jimmy festnehmen, doch er gerät – in der Annahme,
die beiden erschossen zu haben – in Panik und verschanzt sich in
einem kleinen Lagerraum, wo er einen Angestellten und eine
Mutter mit ihrem Kind als Geiseln festhält. Die Polizei umstellt
das Gebäude und versucht, Jimmy zu überreden, die Geiseln
freizulassen. Inzwischen ist das Fernsehen am Schauplatz ange-
langt und eine riesige Menge hat sich versammelt. Es werden
Würstchen und Getränke verkauft, das ganze macht den Eindruck eines Volksfestes. Die Menge versucht, die Polizeiab-
sperrung zu durchstoßen und den Lagerraum zu stürmen. Endlich fällt die Entscheidung, Tränengas einzusetzen. Die Geiseln
werden befreit und Jimmy festgenommen, doch weil er in Not-
wehr geschossen hat, sieht seine Zukunft nicht gar so düster
aus.

TOO SOON TO LOVE (Die Sünde lockt)
Produktion: Dynasty (Richard Rush) USA 1960
Regie: Richard Rush
Drehbuch: Laslo Gorogund und Richard Rush
Kamera: William Thompson
Schnitt: Stefan Arnsten
Musik: Ronald Stein
Darsteller und ihre Rollen: Jennifer West (Cathy Taylor), Richard Evans (Jim Mills), Warren Parker (Mr. Taylor), Ralph Manza (Hughie Wineman) sowie JACK NICHOLSON, Jacqueline Schwab, Billie Bird, William Keen
Deutsche Erstaufführung: 26.10.1962
Länge: 85 Minuten, schwarzweiß

Der Film schildert zwei junge Menschen von 17, deren Liebe nicht ohne Folgen bleibt. Sie sehen in ihrer Hilflosigkeit als letzten Ausweg nur die Abtreibung, kommen aber nicht dazu. Denn vor einer Kurpfuscherin schreckt das Mädchen zurück, ein Arzt verlangt für den verbotenen Eingriff einen zu hohen Betrag. Als sich der Junge nach vergeblichen Leihversuchen das Geld durch einen Einbruch verschaffen will und dabei erkannt wird, scheint die Katastrophe da. Doch aus den kopflosen Reaktionen finden beide schließlich doch zu einem neuen Anfang.

Evang. Filmbeobachter

STUDS LONIGAN (Kein Stern geht verloren)
Produktion: Longride (Philip Yordan) USA 1960
Regie: Irving Lerner
Drehbuch: Philip Yordan nach dem Roman von T. Farrell
Kamera: Arthur H. Feindell
Assistent des Produzenten und Kameraberatung: Haskell P. Wexler
Schnitt: Verna Fields
Musik: Gerrald Goldsmith
Darsteller und ihre Rollen: Christopher Knight (Studs Lonigan), Frank Gorshin (Kenny Killarney), Venetia Stevenson (Lucy Scanlon), Carolyn Craig (Catherine Banahan) JACK NICHOLSON (Weary Reilly) sowie Robert Casper, Dick Foran, Katherine Squire, Jay C. Flippen, Helen Westcott
Deutsche Erstaufführung: 27.1.1961
Länge: 103 Minuten (94 Minuten), schwarzweiß

Auch schon 1920 gab es Halbstarke. Sie haben die Neigung zum Bösen zum Standard erhoben und können daher dem auch in ihnen liegenden Zug zum Guten nicht folgen. Sie müssen untergehen. Nur Studs gelingt es nach zehn langen Jahren, zu sich selbst zu finden.

Bis es aber so weit ist, muß der Betrachter dieses Films genauso unbefriedigt warten wie Studs. Dieser spielt Billard, säuft, vergnügt sich mit leichten Mädchen, schläft mit seiner erheblich älteren und einsamen Lehrerin, schwängert danach deren Nichte, um sie nach vielem Hin und Her doch noch heiraten zu wollen. Diese fürwahr unerfreuliche Geschichte ist in sich immerhin so geschlossen, daß die Zutaten gerade noch erträglich bleiben. Allerdings ist sie nicht immer glaubhaft. Die romantisierende Selbstbemitleidung des Haupthelden wirkt unecht.

…Unerfreuliche Halbstarkengeschichte der zwanziger Jahre. Weithin langweilig und unverständlich, formal nur teilweise gelungen. *Evang. Filmbeobachter*

THE WILD RIDE
Produktion: Roger Corman (Harvey Berman) USA 1960
Regie: Harvey Berman
Drehbuch: Ann Porter und Marion Rothman
Kamera: Taylor Sloan
Schnitt: William Mayer
Darsteller und ihre Rollen: JACK NICHOLSON (Johnny), Georgianna Carter (Nancy), Robert Bean (Dave)
Länge: 80 Minuten, schwarzweiß

Johnny Varon (Jack Nicholson), das Idol der Motorgang, verschuldet den Tod mehrerer Polizisten, als er deren Wagen mit seinem frisierten Auto von der Straße drängt. Da er auf jeden eifersüchtig ist, der Aufmerksamkeit und Bewunderung erhält, versucht Johnny, seinen Freund Dave davon zu überzeugen, seine stark dominierende Freundin aufzugeben. Dave wird von der Gang wegen seiner Unerfahrenheit und Unbekümmertheit als das »Küken« betrachtet.

Die Streitigkeiten häufen sich, als Dave sich immer mehr Nancy zuwendet. Johnny wird zwischen seiner Freundschaft zu Dave und seinem übersteigerten Selbstbewußtsein hin- und hergerissen. Durch einen Trick bringt er Nancy dazu, zu einem großen Rennen zu kommen, wo sie zusehen muß, wie Johnny gewinnt. Aber sein Sieg wird wieder mit dem Tod eines anderen Fahrers bezahlt.

Unter dem Vorwand, Dave zu suchen, geht Johnny mit dem Mädchen weg. Gleichgültig stellt Dave fest, daß Johnny nicht der große Held ist und daß die tollen Autos Macht genauso zerstören wie errichten können.

THE LITTLE SHOP OF HORRORS (Kleiner Laden voller Schrecken)
Produktion: Roger Corman, USA 1960
Regie: Roger Corman
Drehbuch: Charles B. Griffith
Kamera: Archie Dalzell
Schnitt: Marshall Neilan, jr.
Musik: Fred Katz
Darsteller und ihre Rollen: Jonathan Haze (Seymour), Jackie Joseph (Audrey), Mel Welles (Mushnik), Myrtle Vail (Winifred), Leola Wendorff (Mrs. Shiva), Dick Miller (Fouch), JACK NICHOLSON (Masochist beim Zahnarzt)
Deutsche Erstaufführung: 22.3.1978 NDR/WDR
Länge: 82 Minuten, schwarzweiß

Der Angestellte eines kleinen Blumenladens entdeckt, daß sich seine selbstgezüchtete Pflanze vorzugsweise von Blut und Menschen ernährt, und beschwört, indem er ihrer Neigung nachgibt, eine Katastrophe herauf. Amüsante und groteske Horrorkomödie, die in ihrer Mischung aus schwarzem Humor, komischen Effekten und Wortspielen indirekt eine dekadente, auf reine Genußsteigerung ausgerichtete Gesellschaft attackiert.

Katholischer Filmdienst

Auch Jack Nicholson machte seine Anfänge unter Cormans Augen. Der mit dem Mörderlächeln hat seine Herkunft nie verleugnet. In diesem Film spielt er einen Masochisten, der sich seinen Orgasmus beim Zahnarzt holt. Nach der Behandlung hat er ein Gebiß wie ein Lattenzaun.

Frieda Grafe, Süddeutsche Zeitung

THE BROKEN LAND
Produktion: Lippert (Leonard A. Schwartz) USA 1961
Regie: John Bushelman

Drehbuch: Russ Bender & Edith Pearl, Edwad Lakso
Kamera: Floyd Crosby
Schnitt: Carl Pierson
Musik: Richard La Salle
Darsteller und ihre Rollen: Kent Taylor (Marshall), Dianna Darrin (Marva Aikens), Jody McCrea (Deputy), JACK NICHOLSON (Will Broicous), Gary Snead (Billy Bell) sowie Robert Sampson
Uraufführung: 31. Dezember 1961
Länge: 60 Minuten, Farbe, Cinemascope

Der sadistische Jim Kogan, US-Marshal in einer Kleinstadt im Westen, sperrt Will Broicous (Jack Nicholson), den Sohn eines berühmten Pistolenhelden ins Gefängnis, zusammen mit zwei Freunden, die versucht haben, ihm zu helfen. Will ist unschuldig, weiß aber, daß er bei Jim Kogan nie eine Chance bekommen wird, das zu beweisen. Deshalb versuchen sie zu fliehen. Marva Aikens, eine hübsche Kellnerin, hilft ihnen zu entkommen, doch Kogan und sein Deputy fangen sie nach kurzer Zeit wieder. Kogan tötet einen der Ausbrecher sowie seinen eigenen Hilfssheriff und bringt die anderen zurück in die Stadt. Marva aber hat inzwischen die Einwohner über Kogans Greueltaten aufgeklärt. Er verliert seinen Posten und seine Macht, während Will und seine Freunde freigelassen werden.

THE RAVEN (Der Rabe – Duell der Zauberer)
Produktion: Alta Vista (Roger Corman) USA 1963
Regie: Roger Corman
Drehbuch: Richard Matheson nach dem Gedicht »The Raven« von Edgar Allen Poe
Kamera: Floyd Crosby
Schnitt: Ronald Sinclair
Musik: Les Baxter
Darsteller und ihre Rollen: Vincent Price (Dr. Erasmus Craven), Peter Lorre (Dr. Bedlo), Boris Karloff (Dr. Scarabus), Hazel Court (Lenore Craven), Olive Sturgess (Estelle Craven), JACK NICHOLSON (Rexford Bedlo) sowie Connie Wallace, William Baskin, Aaron Saxon
Uraufführung: 27. Januar 1963
Deutsche Erstaufführung: 4.7.1980
Länge: 86 Minuten, Farbe, Panavision

Zwei Zauberer liefern sich ein Duell, aus dem nur einer lebend hervorgehen wird. Vincent Price spielt den guten, Boris Karloff den bösen Hexenmeister, und der einzigartige Peter Lorre muß sich damit abfinden, daß er mehrmals in einen (sprechenden) Raben und einmal sogar in Himbeermarmelade verwandelt wird. Wenn reiner Nonsens so phantasievoll und perfekt gemacht ist wie in diesem Film, braucht man sich kaum zu schämen, daran Spaß zu haben wie ein Kind.

Wie jeder Film aus Roger Cormans Reihe von Edgar-Allen-Poe-Verfilmungen aus den sechziger Jahren hat auch dieser so gut wie nichts mit der literarischen Vorlage zu tun. Nichtsdestoweniger ist »Der Rabe«, in dem Ironie und Witz an die Stelle der Gruseleffekte und dunklen Geheimnisse in den anderen Corman-/Poe-Filmen getreten sind, so phantasievoll und handwerklich perfekt gemacht, daß man seine helle Freude daran hat. *Robert Fischer, Filmbeobachter*

Corman entwickelt seine, im England des 16. Jahrhunderts spielende Geschichte, ruhig, überlegt und mit leichter Hand; er gebraucht keine abrupten Schnitte oder Rückblenden – dem Zuschauer bleibt Zeit, sich einzustimmen und zurechtzufinden. Die Handlung entspinnt sich um den aristokratisch gesinnten, etwas verwirrt naiven Dr. Erasmus Craven, seines Zeichens Magier. Er ist der sympathische Held des Films, den der abendliche Besuch eines sprechenden Raben in ein Spiel voller Intrigen und Hexereien führt, das schließlich in einem Zauberer-Duell auf Leben und Tod gipfelt. All das geschieht mit so viel Ironie und Witz, daß man sich in keinem Augenblick auf den Arm genommen fühlt. Corman hält nämlich sicher die Balance zwischen absurd Makabrem und volkstümlich Burleskem, obwohl auch er nicht mit Horrorfilmklischees spart ...

Vincent Price als Dr. Craven, Boris Karloff als dessen Gegenspieler Dr. Scarabus, Peter Lorre als der unberechenbare und ausfallende Dr. Bedlo und der junge Jack Nicholson als dessen redlich biederer Sohn Rexford – sie agieren auch in den lächerlichsten Situationen noch ernsthaft und konzentriert.
Jörg Bundschuh, Süddeutsche Zeitung

THE TERROR
Produktion: Filmgroup (Roger Corman) USA 1963
Regie: Roger Corman
Drehbuch: Leo Gordon, Jack Hill
Kamera: John Nickolaus jr.
Schnitt: Stuart O'Brien
Musik: Ronald Stein
Mitproduzenten: Francis Coppola, Monte Hellman, Jack Hale, Dennis Jacob, JACK NICHOLSON
Regieassistenz: Monte Hellman
Darsteller und ihre Rollen: Boris Karloff (Baron von Lepp), JACK NICHOLSON (Andre Duvalier), Sandra Knight (Helene), Richard Miller, Dorothy Neumann, Jonathan Haze
Uraufführung: 17. Juni 1963
Länge: 81 Minuten, Farbe, Vistascope

Jack Nicholson spielt den Offizier der napoleonischen Armee André Duvillard, der an der baltischen Küste sein Regiment verloren hat. Er trifft ein merkwürdiges Mädchen, das ihm Wasser gibt, doch dann verschwindet. Auf der Suche nach dem Mädchen gerät er in das Schloß des Baron von Lepp, in dem er ein Gemälde des Mädchens entdeckt. Er erfährt, daß es sich um die Frau des Barons handelt, die schon lange tot ist. Duvillard durchsucht das ganze Schloß und erfährt von den Bediensteten, daß der echte Baron von Lepp schon vor zwei Jahrzehnten getötet wurde und sein Mörder seine Identität angenommen hat.

Das Mädchen erscheint und winkt den falschen Baron in die Krypta, wo er feststellt, daß sie dort wirklich als verweste Leiche liegt. Vergeblich versucht Duvillard, das Mädchen von dem Fluch, der über ihm liegt, zu befreien. Bei seiner Berührung zerfällt sie zu Staub. Der Baron ertrinkt in der Krypta, als eine Flutwelle sein Schloß überschwemmt.

THUNDER ISLAND
Produktion: Associated Producers (Jack Leewood) USA 1963
Regie: Jack Leewood
Drehbuch: JACK NICHOLSON, Don Devlin
Kamera: John Nickolaus, jr.
Schnitt: Jodie Copelan
Musik: Paul Sawtell, Bert Shefter
Darsteller und ihre Rollen: Gene Nelson (Billy Poole), Fay

J. N. (rechts) mit Boris Karloff in ›The Terror‹

Spain (Helen Spain), Brian Kelly (Vincent Dodge) sowie Miriam Colon, Art Bedard
Uraufführung: 16. Oktober 1963
Länge: 65 Minuten, schwarzweiß, Cinemascope

Einige ungenannte lateinamerikanische Länder engagieren einen amerikanischen Killer, um einen Diktator umbringen zu lassen, der auf einer wohlbewachten Privatinsel lebt. In dem Flugzeug, mit dem der Killer ankommt, befinden sich auch Frau und Kind eines Charter-Boot-Unternehmers, der von der Madison Avenue ausgestiegen ist. Als Teil des Komplotts wird die Frau entführt, um den Captain des Charter-Boots zu zwingen, den Killer vom Festland auf die Insel zu bringen. Nachdem der Mordanschlag mißglückt ist, verfolgt der Captain den Killer. Dieser flieht mit dem Boot und trifft seinen Auftraggeber, eine Agentin der gegenwärtigen Regierung beim Schloß El Morro. Dort kommt es zu einer wilden Schießerei, in deren Verlauf der Killer durch den Captain getötet wird.

ENSIGN PULVER (Operation Pazifik)
Produktion: Warner Brothers (Joshua Logan) USA 1964
Regie: Joshua Logan
Drehbuch: Joshua Logan, Peter S. Feibleman nach einem Theaterstück von Thomas Heggen und Joshua Logan
Kamera: Charles Lawton
Schnitt: William Reynolds
Musik: George Duning
Darsteller und ihre Rollen: Robert Walker (Ensign Pulver), Burl Ives (Captain), Walter Matthau (Doc), Tommy Sands (Bruno), Millie Perkins (Scotty) sowie Kay Medford, Larry Hagman, Gerald O'Laughlin, James Farentino, James Coco, JACK NICHOLSON
Uraufführung: 27. Juni 1964
Deutsche Erstaufführung: 29.1.1965
Länge: 104 Minuten, Farbe, Panavision

Unwahrscheinliche und verworrene Militärburleske um die Besatzung eines amerikanischen Versorgungsschiffs und ihres eigensinnig verkrampften Kapitäns während des Zweiten Weltkriegs. *Filmdienst*

Burl Ives als bärbeißiger Käpt'n und geschworener Weiberfeind, Robert Walker als blutjunger Leutnant und Westentaschen-Held und Millie Perkins als reizvolle Krankenschwester sind die Hauptbeteiligten an der ebenso dramatischen wie äußerst amüsanten »Operation Pazifik«. *Werberatschlag*

BACK DOOR TO HELL
Produktion: Lippert/Medallion (Fred Roos) USA 1964
Regie: Monte Hellman
Drehbuch: Richard A. Guttman, John Hackett
Kamera: Mars Rasca
Musik: Mike Velarde
Darsteller und ihre Rollen: Jimmie Rodgers (Lt. Craig), JACK NICHOLSON (Burnett), John Hackett (Jersey), Annabelle Huggins (Maria) sowie Conrad Maga, Johnny Monteiro, Joe Sison, Henry Duval
Uraufführung: 4. November 1964
Länge: 68 Minuten, schwarzweiß

Einige Tage bevor die Vereinigten Staaten ihren Angriff auf die Philippinen beginnen, werden drei amerikanische Soldaten (Jimmie Rodgers, John Hackett und Jack Nicholson) ausgeschickt, um Stärke und Pläne der japanischen Streitkräfte zu erforschen. Die drei treffen den Führer der örtlichen Guerillas, der verspricht, ihnen zu helfen. Sie besetzen ein kleines Dorf und erhalten einige für die Amerikaner wichtige Informationen. Unglücklicherweise ist ihr Funkgerät kaputt. Sie überfallen einen japanischen Trupp, um an ein neues Gerät zu gelangen. Nicholson wird getötet, doch Rodgers und Hackett überleben. Dank ihrer Arbeit ist der anschließende Angriff erfolgreich.

FLIGHT TO FURY
Produktion: Lippert/Filipinas (Fred Roos) USA 1964
Regie: Monte Hellman
Drehbuch: JACK NICHOLSON nach einer Story von Monte Hellman und Fred Roos
Kamera: Mike Accion
Darsteller und ihre Rollen: Dewey Martin (Joe Gaines), Fay Spain (Destiny Cooper), JACK NICHOLSON (Jay Wickam), Jacqueline Hellman (Gloria Walsh) sowie Vic Diaz, Joseph Estrada, John Hackett, Juliet Prado
Uraufführung: 1968
Länge: 62 Minuten, schwarzweiß

In einem Spielcasino in Südostasien trifft der Abenteurer Joe Gaines zum ersten Mal Jay Wickam (Jack Nicholson), einen Amerikaner, der sich als Tourist ausgibt. Als Gaines für einen Augenblick verschwindet, begleitet Wickam die hübsche Asiatin Lei Ling auf ihr Zimmer. Nachdem er dort nach einem Kästchen voller geschmuggelter Diamanten gesucht hat, bringt er das Mädchen um. Kurz darauf geht Gaines an Bord eines Charterflugzeugs, das von einem alten Freund geflogen wird. Unter den Passagieren sind Al Ross, Lei Ling's Partner; Lorgren, ein fetter Orientale, und Destiny Cooper, seine amerikanische Geliebte; und Wickam, der vorgibt, Gaines' abenteuerliches Leben teilen zu wollen. Während des Flugs gibt es Probleme mit der Maschine, und der Pilot muß eine Bruchlandung im Dschungel durchführen. Mehrere Passagiere werden getötet, und Ross, der die Diamanten bei sich hat, wird schwer verletzt. Bevor er stirbt, gibt er die Steine heimlich Gaines. Nachdem der wirkliche Eigentümer Lorgren Gaines die Diamanten wieder abgenommen hat, wird die Gruppe von Eingeborenen gefangengenommen und in einer Hütte eingesperrt. Bei einem Fluchtversuch erschießt Wickam Lorgren und Destiny und nimmt die Diamanten an sich. Als Wickam in den Dschungel flieht, schießt Gaines auf ihn und verletzt ihn. Wickam, der weiß, das er verloren ist, wirft die Diamanten in den Fluß und jagt sich eine Kugel in den Kopf. Gaines, der letzte Überlebende, bleibt zurück und wartet auf den sicheren Tod durch die Hand der Eingeborenen.

RIDE IN THE WHIRLWIND (Ritt im Wirbelwind)
Produktion: Favorite Films (JACK NICHOLSON, Monte Hellman) USA 1965
Regie: Monte Helman
Drehbuch: JACK NICHOLSON
Kamera: Gregory Sandor
Schnitt: Monte Hellman
Musik: Robert Drasnin
Darsteller und ihre Rollen: Cameron Mitchell (Vern), JACK NICHOLSON (Wes), Tom Filer (Otis), Millie Perkins (Abby) sowie Katherine Squire, George Mitchell, Brandon Carroll, Rupert Crosse, Dean Stanton
Deutsche Erstaufführung: 26.1.1969 ARD
Länge: 82 Minuten, Farbe

Wortkarg und bildstark ist auch dieser zweite Western Monte Hellmans, ohne Schnörkel die Handlung – das von Haß und Rachsucht durchpulste Geschehen wird ohne Emotionen von außen vorgetragen. Die ohne eigenes Verschulden in das Verhängnis geratenden Cowboys sowie die ebenso unschuldig leidende Farmer-Familie (der Mann stirbt, als er die fliehenden Cowboys mit der Flinte aufhalten will) geben dem Film einen Hauch jener Tragik, die den Zuschauer stets am stärksten in den Bann schlägt. Bei Hellmans zurückhaltender Menschenführung bekommt selbst ein so bekannter Darsteller wie Cameron (Verna) ein gänzlich neues Gesicht.

Nicht ganz so abstrakt, aber mit der gleichen intellektuellen Kühle und Klarheit wie »Das Schießen« inszenierte Monte Hellman seinen zweiten Western. Hier wie dort wird die Gat-

tung beinahe auf die nackten Strukturen ihres Schemas zurück-
genommen; dabei gewinnt sie erstaunlicherweise an Substanz
und Verständlichkeit. Das völlige Fehlen eines wie auch immer
idealisierten Helden macht dem Zuschauer zwar die Identifikation schwer, gibt ihm aber die Möglichkeit zu einem besseren
Durchschauen der tragischen Situation – was einer Gattung wie
dem Wildwestfilm einen Großteil der Trivialität nimmt.

Otto Kuhn, Evang. Filmbeobachter

THE SHOOTING (Das Schießen)
Produktion: Favorite Films (JACK NICHOLSON, Monte
Hellman) USA 1965
Regie: Monte Hellman
Drehbuch: Adrien Joyce
Kamera: Gregory Sandor
Schnitt: Monte Hellman
Musik: Richard Markowitz
Darsteller und ihre Rollen: JACK NICHOLSON (Billy Spear),
Millie Perkins (Frau), Warren Oates (Gashade) sowie Will Hut-
chins, B.J. Merholz, Cuy El Tsosie, Charles Eastman
Deutsche Erstaufführung: 1.4.1969 ARD
Länge: 82 Minuten, Farbe

Monte Hellman inszenierte diesen Western noch wortkarger,
noch rationeller, als man es bereits von den guten Streifen dieser
Gattung gewohnt ist. Er benutzt die erstarrten Formeln des Western, die Rituale des Reitens, Schießens und Sterbens, doch er
deutet nur an, Kamera und Drehbuch werfen gleichsam nur
Schlaglichter auf jede Szene – dann muß der Zuschauer die Geschichte aus seiner eigenen Western-Erfahrung »ergänzen«. Alles bleibt ein wenig geheimnisvoll: der Name der Frau, das Ziel
ihrer Jagd, die Passivität, mit der Geshade beinahe bis zum
Schluß den Geschehnissen begegnet. Dann aber, als er am Ende
der Jagd dem eigenen Bruder ins Gesicht starrt – es ist Geshades
Gesicht, beide Rollen werden von Warren Oates gespielt –,
wird ein Zipfel des Geheimnisses gelüftet. Hellmans Film erweist sich hier als Suche des Menschen nach dem eigenen Selbst,
und der Tod ergibt sich, fast nebenher, als Ausdruck ausweglo-
ser Tragik. Der Film erhält seine Akzente besonders durch das
Aussparen aller Nebensächlichkeiten. Nicht die Aktionen, sondern die existenziellen Situationen, aus denen heraus die Prota-

gonisten handeln, sind dem Regisseur wichtig. Die Kargheit des Spiels und die hart aneinandergeschnittenen Bilder geben der Story zusätzliche Spannungseffekte.

Otto Kuhn, Evang. Filmbeobachter

HELL'S ANGELS ON WHEELS (Die wilden Schläger von San Francisco)
Produktion: Fanfare Film (Joe Solomon) USA 1967
Regie: Richard Rush
Drehbuch: R. Wright Campbell
Kamera: Leslie Kovacs
Schnitt: William Martin
Musik: Stu Phillips
Darsteller und ihre Rollen: Adam Roarke (Buddy), JACK NICHOLSON (Poet), Sabrina Scharf (Shill) sowie Jana Taylor,

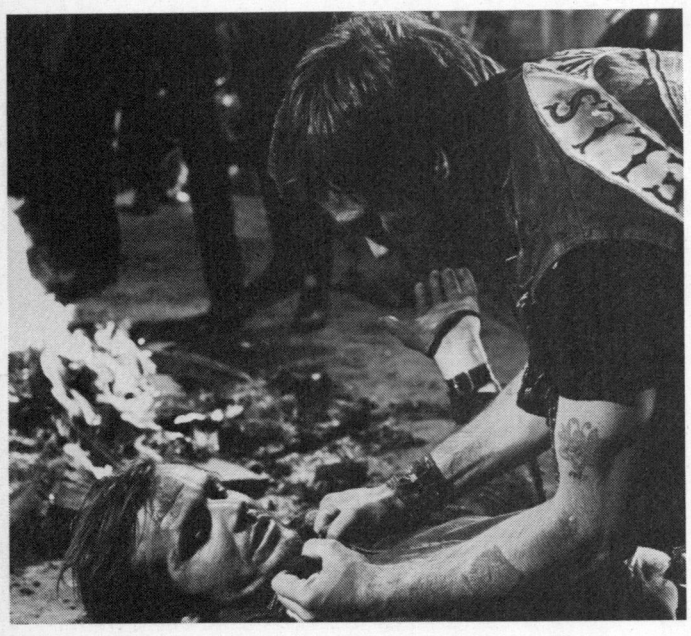

J. N. (unten) in ›Die wilden Schläger von San Francisco‹ (›Hell's Angels on Wheels‹)

Filmplakat zu ›Die wilden Schläger von San Franciso‹ (›Hell's Angels On Wheels‹). Einer der ersten Filme, durch die Jack Nicholson bekannt wurde

John Garwood, Richard Anders, I.J. Jefferson (Mimi Machu),
James Oliver, Jack Starrett
Uraufführung: 24.5.1967; Deutsche Erstaufführung: 30.5.1968
Länge: 95 Minuten, Farbe

Nun donnern sie wieder ... Diesmal die »Hells Angels« von
Nord-Kalifornien. Und wieder gibt es einen selbstherrlichen,
gewalttätigen, wenn es heiß wird zu einer Schlagkette greifen-
den Bandenboß, hörige junge Burschen und dito Mädchen, die
mit ihren chromblitzenden Feuerstühlen über die berühmten
Highways rasen und die Gegend unsicher machen, zwischendurch Schlägereien zum Spaß und aus Gründen der Rache, zur
Abwechslung eingeschobene Alkohol-, Rauschgift- und Sex-
orgien. Dann aber auch der Totschlag eines Matrosen auf einem
Rummelplatz und der provozierte Autounfall eines Unschuldi-
gen mit Todesfolge. Zwischendurch der ebenfalls schon bekannte Besuch bei einem hilflosen Pfarrer (zwecks »Trauung«
eines Pärchens). Die eingebaute »positive« Figur eines Tank-
warts, Außenseiter in der Clique, seine Liebesgeschichte mit
einer schwangeren Räuberbraut, die es langsam satt hat, sowie
der »positive« Schluß mit dem traurigen Ende des Anführers
der Gruppe, der sich selbst zu Tode fährt, verändern den Charakter dieses Films wenig gegenüber dem seiner Vorgänger.

Evang. Filmbeobachter

THE ST. VALENTINE'S DAY MASSACRE (Chikago-Mas-
saker)
Produktion: Corman Co./Los Altos (Roger Corman) USA 1967
Regie: Roger Corman
Drehbuch: Howard Browne
Kamera: Milton Krasner
Schnitt: William B. Murphy
Musik: Lionel Newman
Darsteller und ihre Rollen: Jason Robards (Al Capone), George
Segal (Peter Gusenberg), Ralph Meeker (Bugs Moran), Jean
Hale (Myrtle), Bruce Dern (May) sowie Clint Ritchie, Frank
Silvera, Joseph Campanella, Richard Bakalyan, David Canary,
Harold J. Stone, Kurt Kreuger, JACK NICHOLSON
Uraufführung: 30.6.1967; deutsche Erstaufführung: 6.10.1967
Länge: 100 Minuten, Farbe, Panavision

Der blutige Kampf zwischen der Moran- und der Capone-Bande Ende der zwanziger Jahre: Höhepunkt und Niedergang des amerikanischen Verbrecherwesens. Reportagehaft angelegter Gangsterfilm, der weitgehend an der Oberfläche des Gangsterunwesens bleibt und eine tiefergehende Analyse ausklammert.

Katholischer Filmdienst

Die Einschränkung auf das historisch genau Nachzuprüfende sowie die Selektion einiger weniger spektakulärer Ereignisse gestattete jedoch kein Eingehen auf den Hintergrund. Es wird weder psychologisch irgend etwas begründet noch soziologisch erklärt. Doch braucht das natürlich nicht unbedingt ein Mangel zu sein. Weniger erfreulich ist, daß inhaltlich die korrumpierte öffentliche Hand fast völlig ausgespart blieb, und gestalterisch, daß der Regisseur bei seinem Hang zum Exzessiven an bestimmten Stellen zu sehr aufdrehte und in der Wiedergabe des Harten, Brutalen, Zynischen seinen geschickten Kameramann Milton Krasner zu ausführlich werden ließ.

Evang. Filmbeobachter

REBEL ROUSERS
Produktion: Paragon International Picture (Martin B. Cohen)
USA 1967
Regie: Martin B. Cohen
Drehbuch: Abe Polsky, Michael Kars, Martin B. Cohen
Kamera: Laszlo Kovacs, Glen Smith
Schnitt: Thor Brooks
Darsteller und ihre Rollen: Cameron Mitchell (Mr. Collier), JACK NICHOLSON (Bunny), Bruce Dern (J.J.), Diane Ladd (Karen) sowie Dean Stanton, Neil Burstyn, Lou Procopio
Erstaufführung: 20. Mai 1970
Länge: 78 Minuten, Farbe

Die Motorradgang »Rebel Rousers« fällt randalierend und lärmend in Chloride, Arizona, ein. In einer Bar feiern sie eine wilde Party, bis sie der Sheriff hinauswirft. Inzwischen trifft sich der Architekt Collier, der den Anführer der Gang, J.J., von der Schule kennt, in einem Motel mit seiner Freundin Karen. Sie teilt ihm mit, daß sie schwanger ist, lehnt jedoch seinen Vorschlag, zu heiraten, ab. Als sie zum Strand gehen, werden sie von der Gang angegriffen. J.J., der für Collier so etwas wie

Loyalität empfindet, schlägt ein Rennen vor, um Zeit zu gewinnen. Collier verliert, aber es gelingt ihm, eine mit dem Sheriff verwandte mexikanische Familie zu benachrichtigen. Inzwischen ist das Gang-Mitglied Bunny (Jack Nicholson) der absolute Gewinner des Rennens geworden und hat damit das Recht, die Nacht mit Karen zu verbringen. Aber plötzlich sehen sich die »Rebel Rousers« der mit Mistgabeln bewaffneten mexikanischen Familie gegenüber, die Karen befreit. Die Gang gibt auf und zieht ab.

PSYCH-OUT

Produktion: Dick Clark Production (Dick Clark) USA 1967
Regie: Richard Rush
Drehbuch: Betty Ulius, Betty Tuscher nach einer Story von E. Hunter Willett
Kamera: Leslie Kovacs
Schnitt: Ken Reynolds
Musikzusammenstellung: Ronald Stein
Darsteller und ihre Rollen: Susan Strasberg (Jennie), Dean Stockwell (Dave), JACK NICHOLSON (Stoney), Bruce Dern (Steve), Adam Roarke (Ben) sowie Max Julien, Robert Kelljan, Henry Jaglom, Barbara London, Tommy Flanders
Uraufführung: 6.3.1968
Länge: 88/101 Minuten, US-Copyright-Länge 55 Minuten, Farbe

Jenny Davis, eine 17jährige taubstumme Ausreißerin, sucht in San Francisco ihren Bruder Steve. In einem Hippie-Café trifft sie Stoney (Jack Nicholson), Ben und Elwood – Mitglieder einer erfolglosen Rockband. Sie helfen ihr, sich vor zwei Polizisten zu verbergen, die nach ihr suchen. Mit Hilfe von Stoneys Freund Dave setzen sie die Suche nach Steve fort. Sie erfahren, daß einige jugendliche Gangster ebenfalls Steve suchen. Zufällig läuft er Stoney über den Weg, der ihn bittet, Jennie in der Kneipe zu treffen, in der die Band auftritt. Steve geht am nächsten Tag hin, muß jedoch fliehen, als ihn die Gang entdeckt. Dave bringt die hysterische Jennie in Stoneys Wohnung, wo er versucht sie zu beruhigen. Als nichts hilft, schicken sie Jennie auf einen Trip. In Unkenntnis dessen, was sie geschluckt hat, läuft Jennie in die Nacht hinaus, um weiter nach ihrem Bruder zu su-

›Psych-Out‹

chen. Steve hat sich in seinem Haus verbarrikadiert und es angezündet, da er seine Verfolger nicht abschütteln konnte. Jennie spaziert traumwandlerisch mitten im Verkehr auf der Golden Gate Bridge herum. Stoney und Dave retten sie, doch Dave, ebenfalls im Drogenrausch, wird von einem Auto überfahren. Jennie und Stoney tun sich zusammen und verlassen entäuscht San Francisco.

THE TRIP (The Trip)
Produktion: American International Pictures (Roger Corman)
USA 1967
Regie: Roger Corman

Drehbuch: JACK NICHOLSON
Kamera: Archie Dalzell
Schnitt: Ronald Sinclair
Musikzusammenstellung: The American Music Band
Darsteller und ihre Rollen: Peter Fonda (Paul Groves), Susan
Strasberg (Sally), Bruce Dern (John), Dennis Hopper (Max),
Salli Sachse, Katherine Walsh
Uraufführung: 10.8.1967; deutsche Erstaufführung:
Länge: 85 Minuten, Farbe

Ein junger Amerikaner flüchtet aus familiären Gründen in den
LSD-Rausch. Er nimmt die Droge unter der Aufsicht eines er-
fahrenen Freundes, der ihn mehrmals vor gefährlichen Hand-
lungen bewahrt. In einem unbewachten Augenblick, der
Freund holt gerade wieder Apfelsaft, entwischt der sich selbst
nicht kontrollierende Anfänger aber aus dem Haus und taucht
im Gewühl der Stadt unter. Jetzt geht es erst recht mehrere Male um Haaresbreite am Tode vorbei, bis die Wirkung der Droge
schließlich nachläßt ... Allerdings gelang es dem in E. A. Poe-
Stoffen versierten und deshalb für solche Experimente als geeig-
net erscheinenden Regisseur Corman auch diesmal nicht, in
tiefere Dimensionen vorzudringen. Er bleibt mit seinen Kame-
ratricks in Kunstgewerbe stecken statt Kunst zu liefern.

Evang. Filmbeobachter

HEAD
Produktion: Raybert Production (Bob Rafelson, JACK NI-
CHOLSON) USA 1968
Regie: Bob Rafelson
Drehbuch: Bob Rafelson, JACK NICHOLSON
Kamera: Michel Hugo
Schnitt: Mike Pozen
Musik: Ken Thorne mit Songs von The Monkees
Darsteller und ihre Rollen: Peter Tork, David Jones, Micky
Dolenz, Michael Nesmitz (The Monkees), Annette Funicello
(Minnie), Timothy Carey (Lord High'n Low), Logan Ramsey
(Officer Faye Lapid) sowie Abraham Sofaer, Vito Scotti,
Charles Macaulay, T.C. Jones, Charles Irving und Sonny Li-
ston, Frank Zappa, June Fairchild, Victor Mature sowie Film-
ausschnitte mit Bela Lugosi, Charles Laughton, Ronald Reag-
an, Rita Hayworth u.a.

216

Uraufführung: 6.11.1968
Länge: 86 Minuten, Farbe

»Head« ist ein Episodenfilm mit The Monkees. Sie reisen um die ganze Welt und stoßen überall, wo sie hingehen, auf irgendwelche wahnsinnigen Sachen. Es gibt keine richtige Handlung in diesem witzigen, psychedelischen Musical, doch der Film beginnt und endet mit einem freien Fall der Monkees von der Golden Gate Bridge. Unter anderem wird gezeigt, wie sie einen defekten Coca-Cola-Automaten bearbeiten, wie sie den Schwarzen Scheich und seine verrückten Reiter verfolgen, wie sie ein italienisches Regiment aus dem 2. Weltkrieg beobachten, das einen einzelnen alliierten Soldaten einkreist.

Also: die Monkees im Konzertsaal vor kreischenden Mädchen, die Monkees in der Wüste, die Monkees unter Wasser, die Monkees im Harem, im Spukschloß, im Wilden Westen. »Dann haben wir noch ein paar Antikriegs- und Antibrutalitäts-Szenen mit reingetan, das könnte die älteren Fans interessieren« (Rafelson). Auch deren Prinzip ist Lester (»Wie ich den Krieg gewann«) abgeschaut: Zum Beispiel taucht im Schützengraben plötzlich ein verrücktgewordener Rugbyspieler auf und rennt einen Monkee um ... »Head« ist konsequent für das Bewußtsein des allamerikanischen Teenagers gemacht und ist deshalb ein authentischer Film über dieses Bewußtsein.

Rüdiger Dilloo, Die Welt

EASY RIDER (Easy Rider)
Produktion: Pando Company/Raybert Productions (Peter Fonda) USA 1969
Regie: Dennis Hopper
Drehbuch: Peter Fonda, Dennis Hopper, Terry Southern
Kamera: Laszlo Kovacs
Schnitt: Donn Cambern
Musik: Steppenwolf, Carole King, The Byrds, The Band, Jimi Hendrix, Bob Dylan, Roger McGuinn u.a.
Darsteller und ihre Rollen: Peter Fonda (Wyatt), Dennis Hopper (Billy), JACK NICHOLSON (George Hanson), Antonio Mendoza, Phil Spector
Uraufführung: 14.7.1969
Deutsche Erstaufführung: 19.12.1969

Länge: 94 Minuten, Farbe
Bemerkungen: Sonderpreis für das beste Erstlingswerk bei den
XXII. Internationalen Filmfestspielen Cannes. Prädikat: Be-
sonders wertvoll. Monatsbester der Evang. Filmgilde.

Gezeigt wird die Reise zweier Motorrad-Hippies, die sich durch
eine Rauschgift-Transaktion einen Trip von Los Angeles nach
New Orleans finanzieren. Gezeigt wird die große Landschaft
des menschenleeren Südens, die Landschaft John Fords und seiner Filme, in der die Abfälle der Zivilisation schon ihre Spuren
eingraben. Gezeigt werden eine Farmersfamilie in ihrer selbst-
gewählten Einsamkeit und das Leben einer Hippiekommune.
Gezeigt wird schließlich, im scharfen Gegensatz dazu, das
eigentliche Amerika der Reklame-Lichtbänder und Bürger-
rechtler, die Gesellschaft der unduldsamen Demokraten, die
ihre Frustrationen in organisierten Menschenjagden aggressiv
kompensieren. Insoweit, als er den alltäglichen Faschismus beobachtet, besitzt der Film zumindest politische Aspekte. Was
aber setzen Peter Fonda und Dennis Hopper, die Hersteller, dagegen? Welche Chancen sehen sie, ihn zu überwinden? Auf der
Rückfahrt in den Westen werden die beiden Hippies durch
Schüsse aus einem Lastwagen getötet.

Filmplakat zu ›Easy Rider‹, der Film, der Jack Nicholsons Weltruhm begründete

Die tödlich endende Reise zweier Motorrad-Hippies von Los Angeles nach New Orleans. Ein in Darstellung, Fotografie und Musik faszinierend schöner Film, der dem legalisierten Terror unserer Gesellschaft ein aufrichtig empfundenes, aber romantisch verklärtes Bild vom einfachen Leben in einer einfachen, natürlichen Umgebung entgegensetzt.

Heribert Hopf, Evang. Filmbeobachter

Versuch einer Zustandsschilderung der amerikanischen Gesellschaft. Zu undifferenziert und einseitig, um überzeugen zu können. Nicht unbedenklich, da die faszinierend irrationale Botschaft des Films die Bewußtseinslage weiter Besucherkreise trifft. *Katholischer Filmdienst*

ON A CLEAR DAY YOU CAN SEE FOREVER (Einst kommt der Tag)
Produktion: Paramount Picture (Howard W. Koch) USA 1969
Regie: Vincent Minnelli
Drehbuch: Alan Jay Lerner
Kamera: Harry Stradling
Schnitt: David Bretherton
Musik: Burton Lane
Darsteller und ihre Rollen: Barbra Streisand (Daisy Gamble), Yves Montand (Dr. Marc Chabot), Bob Newhart (Dr. Mason Hume) Larry Blyden (Warren Pratt), Simon Oakland (Dr. Conrad Fuller), JACK NICHOLSON (Tad Pringle) sowie John Richardson, Pamela Brown, Irene Handl, Roy Kinnear
Uraufführung: 8.6.1970
Deutsche Erstaufführung: 25.12.1980 BR
Länge: 130 Minuten, Farbe, Panavision

Zwecks Abgewöhnung des Rauchens in Hypnose versetzte junge Frau erzählt einem Psychologie-Professor von ihrem vergangenen und zukünftigen Leben, was ihn allmählich zum Glauben an Seelenwanderung und Wiedergeburt bringt. Gepflegt-sterile Verfilmung eines Musicals, der Schwung und Ironie mangeln. Die zahlreichen Songs wirken zuweilen willkürlich und aufgesetzt und ziehen die Geschichte allzu sehr in die Länge. Am ehesten dürften Schlagerfans und Streisand-Anhänger sich angesprochen fühlen. *Katholischer Filmdienst*

220

FIVE EASY PIECES (Five Easy Pieces – Ein Mann sucht sich selbst)
Produktion: B.B.S. Production (Bob Rafelson, Richard Wechsler) USA 1970
Regie: Bob Rafelson
Drehbuch: Adrien Joyce nach einer Story von Bob Rafelson und Adrien Joyce
Kamera: Laszlo Kovacs
Schnitt: Christoper Homes, Gerald Shepard

Filmplakat zu ›Five Easy Pieces‹ – ›Ein Mann sucht sich selbst‹

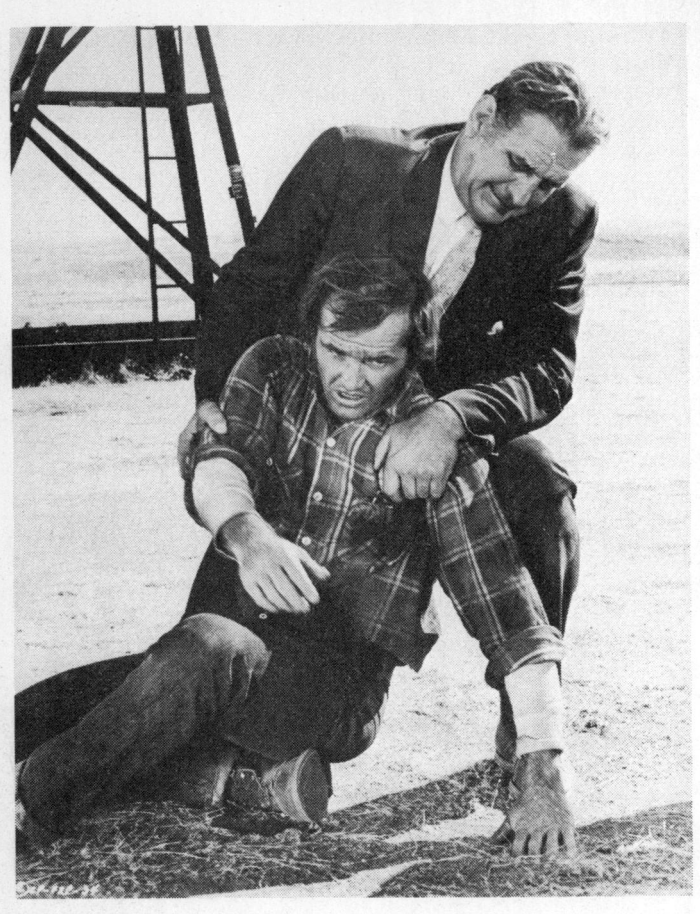

›Five Easy Pieces‹

Musik: Bach, Mozart, Chopin, Tammy Wynette
Darsteller und ihre Rollen: JACK NICHOLSON (Robert Eroi-
ca Dupea), Karen Black (Rayette Dipesto), Susan Anspach
(Catherine Van Ost), Billy »Green« Bush (Elton), Lois Smith
(Partita Dupea) sowie Ralph Waite, Fannie Flagg, John Ryan,
Sally Struthers

Uraufführung: 12.9.1970; Deutsche Erstaufführung: 25.3.1971
Länge: 96 Minuten, Farbe

Jack Nicholson spielt den Jungen aus kultivierter Familie, der
die Gepflegtheit, den Musikkult, die Alltagsriten nicht mehr
aushält, seine Pianistenkarriere abbricht und Arbeiter auf
einem Ölfeld im Süden der Staaten wird. Die Kellnerin, mit der
er sich zusammentut, auf Bardot-Typ getrimmt, ist ihm als richtige Kameradin nicht gewachsen ... Die Differenziertheit des
Spiels von Jack Nicholson reißt den Streifen über das Genre der
sogenannten »road pictures« (Straßenfilme), die durch turbu-
lente Überlandfahrten im Auto gekennzeichnet sind, heraus.
Unterhaltung von Niveau.   *Brigitte Jeremias, FAZ*

Porträt eines ehemaligen Pianisten, der seine Künstlerkarriere
vorzeitig aufgegeben hat und ruhelos durch die Welt zieht. Einigermaßen originelle Außenseiter-Darstellung mit zeitkritischen
Ansätzen, aber ohne Vertiefung des Themas.   *Filmdienst*

DRIVE, HE SAID
Produktion: B.B.S. Production (Steve Blauner, JACK NI-
CHOLSON) USA 1971
Regie: JACK NICHOLSON
Drehbuch: JACK NICHOLSON, Jeremy Larner nach einem
Roman von Jeremy Larner
Kamera: Bill Butler
Schnitt: Pat Somerset, Donn Cambern, Christopher Holmes,
Robert I. Wolfe
Musik: David Shire
Darsteller und ihre Rollen: William Tepper (Hector), Karen
Black (Olive), Michael Margotta (Gabriel), Bruce Dern (Bul-
lian) sowie Robert Towne, Henry Jaglom, Mike Warren, June
Fairchild
Länge: 90 Minuten, Farbe

Die Geschichte dreht sich um einen Basket-Ball-Star des Ohio
College, der gefangen ist zwischen seinem Wunsch, Profisport-
ler zu sein, und dem Druck, sich der radikalen Studentenbewe-
gung anzuschließen. Hector Bloom (William Tepper) befindet
sich in einem Gefängnis, was seine Zukunft angeht. Er hat ein
Verhältnis mit der Frau eines Professors (Karen Black), und er

fühlt sich seinem revolutionären Freund (Michael Margotta) gegenüber hilflos, der zur Armee eingezogen werden soll.

Margotta täuscht bei der Musterung eine Krankheit vor und wird tatsächlich zurückgestellt, doch der Druck hat ihn wirklich krank gemacht. Er greift Karen Black in ihrer Wohnung an, doch sein erfolgloser Vergewaltigungsversuch wird durch die Ankunft von Tepper und Robert Towne (Karen Blacks Ehemann) abgebrochen. Margotta flieht in das College, wo er sämtliche Versuchstiere frei läßt. Er wird gerade von einer Ambulanz abtransportiert, als Tepper wieder einmal zu spät kommt, um seinem Freund zu helfen.

A SAFE PLACE
Produktion: B.B.S. Production (Bert Schneider) USA 1971
Regie: Henry Jaglom
Drehbuch: Henry Jaglom
Kamera: Dick Kratina
Schnitt: Pieter Bergema
Darsteller und ihre Rollen: Tuesday Weld (Susan/Noah), Orson Welles (Der Magier), JACK NICHOLSON (Mitch), Philip Proctor (Fred) sowie Gwen Welles, Dov Lawrence, Fanny Birkenmaier, Rhonda Alfaro
Länge: 94 Minuten, Farbe

Henry Jagloms »A Safe Place« ist ein Versuch, die Emotionen der Zeit zu umreißen, eine Phantasie über die Realität, ein Film über das Leid und die Isolation eines Mädchens (Tuesday Weld), das gefangen ist zwischen ihrer Unfähigkeit, sich von der Vergangenheit zu lösen, die durch Orson Welles verkörpert wird, und ihrer Nichtbereitschaft, das Unvermeidliche der Gegenwart zu akzeptieren, das von Jack Nicholson und Philip Proctor repräsentiert wird.

CARNAL KNOWLEDGE (Die Kunst zu lieben)
Produktion: Icarus (Mike Nichols) USA 1971
Regie: Mike Nichols
Drehbuch: Jules Feiffer
Kamera: Giuseppe Rotunno
Schnitt: Sam O'Steen
Musik: Mitchell Parish, Glenn Miller u.a.

Darsteller und ihre Rollen: JACK NICHOLSON (Jonathan),
Candice Bergen (Susan), Arthur Garfunkel (Sandy), Ann-Mar-
gret (Bobbie) sowie Rita Moreno, Cynthia O'Neal, Carol Kane
Deutsche Erstaufführung: 17.2.1972
Länge: 98 Minuten, Farbe

Sexualprobleme zweier amerikanischer College-Studenten, die
trotz beruflicher Karriere infantil bleiben und ihr Lebensglück
verspielen. In seiner kritischen Sicht auf Fehlhaltungen nicht genügend klar und konsequent. Eine oberflächlich bleibende
Unterhaltung, die gutes Spiel mit einem unerträglich ordinären
Dialog verbindet.   *Filmdienst*

THE KING OF MARVIN GARDENS (Der König von Marvin
Gardens)
Produktion: B.B.S. (Bob Rafelson) USA 1972
Regie: Bob Rafelson
Drehbuch: Jacob Brackman
Kamera: Laszlo Kovacs
Schnitt: John F. Link II
Darsteller und ihre Rollen: JACK NICHOLSON (David Staeb-
ler), Bruce Dern (Jason Staebler), Ellen Burstyn (Sally), Julia
Anne Robinson (Jessica) sowie »Scatman« Crothers, Charles
Lavine, Arnold Williams, John Ryan, Sully Boyar, Josh Mostel
Deutsche Erstaufführung: 3.3.1976 (TV)
Länge: 115 Minuten, Farbe

Howard Hughes ist in Rafelsons Film gleichzeitig aufgespalten
in zwei Figuren: die ungleichen Brüder Staebler. Jason (Bruce
Dern), der ältere, ist der Pionier, der draufgängerische Träu-
mer, der stets mit einem Bein im Gefängnis, mit dem andern im
nächsten Millionenprojekt steht. Zur Wirklichkeit hat er das
Verhältnis eines Kindes, Schwierigkeiten erkennt er erst an,
wenn sie ihn überrollen. Er lebt den Traum von der unzivilisier-
ten Insel in der Waikiki-Bucht voll aus, ohne Rücksicht auf persönliche Verluste. Ein Künstler? Sein Bruder David (Jack Nicholson) hat den Traum verinnerlicht. Er erzählt als Rundfunk-
plauderer seinen Hörern endlose Geschichten aus der Kindheit,
eine Mischung aus Fiktion und Realität. Er ist der zaghafte In-
tellektuelle, der überall nur die Grenzen sieht, die sein Leben
beengen, ihn unzufrieden machen. Aber damit sieht er eben

auch das Machbare ohne Illusionen. Er, der sich für den Künstler hält, ist der wahre Geschäftsmann.

Ein anderer Nicholson. Nicht der verschmitzte Rebell, als den ihn seine letzten Filme berühmt gemacht haben, sondern ein sensibler Verlierertyp, menschenscheu, steif.

Die Geschichte spielt im winterlich vergammelten Seebad Atlantic City, wo Bruder Jason mit zwei Frauen und vielen Ideen im Kopf den Traum von der eigenen Insel träumt. Atlantic City hat abgewirtschaftet; alles, was das Leben dort einmal ausmachte, von der Miss America bis zum »Welcome«-Rummel, wird nur noch höhnisch zitiert. Sally, die ältere Freundin, die Jasons Vorstellungen ernstnimmt, verbrennt ihre Kleider, vergräbt die Kosmetika und schneidet sich das Haar ab. Als sie merkt, daß der strahlende Daueroptimismus um sie herum nur auf sich selbst beruht und daß das Leben eben ohne sie so weitergehen soll wie bisher, erschießt sie den Freund.

Siegfried Diehl, Frankfurter Allgemeine Zeitung

THE LAST DETAIL (Das letzte Kommando)
Produktion: Arcrobat/Bright-Persky Ass. (Gerald Ayres) USA 1973
Regie: Hal Ashby
Drehbuch: Robert Towne nach dem gleichnamigen Roman von Darryl Ponicsan
Kamera: Michael Chapman
Schnitt: Robert C. Jones
Musik: Johnny Mandel
Darsteller und ihre Rollen: JACK NICHOLSON (Buddusky), Otis Young (Mulhall), Randy Quaid (Meadows), Clifton James (M.A.A.), Carol Kane (Nutte) sowie Michael Moriarty, Luana Anders, Kathleen Miller, Nancy Allen
Uraufführung: Dezember 1973; Deutsche Erstaufführung: 16.5.1975
Länge: 104 Minuten, Farbe
Bemerkungen: J.N. erhielt die »Goldene Palme« als bester Hauptdarsteller bei den Inter. Filmfestspielen Cannes 1974

Es ist der technisch perfektionierteste Film Ashbys: kühl, klar, formstreng, mit exakt kalkulierten Kameraeinstellungen und ohne barocke Schnörkel, ein unaufwendiger Film mit einer ebenso unaufwendigen, knapp zu umreißenden Handlung vor

dem Hintergrund des amerikanischen Alltags mit seinen Groß-
stadtstraßen, Parkanlagen, Supermärkten, Drugstores, mit seinen Bahnhofshallen, Zügen und »Greyhound«-Bussen... In
einem Marinedurchgangslager werden zwei Offiziere zu einem
Sonderkommando befohlen. Sie sollen einen jungen und, wie
man später erfährt, recht willkürlich verurteilten Matrosen zu
einem weit entfernten Kriegsgefängnis bringen. Randy Quaid
ist, wie Bud Cort in »Harold und Maude« eine Entdeckung Ashbys. Er spielt den verurteilten Matrosen Meadows so überzeugend hilflos, daß er durchaus neben Jack Nicholson (als Buddusky) und Otis Young (als farbiger Offizier Mulhall) bestehen
kann ... In dieser Dreierkonstellation, die fast alle Kameraeinstellungen bestimmt, wird gleichzeitig ein Teil der amerikanischen Wirklichkeit offenbar: die Öde und Langeweile der ame-

J. N. (links) in ›Das letzte Kommando‹ (›The Last Detail‹)

rikanischen Kleinstädte, eine Umwelt, die Meadows beschädigt hat, das verbissene Streben der Schwarzen nach sozialem Aufstieg, für den Mulhall alle Vietnam-Einsätze bedenkenlos in Kauf genommen hat; schließlich die völlige Orientierungslosigkeit, die nicht nur charakteristisch ist für den Außenseiter Buddusky. Weil er sich sonst nirgendwo hätte eingliedern können, ist er zur Marine gegangen. In dem Dreierverhältnis gilt er als unumstrittener »Boß«: feinnervig, aggressiv, energiegeladen, hart und zynisch, dann wieder ungemein zart und einfühlsam. Nicholson spielt alle Nuancen dieser Rolle.

Doris Blum, Frankfurter Allgemeine Zeitung

Jack Nicholson, der dabei ist, Amerikas bedeutendster Filmschauspieler dieses Jahrzehnts zu werden, vermittelt die Rolle des »Bad Ass« Buddusky eine Dimension lässig unterspielter Tragik. *H.C. Blumenberg, Die Zeit*

...nur so ist es zu erklären, daß jetzt der neue (der dritte) Film von Hal Ashby in unsere Kinos kommt; nur mit diesem unplanmäßigen Erfolg des Vorgängers und mit dem Zugpferd des neuen Films mit Jack Nicholson, der spätestens in Polanskis »Chinatown« klargestellt hat, wo er als Darsteller hingehört: in den engen Mastkorb der »Top Stars«. Durch ihn bekam »Das letzte Kommando«, das mit seinen stillen, gediegenen Qualitäten allein kaum nach Deutschland gekommen wäre, einen spektakulären, fast reißerisch komödiantischen Reiz mit in die Kinos.

Gottfried Knapp, Süddeutsche Zeitung

Wie der Regisseur Hal Ashby die verschiedenen Grade von Anpassung und Aggression an drei Gegentypen demonstriert, sich dabei Zeit läßt im Ausmalen einer Situation (und ihres Leerlaufs), das hat durchaus Schwarzhumor-Parallelen zu seinem Glanzfilm »Harold und Maude«. Vor allem in der Figur des Marine-Rüpels Buddusky, der sich in fiebernder Aggressivität mit jedermann prügeln möchte, nur um wahrgenommen zu werden, um zu spüren, daß er existiert.

Jack Nicholson ist geeicht auf diesen Krawalltypus? Wie ein kleiner agiler Marder, der die Zähne fletscht, damit alle denken, er sei ein Tiger. *Ponkie, Abendzeitung*

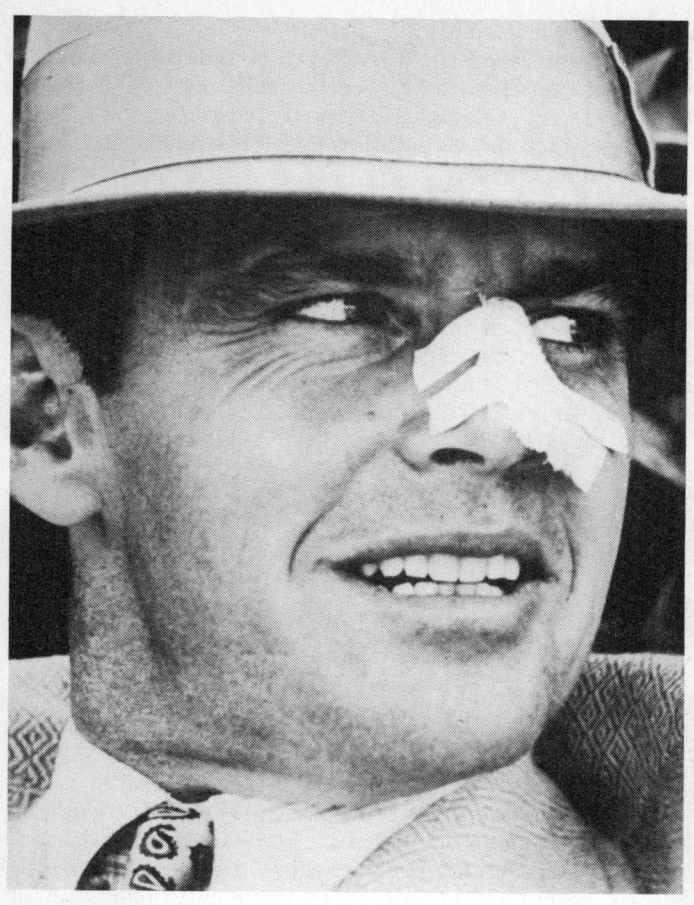

›Chinatown‹

CHINATOWN (Chinatown)
Produktion: Long Roads (Robert Evans) USA 1974
Regie: Roman Polanski
Drehbuch: Robert Towne
Kamera: John A. Alonzo
Schnitt: Sam O'Steen

Musik: Jerry Goldsmith
Darsteller und ihre Rollen: JACK NICHOLSON (J.J. Gittes),
Faye Dunaway (Evelyn Mulwray), John Huston (Noah Cross)
sowie Perry Lopez, John Hillerman, Darrel Zwerling, Diane
Ladd, Roy Jenson, Roman Polanski, Dick Bakalyan, Bruce
Glover, Burt Young
Uraufführung: Juni 1974: Deutsche Erstaufführung: 19.12.1974
Länge: 131 Minuten, Farbe, Panavision
Bemerkungen: Ausgezeichnet mit 2 Oscars (Academy Awards)
für die beste Story und für das Drehbuch.

Viele Regisseure nennen Jack Nicholson den Star-Giganten der
Zukunft. Ein Arbeitstier, besessen von dem Prinzip professioneller Gründlichkeit und damit der ideale Partner für Roman
Polanski. Er brütet wochenlang über dem Drehbuch, übertrifft
ein ganzes Hollywoodteam an Eifer, Geduld und Cleverness,
arbeitet seit Jahren – und schon lange vor dem ersten großen Erfolg in »Easy Rider« – zielbewußt an seiner Karriere. Sein »private eye« in »Chinatown« läßt nur in den Anfangsszenen eine
Erinnerung an Chandler und Humphrey Bogart zu. Gittes ist
ein Strizzi, glatt, ironisch, manchmal zynisch. Sein Gesicht bekommt leicht einen brutalen oder gemeinen Zug, einen Erfolg
auf der Pirsch verrät ein breites, fieses Grinsen: ein Hallodri mit
der rüden Herzlichkeit eines Straßenbengels und der beunruhigend-sanften Freundlichkeit eines Killers. Dann, das ist ganz
behutsam angedeutet, zeigen sich Erstaunen, Irritation und
eine Spur Anteilnahme in seinen Mienen – zum ersten Mal verläuft ein Fall ganz anders als sonst. Der Schnüffler wird fast zum
souveränen Meisterdetektiv; er ist in einen spektakulären
Mordfall verwickelt, steht in der Zeitung und wächst sichtlich
mit seiner Bedeutung. Und er bleibt zugleich der naive eitle
Stutzer, posiert hutschwenkend vor den Photographen auf der
Polizeiwache, verteidigt ganz borniert seinen Ruf als anständi-
ger Bürger, der auf anständige Weise sein Geld verdient. Am
Ende steht unser kleiner Supermann hilflos und erschüttert vor
einem Desaster, in dem sein Part doch nur eine Nebenrolle war.
Er hat verloren.   *Wolf Donner, Die Zeit*

Die klassische Detektiv-Geschichte wird von Polanski zuge-
spitzt zu einer Schärfe, die nahtlos überleitet in Ironie, oft Paro-
die: Jack Nicholson handelt sich als Schnüffler Gittes erst ein-

Filmplakat zum Roman-Polanski-Film ›Chinatown‹ (›Chinatown‹)

mal eine Nasenverletzung ein (Polanski selbst sticht zu) – Gittes muß mit dick verbundener Nase weiterschnüffeln. Er erzählt gerne lange Witze, die keine Pointen haben, schwelgt in harten Zoten, die er mit leiser, kultivierter Stimme vorträgt, und trägt Maßkleidung, deren Beschädigung ihn mehr schmerzt als eine Verwundung. Schon bei der seltsam sanft-ordinären Stimme von Jack Nicholson beginnt die Schwäche der deutschen Synchron-Fassung: Sie ist sorgfältig gemacht, vergröbert jedoch die Stimmen- und Wort-Nuancen des – oft auf bruchstückhafte Verständlichkeit aufgebauten – Originals. Polanskis ironisches Spiel mit irreführenden Geräuschen bleibt erhalten – das genüßliche Zischeln beim Betrachten pornographischer Fotos etwa, das sich dann als Winseln eines verzweifelten Mannes erweist; das klägliche Hundejaulen im Garten einer Villa, das sich als Quietschen eines Scheuerlappens auf glänzendem Autolack entpuppt. Doch diese Irritationen, im Original eingebettet in einen raffinierten Fluß von Nebengeräuschen, werden in der deutschen Fassung vereinzelte Gags – und verpuffen.

Peter Steinhart, Rheinische Post

PROFESSIONE: REPORTER (Beruf: Reporter)
Produktion: Comp./Champion/Concordia/C.I.P.I. (Carlo Ponti) Italien/Frankreich/Spanien 1973
Regie: Michelangelo Antonioni
Drehbuch: Mark Peploe, Peter Wollen, Michelangelo Antonioni
Kamera: Luciano Tovoli
Schnitt: Franco Arcalli, Michelangelo Antonioni
Musik:
Darsteller und ihre Rollen: JACK NICHOLSON (Locke), Maria Schneider (Mädchen), Jenny Runacre (Rachel), Ian Hendry (Knight) sowie Stephen Berkoff, Abroise Bia, James Campbell, Manfred Spies, Angel del Pozo, Chuck Murehill
Deutsche Erstaufführung: 16.5.1975
Länge: 125 Minuten, Farbe

Konsequent spielt »Profession: Reporter« ausschließlich auf Durchgangsstationen: in Hotels, Museen, Kirchen, auf der Straße. Der Reporter, ein »Unbehauster« im konkreten Sinne des Wortes, bleibt überall ein Fremder. Einmal, in einer Seil-

J. N. mit Maria Schneider in ›Beruf: Reporter‹ (›Professione: Reporter‹)

›Beruf: Reporter‹ (›Professione: Reporter‹)

bahn hoch über dem Meer, breitet Jack Nicholson seine Arme wie Schwingen aus, als wollte er nicht nur sehen, sondern auch fliegen lernen: ein somnambuler Ikarus, »on the road again«. Der Film driftet, planvoll ziellos, mit den falschen Bewegungen der Hauptfigur, mit kühnen, an Jacques Revette erinnernden Montagefolgen verschiedene Zeit- und Wahrnehmungsebenen verschmelzend.   *Hans C. Blumenberg, Zeit*

Denn grob und irreführend naiv erzählt ist »Beruf: Reporter« eine Thriller-Story, die zu erzählen Antonioni sich zu gut war. Sein Reporter erlebt in einem Sahara-Kaff, wie ein Zufallsbekannter auf seinem Hotelzimmer stirbt. Flugs borgt er sich dessen Identität (der Drehbuchschreiber Mark Peploe hat nicht zufällig einen Film über Max Frisch gedreht) und läßt sich selbst pro forma ableben. Sein neues zweites Ich gehört einem Waffenschmuggler, als der unser Reporter von politischen Gegnern gejagt und schließlich zu Tode gebracht wird ... Antonioni und sein Ko-Autor Peploe müssen sich aus lauter Delikatesse vor diesem Stoff geradezu geekelt haben. Also verwandelten sie ihn in eine Existenz-Schmonzette, von wegen Sinn des Lebens, der nur im Tode zu gewinnen ist. Und das ergibt nun eine hochtrabende Parabel, die Geschichten von Blinden, die sehend unglücklicher sind – und ähnlichen Pseudo-Tiefsinn erzählt. Man rührt einen Handlungsdreck an, um über ihn die Nase zu rümpfen.   *Hellmuth Karasek, Spiegel*

In einer persönlichen Krise nutzt ein Fernsehjournalist die Gelegenheit, die Identität eines anderen anzunehmen. Weder die Flucht vor der eigenen Vergangenheit noch der Versuch, in einem Engagement den verlorenen Lebenssinn zurückzugewinnen, gelingen dem Engländer, der sich passiv seinem Tod entgegentreiben läßt. Antonioni knüpft diesmal an politischen Gegenwartsfragen an, gelangt in eindrucksvollen Bildern jedoch zu einer konsequenten Reflexion seiner existentialistischen Lebensschau.   *Filmdienst*

TOMMY (Tommy)
Produktion: Robert Stigwood, Großbritannien 1974
Regie: Ken Russell
Drehbuch: Ken Russell nach der Rockoper von Peter Townshend
Kamera: Dick Bush, Ronnie Taylor, Robin Lehman
Schnitt: Stuart Baird
Musik: The Who, Peter Townshend, John Entwistle, Keith Moon, Roger Daltrey
Darsteller und ihre Rollen: Oliver Reed (Frank Hobbs), Ann-Margret (Nora Walker), Roger Daltrey (Tommy), Elton John (The Pinball Wizard), Eric Clapton (Prediger), Keith Moon (Onkel Ernie), JACK NICHOLSON (Spezialist) sowie Robert Powell, Paul Nicholas, Tina Turner, The Who
Deutsche Erstaufführung: 31.10.1975
Länge: 111 Minuten, Farbe

Tommy wird Zeuge eines Mordes im mütterlichen Schlafzimmer und verliert daraufhin Gehör, Sprache und Sehvermögen.

J. N. mit Ann-Margret in ›Tommy‹

Das einzige, womit er sich aktiv befaßt, ist Flippern. Hierin bringt er es zur absoluten Meisterschaft und wird zu einem Idol der Massen. Nachdem er von seiner Mutter durch einen Spiegel gestoßen wurde und dabei seine Sinne wiedererlangte, fühlt er sich selbst als Messias und genießt seine Macht über die Massen. Die aber lehnen sich schließlich gegen ihn auf und verweigern die Gefolgschaft. Diese Geschichte, in der Townshend mit einer schon unheimlich wirkenden kritischen Sicht der eigenen Position das Pop-Business mit einem der dümmsten Spiele der Gegenwart, eben dem Flippern, gleichsetzt, ist nun also verfilmt worden, und man kann sagen, daß es ein Meilenstein der Umsetzung von Pop-Musik ins Bild geworden ist.

Ulrich Olshausen, FAZ

Der genialische Meister exaltierter Sensationen hat wieder hingelangt, und bald schon tun dem halbwegs sensiblen Betrachter Augen und Ohren weh. Die Rock-Oper der Gruppe »Who« dient dem Regisseur von »The Devils« und »Mahler« als Anlaß zu einem monströs manirierten Spektakel, in dem jede Einstellung ihre eigene Originalität feiert. Doch die optischen und akustischen Kabinettstückchen schlagen sich gegenseitig tot, Russells Inszenierung fehlt es an Disziplin und Ökonomie. Was bleibt, ist eine aufgeblähte Revue modischer Obsessionen voll grenzenloser Eitelkeit.

Filmtips, Die Zeit

Zum Ergötzen popmusikkundiger Filmfans chargieren Ann-Margret (Tommy's Mutter), Oliver Reed (ihr Liebhaber) und Jack Nicholson (ein Irrenarzt) im übertriebenen Gleichklang mit der aufgedonnerten Bild- und Ton-Regie.

Barry Graves, Die Welt

Russell hat sich erheblich mehr als die »Who« vorgenommen und erreichte vielleicht gerade deshalb weniger. Trotzdem ist Russels »Tommy« eine Kino-Kuriosität, ein monströses Spektakel, dem die Faszination nicht abzusprechen ist. Sein atemberaubendes Tempo, ein schier unerschöpflicher Einfallsreichtum und seine in jeder Hinsicht hervorragende Besetzung machen »Tommy« zu einem aufregenden Film. Und eben auch zu einem Film, der einen aufregt.

Eckhart Schmidt, Süddeutsche Zeitung

THE FORTUNE (Mitgiftjäger)
Produktion: Fortune Co. (Mike Nichols, Don Devlin) USA 1974
Regie: Mike Nichols
Drehbuch: Adrien Joyce (Carol Eastman)

›Mitgiftjäger‹ (›The Fortune‹)

Kamera: John A. Alonzo
Schnitt: Stu Linder
Musikadaptation: David Shire
Darsteller und ihre Rollen: Stockard Channing (Freddie), JACK NICHOLSON (Oscar), Warren Beatty (Nick) sowie Florence Stanley, Richard B. Skull, Tom Newman, John Filder, Scatman Crothers
Deutsche Erstaufführung: 20.2.1976
Länge: 86 Minuten, Farbe, Panavision

Jack Nicholson und Warren Beatty mimen in dieser Klamotte aus dem amerikanischen Milieu der zwanziger Jahre ein schlitzohriges Paar, das hinter dem Vermögen einer pummeligen Millionärs-Tochter (Stockard Channing) her ist. Da gibt es eine Liebesgeschichte und eine Zweck-Ehe, eine Klapperschlange und einen zum Scheitern verurteilten, vorgetäuschten Selbstmord. Das Stimmungs-Barometer des Trios schwankt zwischen Aufregung, Wut, Eifersucht, furchtbarer Lustigkeit, tränenüberströmter Traurigkeit und alkoholgetränkter Bewußtlosigkeit. Eine richtige Stimmung aber will nicht aufkommen. Regisseur Mike Nichols machte schon vor acht langen Jahren »Die Reifeprüfung«...   *Frauke Hanck, tz*

... Mit genüßlichem Sadismus beschreibt Nichols die mörderischen Unternehmungen seiner beiden Helden. Die kläglichen Herrenwitze, die Jack Nicholson und Warren Beatty roh chargierend abzuliefern haben, sind von einem derart inhumanen Zynismus, daß man Angst bekommen kann.

Hans Blumenberg, Zeit

... In seinen Solonummern ist Jack Nicholson unvergleichlich, er ist wohl derzeit Hollywoods bester Schauspieler.

Heiko R. Blum, Rheinische Post

Da retten auch die beiden Superstars nichts. Jack Nicholson, strubbelig, mit Ansätzen von Glatze und Doppelkinn, strengt sich gar nicht erst sonderlich an, ein neues Gesicht zu zeigen. Er strapaziert seinen flapsigen Anticharme, seine treudoof verknautschte Mimik und watschelt auch schon einmal wie weiland Charly daher; aber ein Fußleiden macht noch keinen Tramp.

Inge Bongers, Der Abend

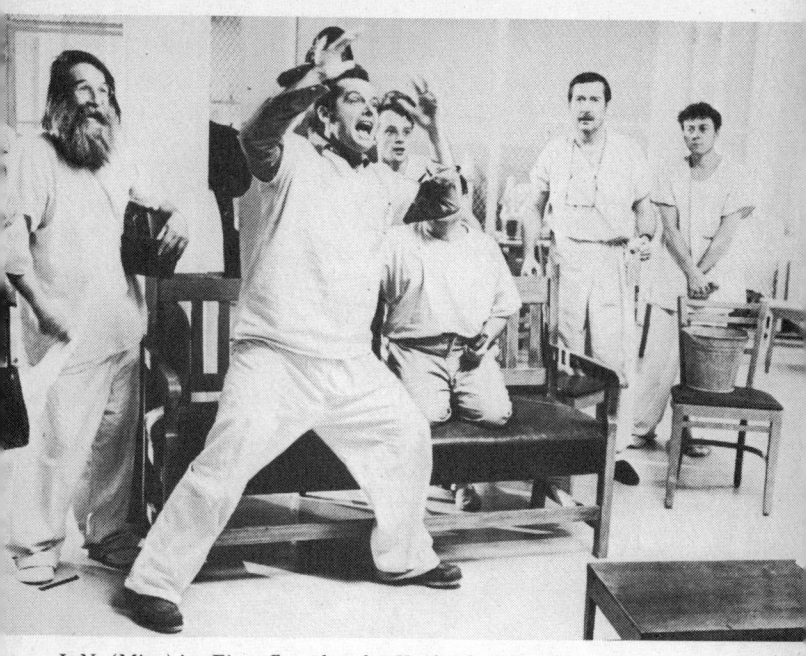

J. N. (Mitte) in ›Einer flog über das Kuckucksnest‹ (›One Flew Over the Cuckoo's Nest‹)

ONE FLEW OVER THE CUCKOO'S NEST
(Einer flog über das Kuckucksnest)
Produktion: Fantasy Films (Saul Zaentz, Michael Douglas)
USA 1975
Regie: Milos Forman
Drehbuch: Lawrence Heuben, Bo Goldman nach einem Roman von Ken Kesey
Kamera: Haskell Wexler, William Fraker, Bill Butler
Schnitt: Richard Chew
Musik: Jack Nitzsche
Darsteller und ihre Rollen: JACK NICHOLSON (R.P. McMurphy), Louise Fletcher (Schwester Ratched), William Redfield (Harding), Brad Dourif (Bill) sowie Michael Berryman, Peter Brocco, Dean R. Brooks, Scatman Crothers

›Einer flog über das Kuckucksnest‹ (›One Flew Over the Cuckoo's Nest‹)

Deutsche Erstaufführung: 18.3.1976
Länge: 129 Minuten, Farbe
Anmerkungen: Ausgezeichnet mit 5 Oscars (Academy Awards)
für: bester Film, bestes Drehbuch, JACK NICHOLSON als bester Schauspieler, Louise Fletcher als beste Schauspielerin, Milos Forman als bester Regisseur.
Ausgezeichnet mit 6 »Golden Globes« für: bester Film, Hauptdarsteller, Hauptdarstellerin, Regie, Drehbuch, Nachwuchs-
darsteller (Brad Dourif).

Filmplakat zu ›Einer flog über das Kuckucksnest‹ (›One Flew Over The Cuckoo's Nest‹). Der Film wurde mit 5 Oscars ausgezeichnet

In die graue Welt einer anonymen Heilanstalt wird eines Tages
R. D. McMurphy (Jack Nicholson) eingeliefert. Er findet ein
unmenschliches System vor, das seine hilf- und willenlosen Patienten in »Chronische« (schwere Fälle) und »Akute« (leichte
Fälle) aufteilt, das mit einer Schar brutaler Wärter und einer
despotischen Oberschwester jede individualistische Regung
unterdrückt und den Zustand der Kranken mit pharmazeuti-
schen Mitteln oder Elektro-Schock-Therapie noch weiter ver-
schlechtert. In diesem System muß McMurphy wie ein Katalysa-
tor wirken: Mitte dreißig, ehemaliger Korea-Kämpfer, wegen
Ungehorsam aus der Armee entlassen, wegen Schlägerei, Not-
zucht und Trunksucht in eine Strafanstalt eingeliefert, aus der er
sich mit einem Trick in die Nervenheilanstalt überweisen läßt.
Der Unangepaßte als Schlüsselfigur. Diese Konstruktion weist
den Film als gesellschaftskritisches Pamphlet aus. Das Kuk-
kucksnest muß als verfremdetes Kürzel unserer Gesellschaft re-
zipiert werden. Hier überspringt der Film seinen pseudo-doku-
mentarischen Charakter, hier fordert er Engagement und Auf-
lehnung gegen jegliche Form zynischer Außenleistung, hier präsentiert er Kommunikation und Liebe als die einzigen mögli-
chen Formen menschlicher Selbstverwirklichung.

Frankfurter Rundschau

Forman hat mit »Kuckucksnest« ein perfektes Unterhaltungs-
produkt hergestellt, ein Film, wie am Reißbrett entworfen, eine
krakelende Schau, die sich ständig zu neuen, turbulenten, über-
drehten, grellen, lauten Höhepunkten hinauftrudelt und den
Zuschauer keinen Augenblick aus den Klauen läßt. Ein Film für
Teenager: Jede Szene ein neuer Appell an jugendliche Solidari-
tät gegen Eltern oder Lehrer, an Heldenbewunderung, an
Schülerträume von gelungenen Streichen. Und ein Film, geschaffen für Jack Nicholson. Er grimassiert auf Teufel komm
raus, macht jede Nuance zum Super-Gag und jede Szene zum
Starauftritt. *Die Zeit*

Eine fragwürdige Gag- und Starbewegung. Gewiß, Nicholson
ist ein talentierter Clown, aber noch nie fand ich ihn so aufdring-
lich und unehrlich wie hier. Vieles sind Faxen und Maskeraden,
ein brillanter Showmaster gibt seine Gala-Vorstellung.

Hans-Ulrich Pönack, Tip

MISSOURI BREAKS (Duell am Missouri)
Produktion: Robert M. Sherman/Elliott Kastner, USA 1975
Regie: Arthur Penn
Drehbuch: Thomas McGuane
Kamera: Michael Butler
Schnitt: Jerry Greenberg
Musik: John Williams
Darsteller und ihre Rollen: Marlon Brando (Lee Clayton),
JACK NICHOLSON (Tom Logan), Randy Quaid (Little Tod)
sowie Kathleen Lloyd, Frederic Forrest, Harry Dean Stanton
Deutsche Erstaufführung: 16.8.1978
Länge: 126 Minuten (79 Minuten), Farbe

›Duell am Missouri‹ (›Missouri Breaks‹)

Filmplakat zu ›Duell am Missouri‹ (›Missouri Breaks‹). Der Film wurde trotz
der Starbesetzung mit Jack Nicholson und Marlon Brando kein Erfolg

Eine Geschichte um einen Pferdedieb (Nicholson) und einen Kopfgeldjäger (Brando). Die Figuren werden eingeführt und aufeinander losgelassen. Der Konflikt entsteht nicht aus dem Zusammentreffen unterschiedlicher Charaktere, sondern ist als vorgegebenes Westernklischee von Anfang an da.

Penn hat den fundamentalen Mangel der Geschichte erkannt und versucht ständig, die platte Actiondramaturgie an den Rand zu drängen. Das Show-down wird ewig hinausgezögert und dann ungewöhnlich kurz abgetan (freilich nicht ohne ein paar überflüssige Brutalitäten).

Statt dessen nimmt Penn sich Zeit für Gespräche, für skurrile Nuancierungen seiner Figuren und eine zart-ironische Liebesgeschichte, bei der eine emanzipiert tuende Farmerstochter den schüchternen Perdedieb verführt.

Zu retten war dieser (im allmählich etwas geschmäcklerisch wirkenden Braun alter Fotos gedrehte) Film nicht mehr; freilich gibt es für Nicholson- und vor allem für Brando-Fans einige hübsche Einstellungen. *Münchner Merkur*

Der Kampf eines Pferdediebs gegen einen mächtigen Rancher, der einen brutalen Killer als Helfer engagiert hat. Ein eigenwilliger, psychologisch differenzierter, mitunter aber aufdringlicher Western; spannend immer dann, wenn das Tempo der äußeren Handlung sich verlangsamt. *Filmdienst*

THE LAST TYCOON (Der letzte Tycoon)
Produktion: Academy Pic. (Sam Spiegel) USA 1975
Regie: Elia Kazan
Drehbuch: Harold Pinter nach dem Roman von F. Scott Fitzgerald
Kamera: Victor Kemper
Schnitt: Richard Marks
Musik: Maurice Jarre
Darsteller und ihre Rollen: Robert De Niro (Monroe Stahr), Tony Curtis (Rodriguez), Robert Mitchum (Pat Brady), Jeanne Moreau (Didi), JACK NICHOLSON (Brimmer) sowie Donald Pleasance, Ingrid Boulting, Ray Milland, Dana Andrews, Theresa Russell, Peter Strauss
Deutsche Erstaufführung: 11.3.1977
Länge: 123 Minuten, Farbe

J. N. (links) mit Robert De Niro und Theresa Russell in ›Der letzte Tycoon‹ (›The Last Tycoon‹)

Porträt eines Hollywood-Studiochefs der 30er Jahre, nach historischem Vorbild und einer literarischen Vorlage mit beträchtlichem äußeren Aufwand und inneren Schwächen gestaltet. Enttäuschend, weil die Figur des Studio-Diktators zu wenig profiliert und das Produktionsmilieu zu wenig charakterisiert wird.

Filmdienst

Monroe Stahr, der Tycoon der dreißiger Jahre, erscheint wie ein historischer Vorläufer der Figuren, in denen Kazan seine Haß-Liebe zu Amerika ausgedrückt hat. Robert De Niro, in dem Kazan die gleichen Qualitäten tiefer Verwundbarkeit und Verstörung entdeckt wie einst bei Montgomery Clift, Marlon Brando, James Dean und Warren Beatty, stellt ihn dar als einen Mann, der allmählich an seiner Zerrissenheit zugrunde geht. Prononcierter noch als Fitzgerald, dessen Vorlage Pinters Drehbuch trotz einiger Veränderungen und Raffungen im wesentlichen genau folgt, konfrontiert Kazan Monroe Stahrs kühle, professionelle Kompetenz mit seinen unerfüllten romantischen Sehnsüchten.

Hans C. Blumenberg, Die Zeit

Filmplakat zu ›Der letzte Tycoon‹ (›The Last Tycoon‹). Regie in dieser Ver-
filmung von F. Scott Fitzgeralds Roman führte Elia Kazan

GOIN' SOUTH (Der Galgenstrick)
Produktion: Paramount Pic. (Harry Gittes, Harold Schneider)
USA 1978
Regie: JACK NICHOLSON
Drehbuch: John Herman Shaner & Al Ramrus, Charles Shyer
& Alan Mandel
Kamera: Nestor Almendros
Schnitt: Richard Chew, John Fitzgerald Beck
Musik: Van Dyke Parks, Perry Botkin jr.
Darsteller und ihre Rollen: JACK NICHOLSON (Henry
Moon), Mary Steenburgen (Julia Tate), Christopher Lloyd
(Towfield), John Belushi (Hector) sowie Veronica Cartwright,
Richard Bradford, Jeff Morris
Deutsche Erstaufführung: 15.6.1979
Länge: 109 Minuten, Farbe

Regie-Debüt des US-Schauspielers Jack Nicholson. Die »romantische Komödie« um einen verlotterten Pferdedieb, der von
einer jungen Frau unter dem Galgen weg per Heirat gerettet

J. N. in ›Der Galgenstrick‹ (›Goin' South‹)

JACK NICHOLSON

Der Galgen-strick

Erstmalig MARY STEENBURGEN · mit JOHN BELUSHI CHRISTOPHER LLOYD
Drehbuch: JOHN HERMAN SHANER & AL RAMRUS
und CHARLES SHYER & ALAN MANDEL
Story von JOHN HERMAN SHANER & AL RAMRUS
Produktion: HARRY GITTES und HAROLD SCHNEIDER
Regie: JACK NICHOLSON Ein Paramount-Film im Verleih der CIC

Filmplakat zu ›Der Galgenstrick‹ (›Goin' South‹)

J. N. (Mitte) in ›Der Galgenstrick‹ (›Goin' South‹). Rechts: John Belushi.

wird, leidet darunter, daß sich der Regisseur nicht zwischen der Western-üblichen Räuberpistole und einer etwas altmodisch-nostalgischen Liebesgeschichte entscheiden konnte.

Otto Kuhn, Filmbeobachter

Schauspieler, die plötzlich ihr Fach wechseln und selbst Filme machen, haben es im allgemeinen schwer, ernst genommen zu werden. Es haftet ihnen dann immer etwas Unseriöses, Gauklerisches an. Bei Jack Nicholson scheint der Übergang zum Regiefach mühelos. Mit »Going South« (Der Galgenstrick), einem vergnüglichen, unblutigen Western, hat er ein Genre gewählt, in dem der Zuschauer sich wohlfühlt.

Der Film ist um Nicholson als Hauptdarsteller herum gebaut. Er läßt ihm weiten Raum, seinen schauspielerischen Charme auszustrahlen. Und so ganz nebenbei wird das Westernschema auf den Kopf gestellt: Henry Moon, der elende Pferdedieb und miese Gelegenheitseinbrecher, ist ein Antiheld. Seine Story beginnt gleich mit dem Strang. Die Schlinge um den Hals und die schwarze Maske über dem Gesicht, zappelt und fleht er um sein Leben. Es sind nicht seine wilden Spießgesellen, die ihn frei-kämpfen, sondern es ist das Heiratsangebot einer jungen Frau mit Landbesitz. Diese zarte, spitzenbesetzte Dame hat einen ei-senharten Willen, an dem Moons rauhe Männlichkeit abprallt.

Titelseite der Filmzeitschrift CINEMA mit einem Ausschnitt aus dem Filmplakat

Er läßt sich von ihr widerspruchslos versklaven. Der Film zeigt die Kette seiner Demütigungen, denen dann, ganz zum Schluß, doch das ersehnte Happy-End folgt.

Martje Grohmann, Süddeutsche Zeitung

Ein texanischer Pferdedieb soll gehängt werden, wird aber durch die Bereitschaft einer jungen Frau, ihn zu heiraten, gerettet. Auf Jack Nicholson zugeschnittene Western-Burleske mit viel Situationskomik; nicht sehr originell und nur streckenweise amüsant. *Filmdienst*

SHINING (The Shining)
Produktion: Hawk/Peregrine (Stanley Kubrick) in Zusammenarbeit mit The Producers Circle, USA 1979
Regie: Stanley Kubrick
Drehbuch: Stanley Kubrick & Diane Johnson nach dem Roman von Stephen King
Kamera: John Alcott
Schnitt: Ray Lovejoy
Musik: Bela Bartók, dirigiert von Herbert von Karajan
Darsteller und ihre Rollen: JACK NICHOLSON (Jack Torrance), Shelley Duvall (Wendy Torrance), Danny Lloyd (Danny), Scatman Crothers (Hallorann) sowie Barry Nelson, Philip Stone, Joe Turkel
Uraufführung: 21.5.1980
Deutsche Erstaufführung: 16.10.1980
Länge: 146 Minuten, USA/ 119 Minuten, Farbe
Bemerkungen: Prädikat »besonders wertvoll«

Auf diesem Weg in den Wahnsinn (den Shelley Duvall und Jack Nicholson mit einer panischen Überintensität durchstehen) verzahnt Kubrick den äußeren mit dem inneren Horror so tückisch und kunstreich, daß sogar die abgebrühtesten Schauereffekte einen Schein von »psychischer Wahrheit« gewinnen. »Das sind alles nur Bilder!« sagt Danny sich immer wieder, um seiner Angst Herr zu werden – und so ist es auch: alles nur Bilder von Stanley Kubrick. *Urs Jenny, Spiegel*

Dem technisch einwandfreien Produkt fehlt es an Seele. Vielleicht ist Kubrick, der ja für seinen Perfektionismus bekannt ist, dieses Mal mit seinen fünfzig bis hundert Wiederholungen eines

**Die Woge des Schreckens,
die Amerika überflutete,
ist hier**

SHINING

EIN STANLEY KUBRICK FILM

IN DEN HAUPTROLLEN
JACK NICHOLSON SHELLEY DUVALL „THE SHINING" MIT SCATMAN CROTHERS DANNY LLOYD

NACH DEM ROMAN VON   DREHBUCH   PRODUKTION UND REGIE   EXECUTIVE PRODUCER
STEPHEN KING   STANLEY KUBRICK & DIANE JOHNSON   STANLEY KUBRICK   JAN HARLAN

Von Warner Bros.   A Warner Communications Company   PRODUZIERT IN ZUSAMMENARBEIT MIT   Original-Filmmusik erschienen
© Warner Bros. Inc. 1980   All Rights Reserved   THE PRODUCER CIRCLE CO.   auf Warner-Bros. Record
                                      Im Verleih der Warner-Columbia

*Filmplakat zu ›Shining‹ (›The Shining‹). Ein Film, der nach dem Bestseller-
roman von Stephen King gedreht wurde*

›Shining‹

einzigen Takes zu weit gegangen. Jack Nicholson war noch nie
so mechanisch, sein Lächeln, sein Brauenrunzeln, das Blitzen
seiner Augen mit schrägem Seitenblick – all sein Kapital ist vir-
tuos eingesetzt, aber er selbst ist abwesend.

Martje Grohmann, Süddeutsche Zeitung

In »The Shining« erzählt Perfektionsfanatiker Stanley Kubrick
einmal mehr die Geschichte eines Verlierers, der auf der Suche
nach dem Paradies in der Hölle landet. Jack Nicholson spielt
einen dem Wahnsinn verfallenen Schriftsteller, der als Haus-
meister eines für den Winter geschlossenen Berghotels in Colorado seine Frau und seinen zu außersinnlichen Wahrnehmun-
gen fähigen sechsjährigen Sohn umzubringen versucht. Sowohl
mit planen wie subtilen Mitteln schafft Kubrick eine Atmosphäre nackten Terrors, der jäh aus der scheinbaren Normalität
einer alltäglichen Situation hervorbricht, wobei die Grenzen
zwischen Wirklichkeit, Wahn und Vision fließend ineinander
übergehen: Klassischer Horror in moderner Umgebung.

Rolf Thissen, Filmbeobachter

THE POSTMAN ALWAYS RINGS TWICE (Wenn der Post-
mann zweimal klingelt)
Produktion: Lorimar (Andrew Braunsberg) USA 1980
Regie: Bob Rafelson
Drehbuch: David Mamet nach dem Roman von James M.Cain
Kamera: Sven Nykvist
Schnitt: Graeme Clifford
Musik: Michael Small
Darsteller und ihre Rollen: JACK NICHOLSON (Frank
Chambers), Jessica Lange (Cora), John Colicos (Nick, der
Grieche), Michael Lerner (Katz) sowie John P. Ryan, Anjelica
Huston
Uraufführung:
Deutsche Erstaufführung: 14.8.1981
Länge: 121 Minuten, Farbe
Anmerkungen: Prädikat »besonders wertvoll«

Jack Nicholson, als Frank eklatant fehlbesetzt, trägt daran die
Hauptschuld. Nicht daß er für die Rolle zu alt ist, sondern daß er

›Wenn der Postmann zweimal klingelt‹ (›The Postman Always Rings
Twice‹)

JACK NICHOLSON · JESSICA LANGE

WENN DER POSTMANN ZWEIMAL KLINGELT

EIN FILM VON BOB RAFELSON

Filmplakat zu ›Wenn der Postmann zweimal klingelt‹ (›The Postman Always Rings Twice‹). Ein Film von Jack Nicholsons Freund Bob Rafelson

Alternativplakat zu ›Wenn der Postmann zweimal klingelt‹. Nach James M. Cains berühmtem Kriminalroman aus den dreißiger Jahren gedreht

*Trotz Jack Nicholsons Bedenken gegen Video werden seine Filme auf
Kassetten übertragen. Titelbild aus VIDEOREPORT*

sie mit seinen zu Kennmarken stilisierten Manierismen spielt,
macht seine Darstellung kaum erträglich. Dieser Super-Star
scheint sich nicht mehr kontrollieren zu lassen. Hemmungslos
liefert er sein neurotisches Grinsen ab, das er sich in Kubricks
»Shining« zugelegt hat, und zerstört lässig zahnstocherkauend

jenen Ruch vulgärer Brutalität, der Frank eigentlich anhaften müßte. *Wolfgang Limmer, Spiegel*

Ganz überraschend subtil spielt Jack Nicholson diese Veränderung, nachdem er einem den Anfang des Films richtig verleiden kann dadurch, daß er den geilen Penner, der sich an die Wirtsfrau heranmacht, mehr abzieht als spielt; mit Maschen, die er sich nicht erst für diesen Film ausgedacht hat. Er ist am Schluß die traurigste Inkarnation eines loosers, die man sich vorstellen kann. *Frieda Grafe, Süddeutsche Zeitung*

In der vierten Verfilmung von James Cains Roman aus der großen Depressionszeit hat sich Regisseur Bob Rafelson vollkommen auf die Geschichte einer amour fou konzentriert. Das Liebespaar Frank und Cora, die skrupellos und ohne Rücksicht auf Moral ein gemeinsames Leben suchen, wird faszinierend und emotionsgeladen dargestellt von Jack Nicholson und Jessica Lange, die allein diesen Film schon sehenswert machen. Obwohl Rafelson soziale Hintergründe einer schwarzen Zeit völlig ausgespart hat, ist ihm ein detailliertes, schillerndes und leidenschaftliches Portrait einer Beziehung gelungen. *Martina Borger, Filmbeobachter*

THE BORDER (Grenzpatrouille)
Produktion: Efer Prod. (Edgar Bronfman jr.) USA 1981
Regie: Tony Richardson
Drehbuch: Deric Washburn, Walon Green, David Freeman
Kamera: Ric Waite
Schnitt: Robert K. Lambert
Musik: Ry Cooder
Darsteller und ihre Rollen: JACK NICHOLSON (Charlie), Harvey Keitel (Cat), Valerie Perrine (Marcy), Warren Oates (Red) sowie Elpidia Carrillo, Shannon Wilcox, Manuel Viescas, Jeff Morris
Uraufführung:
Deutsche Erstaufführung: 30.4.1982
Länge: 108 Minuten, Farbe, Panavision

Im Grunde nämlich ist die Situation völlig verquer: die amerikanischen Gesetze verbieten zwar die Einreise der Mexikaner, die Wirtschaft wäre aber ohne diese billigen und rechtlosen Ar-

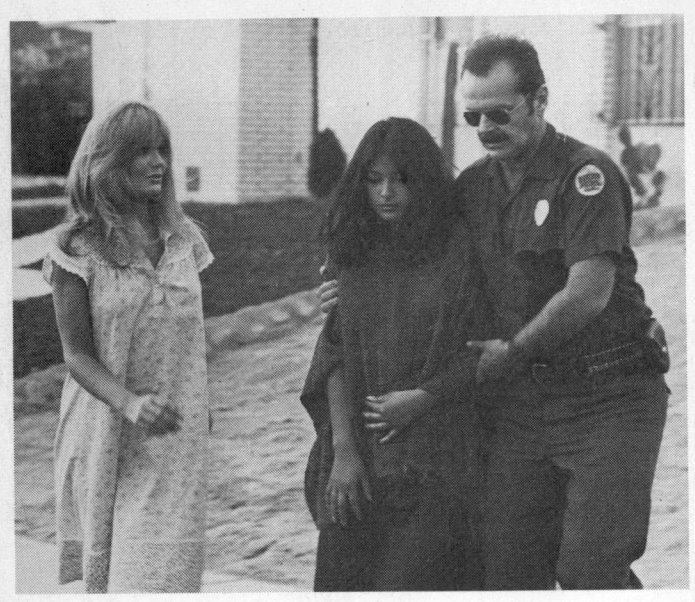

Mit Valerie Perrine (links) und Elpidia Carrillo in ›Grenzpatrouille‹ (›The Border‹)

beitskräfte gar nicht existenzfähig. Hier setzt nun der Film ein. Jack Nicholson spielt einen Polizisten, der an eine besonders heikle Stelle der Grenze versetzt wird und dort einem Nebenverdienst des Staates auf die Schliche kommt: dem organisierten Menschenhandel. Das wird zwar alles, dramaturgisch wirksam, an einer fast schüchternen Liebesgeschichte mit einer Mexikanerin aufgehängt und auch mit Actionteilen reichlich garniert, von Richardson und den durchwegs sehr guten Schauspielern aber so unterspielt, daß man vor allem den ruhigen, gleichmäßigen Fluß des Filmes in Erinnerung behält.

Andreas Missler, Süddeutsche Zeitung

Richardsons »Grenzpatrouille« spielt an einer der längsten und löcherigsten Grenzen der Welt: an der zwischen Mexiko und den USA. Tausende von illegalen Einwanderern aus Mexiko durchschlüpfen sie jeden Tag, auf der Suche nach einem besse-

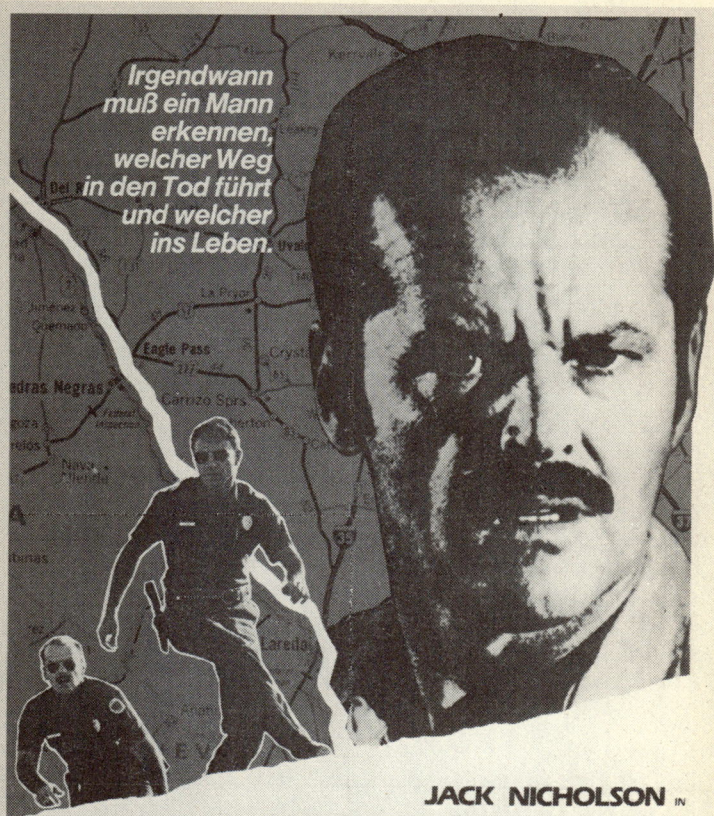

Irgendwann muß ein Mann erkennen, welcher Weg in den Tod führt und welcher ins Leben.

JACK NICHOLSON in

GRENZPATROUILLE

Eine EFER Produktion   Ein Tony Richardson Film „GRENZPATROUILLE "

mit HARVEY KEITEL VALERIE PERRINE WARREN OATES
Erstmalig ELPIDIA CARRILLO

Drehbuch: Deric Washburn und Walon Green und David Freeman   Kamera: Ric Waite   Music: Ry Cooder
Ausführender Produzent: Neil Hartley   Produzent: Edgar Bronfman Jr.   Regie: Tony Richardson
Panavision   Technicolor   Original Soundtrack auf Backstreet Schallplatten und Kassetten
Ein Universal/RKO Film im Verleih der UIP

Filmplakat zu Jack Nicholsons vorerst letztem Film ›Grenzpatrouille‹ (›The Border‹)

ren Leben im reichen Norden. »Wetbacks« – die mit dem nassen Rücken – heißen die dunkelhäutigen Eindringlinge im amerikanischen Jargon: weil sie oft den Grenzfluß Rio Grande durchschwimmen. Viele werden von den »Border Patrol« gefaßt und sogleich wieder in ihre Heimat abgeschoben.

Wie viele Polizisten an dieser Grenze liebt auch Charlie (Jack Nicholson, überzeugend wie selten, weil ganz ohne seine üblichen Macken) den Aufpasser-Job nicht. Die Flut der Illegalen, vom sozialen Elend über die Grenze getrieben, ist ohnehin nicht aufzuhalten. Und bald entdeckt der brave Mann in Uniform, daß sich sogar sein Kollege Cat (Harvey Keitel) und der Kommandeur Red (Warren Oates in seiner letzten Rolle) am profitablen Menschenschmuggel beteiligen.

Hans-Christoph Blumenberg, Kölner Stadt-Anzeiger

Bis dahin erzählte Tony Richardson (»Tom Jones«) einfühlsam bis sarkastisch, wie Charlie Paulus zu Charlie Saulus und wieder zu Charlie Paulus wurde; und davon, wie Jack Nicholson verzweifelt versucht, das entführte Baby heil wieder aufzufinden und bei seiner Rückgabe, bis zu den Knien im Rio Grande stehend, nicht komisch zu wirken.

Diesem Schlußbild voll lächerlichem sentimentalen Pathos und überheblicher britischer Generosität kann man nur durch schnelles Verlassen des Kino entrinnen. Tony Richardson hat es nämlich, inmitten der Glut des Südens, einfrieren lassen.

Michael Fischer, Spiegel

REDS (Reds)
Produktion: Paramount (Warren Beatty) USA 1981
Regie: Warren Beatty
Drehbuch: Warren Beatty, Trevor Griffiths
Kamera: Vittorio Storaro
Schnitt: Dede Allen, Craig McKay
Musik: Stephen Sondheim; zusätzliche Musik: Dave Grusin
Darsteller und ihre Rollen: Warren Beatty (John Reed), Diane Keaton (Louise Bryant), Edward Herrmann (Max Eastman), JACK NICHOLSON (Eugene O'Neill) sowie Jerzy Kosinski, Paul Sorvinv, Maureen Stapleton, Gene Hackman
Uraufführung: 18.11.1981
Deutsche Erstaufführung: 23.4.1982
Länge: 200 Minuten, Farbe

»Reds« also ist nichts anderes als eine ausgewalzte, raffiniert mit Zeitkolorit eingefärbte Kinoschnulze, ein Kostümfilm, der den Bolschewismus zu saloppen Kleidungsstücken verarbeitet: man trägt zur Abwechslung Rot. Sein Hauptaugenmerk verwendet ein solcher Film auf die Abwiegelung und Begütigung der Reizwörter, die er selbst aufbietet ... Neben Warren Beatty, der einen ewig stammelnden großen Jungen spielt, dem niemand böse sein kann (nicht einmal Lenin), ist Jack Nicholson als Eugene O'Neill aufgeboten, wenn es um die Gunst der Heldin geht. Nicholson demonstriert brav die biographisch verbürgte Vorliebe des Dramatikers für den Bourbon, indem er stets nach einer Flasche oder einem Glas oder nach beidem verlangt. Sonst setzt er jenes vielsagende Gesicht mit geheimnisvollem Lächeln auf, das sich schon in Filmen wie »Shining« oder »Wenn der Postmann zweimal klingelt« bewährt hat.

Hellmuth Karasek, Spiegel

Dieses romantische Drama wird möglich und glaubhaft durch die höhe Qualität der Stars, die das riskante Ineinander von Weltgeschichte und Erotik gelingen läßt. Warren Beatty und Diane Keaton geben hier, beide, die beste Leistung ihrer bisherigen Karriere. Das gleiche gilt für Jack Nicholson, der einen nervösen, zynischen, erotisch gespannten Eugene O'Neill spielt.

Frankfurter Allgemeine Zeitung

Weil einer der alten »Zeugen« sich erinnert, daß Reed und Louise in Greenwich Village eine »ménage à trois« mit Eugene O'Neill gehabt haben sollen, kommt alsbald auch O'Neill ins Spiel, glänzend verkörpert von Jack Nicholson.

Günter Zehm, Die Welt

In kleinen Nebenrollen – Freundschaftsdienst für Beatty – glänzen Jack Nicholson und Gene Hackman und der Schriftsteller Jerzy Kosinski in seiner ersten Rolle. Vor allem Diane Keaton sorgt dafür, daß »Reds« auch das subtile Portrait einer um ihre Emanzipation ringende Frau wurde. *Bodo Fründt, Stern*

TERMS OF ENDEARMENT (Zeit der Zärtlichkeit)
Produktion: Paramount (James L. Brooks) USA 1983
Regie: James L. Brooks
Drehbuch: James L. Brooks nach dem gleichnamigen Roman
von Larry McMurtry
Kamera: Andrzej Bartkowiak
Schnitt: Richard Marks, Sidney Wolinsky
Musik: Michael Gore
Darsteller und ihre Rollen: Shirley MacLaine (Aurora Green-
way), Debra Winger (Emma Horton), JACK NICHOLSON
(Garrett Breedlove), Danny DeVito (Vernon Dahlart), Jeff
Daniels (Flap Horton), John Lithgow (Sam Burns), Lisa Hart
Carroll (Patsy Clark), Betty R. King (Rosie Dunlop)
Uraufführung: 19.2.1984
Deutsche Erstaufführung: Berliner Filmfestspiele 1984; Kino-
start: 6.4.1984
Länge: 132 Minuten, Farbe

Alles, was ein breites Publikum anspricht, bietet er auf: große
Gefühle und Alltagsquerelen, Liebe, Tod und Schmerzen, Ent-
täuschungen, aber auch eine gute Portion Hoffnung. Und nicht
zuletzt das Versprechen, daß das Leben keineswegs so nichtig
und sinnlos ist, wie es manchmal scheint.

Menschen »von nebenan« sind die Helden, die gerade in ihrer
Mittelmäßigkeit ans Herz und an die Tränendrüsen greifen und
zur Identifikation herausfordern. Was sie in ihrer bescheidenen
kleinen Welt erleben, mutet vertraut an, jeder Zuschauer hat so
etwas, in der einen oder anderen Form, selbst erfahren. (...)

In brillant zugespitzten Dialogen spielen sich Shirley MacLaine und Nicholson gegenseitig die Bälle zu und entfachen ein lau-
niges Feuerwerk aus Witz und Geist, aus Komik und Tragik. Sie
machen aus der anspruchslosen Geschichte einen Schauspieler-
film von Rang. So schnell wird man dieses hinreißende Paar
nicht wieder vergessen können.   *Doris Blum, Die Welt*

Regisseur James L. Brooks, bislang nur als Fernsehregisseur bekannt, beherrscht die Spielregeln des guten alten Hollywoodki-
nos perfekt. Und wer will, kann in den amüsanten Ausblicken
auf das Herz der bürgerlichen Gesellschaft, die Familie, auch
bittere Wahrheiten entdecken, hier allerdings bunt verpackt.

Doch leider schien das nicht genug, zur Komik kommt noch die Tragik, denn auch in Hollywood, so scheints, darf nicht mehr alle Tage Sonntag sein. Krankheit und Tod brechen herein, Kindertränen in Großaufnahme müssen jede fühlende Seele erschüttern, am Ende aber bleibt der Film sich treu mit der Weisheit: irgendwie gehts immer weiter. – Perfekte Unterhaltung ohne böse Folgen. *Lina Schneider, Kölner Stadtanzeiger*

Rundum Sterilität und mittendrin krachender Realismus, vorzugsweise frontal in die Kamera und schwelgend in Großaufnahmen – auch das gehört zur Welt der Fernsehunterhaltung. Wie im platten Boulevard- oder Volkstheater reduziert der Film die Charaktere zu Typen und hängt denen zusätzlich als eine Art Bauchbinde klangvolle Namen an.

Wolf Donner, Tip-Magazin

Anjelica Huston, John Huston, Kathleen Turner, Jack Nicholson

PRIZZI'S HONOR (Die Ehre der Prizzis)
Produktion: ABC Motion Pictures (John Foreman) USA 1985
Regie: John Huston
Drehbuch: Richard Condon, Janet Roach, nach dem gleichnamigen Roman von Richard Condon
Kamera: Andrzej Bartkowiak
Schnitt: Rudi und Kaja Fehr
Musik: Alex North
Darsteller und ihre Rollen: JACK NICHOLSON (Charley Partanna), Kathleen Turner (Irene Walker), Robert Loggia (Eduardo Prizzi), John Randolph (Angelo »Pop« Partanna), William Hickey (Don Corrado Prizzi), Lee Richardson (Dominic Prizzi), Anjelica Huston (Maerose Prizzi)
Uraufführung: Juni 1985
Deutsche Erstaufführung: 30.1.1986
Länge: 129 Minuten, Farbe

»Die Ehre der Prizzis« gilt schon jetzt als eine der größten Meisterleistungen von John Huston. Ohne Coppolas Neigung zur bombastischen Ausstattung, ohne billige Effekte – weder Slapstick noch Schlitzereien tauchen in seinem Film auf – läßt er all das unausgesprochen, was die Zuschauer selbst beim Sehen empfinden sollen. Und gerade indem er dem hervorragenden Schauspieler-Ensemble scheinbar grenzenlose Freizügigkeit erlaubte, unterwarf er sie gnadenlos seiner Erzählabsicht. Und es ist kein Zufall, daß der Regisseur John Huston dem alten Don Corrado Prizzi so ähnlich sieht.   *Cinema*

Sein vielleicht letzter Film – immerhin wird John Huston am 5. August des nächsten Jahres seinen achtzigsten Geburtstag feiern – kommt leichter, spielerischer, gewandter einher, als der doch ziemlich statische und geschwätzige THE MALTESE FALCON des Fünfunddreißigjährigen. Hustons Geschichten und ihre Gegenstände variieren zwar im Laufe der Jahre: die Themen aber, die über die Geschichten hinauszielen, sind im wesentlichen immer dieselben geblieben. Mit seinem großartigen und äußerst amüsanten Alterswerk PRIZZI'S HONOR schlägt er noch einmal den Bogen zu seinem Erstlingsfilm und legt damit vielfältige Bezüge nahe. Mag dies zum Teil auch an den Zeitumständen liegen: Huston ist in seinem Film offener,

266

deutlicher, geschliffener, witziger und böser, aber auch noch
sarkastischer geworden, als er es ehedem immer schon war. Das
große, nur langsam verhallende, schallende Gelächter eines alten Mannes, der gelebt hat und nur noch wenig verlieren kann –
bei dem der Zuschauer mitlachen kann und darf.

Walt R. Vian, filmbulletin

Quellenhinweise

I. Bücher über Nicholson:
Bruce Braithwaite. The Films of Jack Nicholson. Bambridge, Isle of Wight, 1977
Robert David Crane/Christopher Fryer. Jack Nicholson. Face to Face. New York 1975
Norman Dickens. Jack Nicholson. The Search for a Superstar. New York 1975
Derek Sylvester. Jack Nicholson. New York/London 1982

II. Bücher über Regisseure
J. Philip di Franco (Ed.). The Movie World of Roger Corman. New York/London 1979
Joseph McBride. Orson Welles. Seine Filme – sein Leben. München 1982
Paul Werner. Roman Polanski. Frankfurt 1981

III. Bücher über Hollywood
John Baxter. Hollywood in the Sixties. London/New York 1972
Peter W. Jansen/Wolfram Schütte (Hrsg.). New Hollywood. München 1976
Axel Madsen. The New Hollywood. American Movies in the 70's. New York 1975
Todd McCarthy/Charles Flynn (Eds.). Kings of the Bs. Working Within the Hollywood System. And anthology of film history and criticism. New York 1975

IV. Zeitschriften
Filmbeobachter, Film Comment, film-dienst, films and filming, focus on film, The New York Times, Sight and Sound / Monthly Film Bulletin, Time

V. Nachschlagwerke
The American Film Institute Catalog, Features Films 1961–70
Richard Baer (Ed.) Film Buff's Checklist of Motion Pictures 1912–1979
Kaplan, Mike (Ed.) Variety International Showbusiness Reference 1976–1980
Handbücher der Katholischen Filmkritik
Lothar R. Just (Hrsg.) Filmjahr, Bd. 1–3

Unser besonderer Dank gilt Uwe Wilk, der uns aus seinem Archiv ein umfangreiches Dossier zusammenstellte.

Register

Addiss, Jud 34
Alonzo, John A. 125
Anders, Luana 32
Ann-Margret 102, 126, 235
Anspach, Susan 95
Antonioni, Michelangelo 116, 118
Arkoff, Samuel Z. 29, 84f.
Ashby, Hal 110, 112, 178, 196

Back Door to Hell 56f., 206f.
Bean, Robert 41
Beatty, Warren 126, 127, 143, 159f.
Belushi, John 146
Bergen, Candice 102, 104
Berman, Harrey 42
Black, Karen 31, 93, 94, 98f.
Blake, Robert 48
Bogart, Humphrey 7
Bogdanovich, Peter 52
Border, The 21, 160ff., 259ff.
Boulting, Ingrid 142
Brando, Marlon 137f., 140
Broken Land, The 46f., 201f.
Brooks, James L. 164, 264
Burstyn, Ellen 106
Bushelman, John 46
Byrnes, Edd 33

Carnal Knowledge 19, 100ff., 125, 224f.
Carrillo, Elpidia 160
Carter, Georgianna 41
Chabrol, Claude 34
Channing, Stockard 127
Chinatown 14f., 19, 32, 90, 119 ff., 134,
    168, 196, 229ff.
Clapton, Eric 126
Cohan, Martin B. 73
Colicos, John 153
Coppola, Francis Ford 51, 109
Corey, Jeff 32, 34, 142
Corman, Roger 20, 29, 32, 34ff., 41ff.,
    46, 48, 50, 54ff., 64, 70ff., 76, 84
Crothers, Scatman 148
Cry Baby Killer 34ff., 198
Curtis, Tony 142

Daltrey, Roger 125
Darrin, Dianna 47
Dern, Bruce 47, 73f., 77, 78f., 85, 106,
    108, 109
Devlin, Don 53
Douglas, Kirk 130
Douglas, Michael 130, 136
Dourif, Brad 131
Drive, He Said 98ff., 102, 104, 135, 213f.
Dunaway, Faye 120, 121, 196
Duvall, Shelley 148, 151

Eastman, Carol (al. Adrien Joyce) 32, 59,
    96, 126
Easy Rider 21, 23, 84ff., 94, 98, 114, 147,
    175f., 217ff.

Ensign Pulver 54f., 206
Evans, Richard 38
Evans, Robert 119

Five Easy Pieces 19, 32, 93ff., 98, 101,
    108, 114, 154, 158, 181, 221ff.
Fletcher, Louise 130
Flight to Fury 57f., 63, 207f.
Fonda, Peter 74, 77, 84, 87f.
Forman, Milos 130, 133
Fortune, The 125ff., 237f.
Fründt, Bodo 175ff.
Fuller, Robert 33

Garfunkel, Arthur 102, 103
Gittes, Harry 144, 193
Goin' South 135, 142ff., 156, 184, 194,
    248ff.
Griffith, Charles B. 43

Hagman, Larry 54
Hale, Jack 51
Halsey, Brett 36
Harlow, Jean 7
Haze, Jonathan 44
Head 82ff., 94, 181, 216f.
Hellman, Monte 42f., 51, 54ff., 59, 61ff.,
    193
Hell's Angels on Wheels 66ff., 70, 80, 86,
    210ff.
Hoffman, Dustin 195
Hopf, Florian 191
Hopper, Dennis 74, 77, 84f., 87f., 90, 197
Huston, Anjelica 114, 142, 154, 171ff.,
    266
Huston, John 120f., 170ff.

Ives, Burl 54, 55

Jaglom, Henry 19, 104f., 167, 197
Jefferson, I. J. (Mimi Machu) 68f., 83,
    98, 104
John, Elton 125
Joyce, Adrien (siehe: Eastman, Carol)
Julien, Max 79

Kallianotes, Helena 98
Karloff, Boris 94ff., 205
Kazan, Elia 140, 142
Keaton, Diane 160
Keitel, Harvey 161, 163
King, Carole 83
King of Marvin Gardens, The 106 ff.,
    181, 225f.
Knight, Sandra 48, 50f., 52, 54, 69f.
Kovacs, Laszlo 86, 96, 109
Kubrick, Stanley 35, 147f., 184

Ladd, Diane 73f., 124
Landau, Martin 32, 76
Landon, Michael 33
Lange, Jessica 153, 155ff., 178ff., 189
Last Detail, The 15, 19, 109ff., 195, 226ff.
Last Tycoon, The 140ff., 245ff.
Lauter, Harry 37
Leewood, Jack 53
Lerner, Irving 39
Little Shop of Horrors, The 43ff., 201

Lloyd, Christopher 146
Lloyd, Danny 148, *161*
Lloyd, Kathleen 137
Logan, Joshua 54
Lorre, Peter 49f.

Machu, Mimi (siehe: Jefferson, I. J.)
MacLaine, Shirley 164ff., 264
Mamet, David 178
Margotta, Michael 98
Martin, Dewey 58
Matthau, Walter 54
Mature, Victor 83
McCrea, Jody 47
Meeker, Ralph 72
Milland, Ray 142
Minelli, Vincente 92
Missouri Breaks 109, 137ff., 147, 243ff.
Mitchell, Cameron 62, 73f.
Mitchum, Robert 142
Monkees, The 82f.
Montand, Yves 92
Moreau, Jeanne 142

Nichols, Mike 19, 100, 102f., 126, 128, 197
Nicholson, James 29
Niro, Robert De 141

Oates, Warren 60, 161, 163
On a Clear Day You Can See Forever 92, 126, 220
On Flew Over the Cuckoo's Nest 10, 15, 19, 114, 128ff., 184, 239ff.

Pasternak, Joseph 30f.
Penn, Arthur 109, 126, 137f., 140, 193
Perkins, Millie 60, 62
Perrine, Valerie 161
Phillips, Michelle 104
Pleasance, Donald 142
Polanski, Roman 119ff., *123*, 196
Postman Always Rings Twice, The 7, 152ff., 175, 178ff., 188, 255ff.
Price, Vincent 49f.
Prizzi's Honor 171ff., 266f.
Professione: Reporter 116ff., 232ff.
Psych-Out 79f., 86, 104, 214f.

Quaid, Randy 110

Rafelson, Bob 59, 81ff., 93f., 96, 152, 154f., 158, 177f., 181, 193
Raven, The 48ff., *202f.*
Rebel Rousers 73f., 125, 213f.
Reds 21, 159, 262f.
Reed, Oliver 126
Richardson, Tony 160, 162
Ride in the Whirlwind 59ff., 69, 208f.
Ritchie, Clint 72
Roarke, Adam 67, 79, 86
Robards, Jason 71f.

Robinson, Julia Anne 106
Roos, Fred 57
Rush, Richard 38, 66, 69, 78, 86, 100
Russell, Ken 125

Sachse, Salli 78
Safe Place, A 104ff., 224
Sampson, Robert 47
Sampson, Will 131
Schneider, Bert 85, 89f., 94, 96
Schneider, Harold 144
Schneider, Maria *117*, 118, *233*
Segal, George 72
Shining 148ff., 252ff.
Shooting, The 59ff., 69, 209f.
Smith, Lois 94
Snead, Gary 47
Spiegel, Sam 193
Stanton, Harry Dean 70, 74
Steenburgen, Mary 143f., 146, *194*
Steppenwolf 87
Stevenson, Venetia 40
Stockwell, Dean 32, 79
Strasberg, Susan *77*, 79, *81*
Streisand, Barbra 92
Studs Lonigan 39ff., 199f.
Sturgess, Olive 49
St. Valentine's Day Massacre, The 70ff., 74, 212f.
Sylbert, Richard 196

Tati, Jacques 34
Taylor, Kent 47
Tea and Sympathy 32
Tepper, William 98, 194
Terms of Endearment 164ff., 264f.
Terror, The 50ff., 57, 98, 204f.
Thunder Island 53, 204f.
Tommy 125f., 235f.
Too Soon to Love 38f., 66, 86, 199
Towne, Robert 32, 98, 110, 120, 122
Trip, The 54, 76ff., 80, 215f.
Turner, Kathleen 171ff., 266
Turner, Lana 7, 152
Turner, Tina 126

Walker, Robert 54
Wechsler, Richard 96
Weld, Tuesday 105
Welles, Mel 44
Welles, Orson 71, 105
West, Jennifer 38
Wexler, Haskell P. 40
Wild Ride, The 41ff., 200f.
Winger, Debra 166, 264

Young, Otis 110

Zaentz, Saul 130
Zappa, Frank 83

HEYNE
FILMBIBLIOTHEK

SEAN CONNERY
Seine Filme - sein Leben
von MICHAEL FEENEY CALLAN

32/74 - DM 12,80

ALAIN DELON
Seine Filme - sein Leben
von REIN A. ZONDERGELD

32/70 - DM 9,80

ANTHONY QUINN
Seine Filme - sein Leben
von GREGOR BALL

32/83 - DM 10,80

DER »OSCAR«
Alle Filme – Schauspieler – Preisträger
ORIGINAL AUSGABE
von NORBERT STRESAU

32/82 - DM 16,80

ROCK HUDSON
Seine Filme - sein Leben
MICHAEL ALTHEN

32/93 - DM 12,80

CLINT EASTWOOD
Seine Filme - sein Leben
von GERALD COLE / PETER WILLIAMS

32/92 - DM 12,80

DIE MARX BROTHERS

32/76 - DM 12,80

FRANK SINATRA
Seine Filme - sein Leben
von JOHN HOWLETT

32/77 - DM 9,80

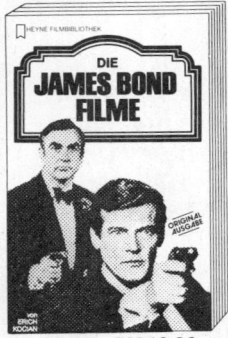